昆明学院自贸学院
对外经济贸易大学中老磨憨–磨丁研究中心
中国（云南）自由贸易试验区昆明片区管委会

中老铁路发展报告

（2023）

REPORT ON THE DEVELOPMENT OF THE CHINA-LAOS RAILWAY（2023）

主　　编　王　强　丁文丽
执行主编　蓝庆新　董　佳　肖　磊

对外经济贸易大学出版社
中国 · 北京

图书在版编目（CIP）数据

中老铁路发展报告. 2023 / 王强，丁文丽主编. —北京：对外经济贸易大学出版社，2024.3

ISBN 978-7-5663-2591-4

Ⅰ. ①中… Ⅱ. ①王…②丁… Ⅲ. ①铁路运输发展–研究报告–中国、老挝–2023 Ⅳ. ①F532.6 ②F533.343

中国国家版本馆 CIP 数据核字（2024）第 042805 号

中老铁路发展报告（2023）

王　强　丁文丽　**主编**

责任编辑：陈培风

助理编辑：邱　悦

出版发行：对外经济贸易大学出版社
社　　址：北京市朝阳区惠新东街 10 号
网　　址：www.uibep.com
资源网址：www.uibepresources.com
邮政编码：100029
邮购电话：010－64492338
发行部电话：010－64492342
E-mail：uibep@126.com

成品尺寸：170mm×240mm
印　　张：14
字　　数：259 千字
ISBN 978-7-5663-2591-4
印　　刷：北京九州迅驰传媒文化有限公司
版　　次：2024 年 3 月北京第 1 版
印　　次：2024 年 3 月第 1 次印刷
定　　价：68.00 元

前　言

2008 年以来，全球金融危机、欧债危机、地缘政治冲突、新冠疫情等给全球经济发展带来重大冲击，逆全球化思潮泛滥，贸易投资保护主义层出不穷，国际多边合作挑战不断，世界经济不确定性加强，发达国家随着自身经济力量的下降，愈来愈关注自身利益，从全球化的积极推动者变为阻碍者，单边主义、本土主义、实用主义倾向日益严重，使得全球发展问题尤其是广大发展中国家在实现工业化过程中面临着严峻的国际形势。在此背景下，中国适时地提出了“一带一路”倡议，提出人类命运共同体主张，秉持包容开放、合作共赢的精神，通过共建“一带一路”，顺应了世界多极化、经济全球化、文化多样化、社会信息化的潮流，维护了全球自由贸易体系和开放型世界经济，因而得到了世界各国和国际组织的广泛支持。中国－中南半岛经济走廊是共建“一带一路”六大经济走廊之一，老挝与中国山水相连，随着政治互信和两国贸易合作的不断深化，老挝的交通运输基础设施逐渐成为制约中老经贸合作发展的关键因素，为此老挝也提出了变“陆锁国”为“陆联国”战略与“一带一路”倡议相对接。中老铁路是共建“一带一路”的标志性项目，也是泛亚铁路的关键部分，极大推动了中国－中南半岛经济走廊建设的基础设施互联互通。自 2010 年 4 月中老双方签订关于铁路合作的备忘录到 2015 年 12 月老挝国会批准建设，中老铁路经过了五年半的研究论证。2016 年 12 月 25 日，中老铁路开工仪式在老挝琅勃拉邦盛大举行。2021 年 12 月 3 日，中老铁路正式建成通车，成为老挝境内第一条以中国标准、中国技术为核心的现代化铁路。2023 年 4 月 13 日，中老铁路首次开行双向对开跨境客运列车，昆明至万象实现当日通达。2023 年 7 月 2 日，首趟以 “中老铁路＋中欧班列”模式运输过境的货物列车开行，标志着“澜湄蓉欧快线”的全新开通。中老铁路极大地推动了中老双边经济合作和人文交流，为共建“一带一路”和我国西部陆海新通道建设打下了重要基础。

《中老铁路发展报告（2023）》成书于中老铁路开通两周年之际，聚焦中老铁路建设的背景、效应、风险、建议、创新等方面，开展系统综合研究，是国内有关中老铁路研究的首部智库报告。报告认为中老铁路是中老命运共同体建设取得的丰硕成果，同时也是在《区域全面经济伙伴关系协定》（Regional Comprehensive Economic Partnership，RCEP）经贸规则下构建的中国与东南亚新发展格局的重要一环，更是“一带一路”倡议的深刻实践。中老铁路不仅能解决老挝“陆锁国”困境，还能在中南半岛腹地打开一条辐射缅甸、泰国、柬埔寨、越南、马来西亚等国并通向繁荣富足的道路，助力跨境贸易降本增效，进一步促进云南高水平开放，有效推进中国与中南半岛各国经济社会协同发展，提升中老两国文化旅游产业的竞争力和国际影响力，是中国以更开放的姿态与世界分享发展机遇的典范。受老挝国内环境因素、国际地缘政治以及其他潜在风险制约，中老铁路仍面临着各类挑战。中老两国应着力构建中老命运共同体，将合作成果注入两国关系的动力和活力中，确保中老铁路能够帮助东南亚地区朝着高质量、可持续、一体化方向发展。为此，本报告建议从贸易、旅游、文化、技术等多方面合作促进发展，包括优化对老挝贸易投资结构、加强人文交流合作、引入科技智能化赋能等措施，加以方式与制度的创新，为中老铁路注入澎湃新动能。

伴随着数字化、智能化的不断发展，中国（云南）自由贸易试验区通过科技赋能口岸智能化水平、推进“智慧海关、智能边境、智享联通”建设等方式不断提高通关效率。截至2023年，自由贸易区取得了诸多阶段性成果，不仅实现了降本增效，而且显著提升了营商环境市场化、法治化、国际化水平。中国铁道科学研究院与老方合作研发的“老挝版铁路 12306”不仅大幅度提高了中老铁路国际客运信息化建设水平，更为共建“一带一路”增添了新时代亮点。在金融创新服务方面，中国银行昆明自贸区支行推行运费融资，通过“一单制”试单方案和配套增值服务，成功解决了传统铁路运单不具有物权属性的问题，为企业提供了便捷、高效的融资服务。在推进基础设施建设的同时，也要注重对生态环境的保护。中铁二院将“钢铁科技”与“绿色保护”有机统一，为共建绿色“一带一路”及推进世界铁路生态友好建设提供示范样本。当前中老两国关系正处于历史最好时期，唯有筑牢中老合作信任与民心基础，坚持可持续发展，全面深化战略合作，才能够使中老铁路这条“友谊之路”于新时代浪潮中指引光明、熠熠生辉。

本智库报告是昆明学院自贸学院、对外经济贸易大学中老磨憨－磨丁经济合作与发展研究中心、中国（云南）自由贸易试验区昆明片区管委会的共同研究成果。昆明学院校长丁文丽教授、对外经济贸易大学副校长王强教授对本智库报告进行了修改与总纂。在昆明学院和中国（云南）自由贸易试验区昆明片区的大力支持下，对外经济贸易大学中老磨憨－磨丁经济合作与发展研究中心主任蓝庆新教授、谭娅老师组织写作团队深入云南现场，与昆明学院自贸学院肖磊副院长、中国（云南）自由贸易试验区昆明片区制度创新部副部长董佳博士共同合作，对中老铁路相关问题开展了多次深入调研，征求了学术界和产业界相关专家意见，搜集了丰富的一手研究资料，为本智库报告的完成提供了充分支持。报告中的案例部分是根据昆明学院和中国（云南）自由贸易试验区昆明片区提供的相关素材进行整理完成，重点展现了中老铁路建设与发展的实践成功经验。感谢昆明学院对报告研究给予的基础支持，感谢对外经济贸易大学出版社余兴发社长、谭利彬编辑、邱悦编辑对报告出版给予的大力支持。本书还借鉴了诸多研究者的文献和观点，在此也一并感谢。

随着“一带一路”倡议的深入发展和 RCEP 合作的日益深化，中老铁路也将向整个中南半岛延展，在区域互联互通、共享共赢的辐射效应将不断放大。围绕中老铁路建设与发展，推动制度型开放，推动共建“一带一路”高质量发展，打造中国西部陆海新通道的工作将持续进行，对外经济贸易大学中老磨憨－磨丁经济合作与发展研究中心研究团队将密切跟踪中老铁路发展动态，围绕中老铁路开放效应、云南沿边开放和中国（云南）自由贸易试验区制度创新等问题，与云南相关单位紧密合作，继续深入开展主题研究，形成系列智库研究报告，体现智库研究为国家和区域发展战略服务，为决策服务的宗旨。

编　者

2023 年 10 月

目　录

Ⅰ　总报告
General Report

Ⅱ　经贸合作篇
Economic and Trade Cooperation Reports

Ⅲ 区域发展篇
Regional Development Reports

Ⅳ 社会文化篇
Social and Cultural Reports

Ⅴ 实践篇
Practical Reports

Ⅵ 附录
Appendix

Ⅰ　总报告

General Report

B.1
中老铁路发展效应及未来展望①

摘　要：中老铁路作为一项重大的区域性交通基础设施，已经成为中老经济合作战略的重要组成部分，为中老经贸关系注入新动能。2022 年，伴随着中老铁路的运营发展，双边贸易往来持续增长，连接亚洲的交通纽带逐渐形成，政策支持与投资也相继落地，为区域合作奠定了坚实基础。在此基础上，老挝产业现代化提质增效，旅游、农业和制造业等传统产业得到显著提振并焕发新活力，进一步有效深化巩固了“一带一路”倡议下的双方合作纽带。但中老铁路项目仍面临一些挑战，包括老挝的国内环境因素、国际地缘政治考量以及其他不可预测的风险。这些问题需要双方共同努力，采取策略应对，如加强双边经济往来，提高项目的宣传力度，进一步完善基础设施等。同时为建设中老铁路成为促进东南亚经济一体化的关键枢纽，建议进一步加强跨境物流的合作、持续优化铁路的运营管理、支持沿线产业开发提质增速，确保中老铁路能够帮助东南亚地区朝着高质量、可持续、一体化方向发展，以中老两国共同智慧，续写外贸新篇章。

关键词：双边贸易；高质量发展；产业转型

党的二十大报告提出，推进高水平对外开放，稳步扩大规则、规制、管理、标准等制度型开放，有助于加快建设贸易强国，推动共建“一带一路”高质量发展，维护多元稳定的国际经济格局和经贸关系。中老同为社会主义友好邻邦，两国山水相连，传统友谊源远流长。2013 年 9 月，中共中央总书记、国家主席、中

---

① 执笔人：蓝庆新，对外经济贸易大学中老磨憨－磨丁经济合作与发展研究中心主任，教授；谭娅，对外经济贸易大学国际经济贸易学院助理教授；马鹏，对外经济贸易大学国际经济贸易学院博士研究生。

央军委主席习近平同来华访问的时任老挝人民革命党中央总书记、国家主席朱马里会谈时首次提出：“中老关系不是一般意义的双边关系，而是具有广泛共同利益的命运共同体。”2016 年 5 月，老挝人民革命党中央总书记、国家主席本扬对华进行正式友好访问时，双方第一次在联合声明中阐明中老“是具有战略意义的命运共同体”。2019 年 4 月，中国和老挝最高领导人签署《中国共产党和老挝人民革命党关于构建中老命运共同体行动计划》，开启了中老命运共同体建设新篇章。中老铁路是高质量共建“一带一路”和构建中老命运共同体行动计划的标志性工程。该铁路自中国的云南昆明延伸至老挝首都万象，全程 1 035 公里。这是首条依循中国技术与运营标准的跨境铁路，有效地将昆明至万象的旅行时间缩短至 10 小时内。中老铁路让老挝变“陆锁国”为“陆联国”的梦想照进现实，也在中老命运共同体的宏伟画卷上写下了浓墨重彩的一笔。

一、中老铁路项目概述

（一）中老铁路项目背景和历史

中老两国建交近五十年来，双方在贸易、政治、经济、军事、文化等多个维度上持续深化友好与合作关系。由于两国在经济发展阶段的客观差异，老挝政府高度重视与中国的经贸往来，并积极推动其国内企业参与中老双边贸易活动。经过持续合作，中老之间的经贸往来已延伸至农业、工业、技术和教育等多个领域。从双边贸易量的比重来看，老挝与中国的贸易总额已占其外部贸易的 25.9%，凸显了中老经贸关系在老挝经济中的核心地位。

伴随着中老两个国家贸易合作的不断深化，老挝的交通运输基础设施逐渐成为制约中老经贸合作发展的关键因素。在地理位置上，老挝是一个内陆国家，其长期的战略愿景是拥有一条直达海洋的交通通道，这不仅能增强与外部世界的联系，还能助其从“陆锁国”迈向“陆联国”。为了实现这一目标，中老铁路项目便得以规划并启动。

21 世纪以来，中老经贸合作迈上新台阶。2002 年，中老双方签署《完善中国与老挝经贸合作》协议，深化了两国关系。2010 年，随着中国－东盟自由贸易区的成立，作为成员国的老挝受益于多项优惠政策，与中国的贸易往来日渐频繁。2013 年，中国提出“一带一路”倡议后，老挝积极参与并由此与中国建立了战略合作伙伴关系。在此背景下，两国在政治、文化和经济领域均展开了广泛交流。

鉴于两国关系日益紧密，中老铁路项目也逐渐加速。经历众多磋商和规划后，铁路的路线和技术参数得以确定。2016 年 12 月 25 日，中老铁路开工仪式在老挝琅勃拉邦盛大举行。2021 年 12 月，中老铁路正式通车，这条跨国铁路的建成是中国以更开放的姿态与世界分享发展机遇的典范，对推动中老命运共同体建设不断走深走实、促进区域内国家互联互通具有里程碑意义。此外，这条铁路不仅能助推老挝出口贸易增长，也为其打开了旅游新通道，有助于充分发掘老挝的旅游潜力，从而提升经贸水平，带动其经济持续健康增长。

（二）中老铁路项目规模和基本发展情况

中老铁路总长达 1 035 公里，起始于中国云南昆明，途经中国磨憨口岸及老挝磨丁口岸，延伸至老挝北部，最后到达首都万象。该铁路包括“中国段”与“老挝段”两个主要工段。“中国段”始于玉溪，终止于磨憨，全长 508.53 公里。昆明至玉溪的 106 公里的路段已于 2016 年 12 月完工并启用。玉溪至磨憨新段，全长 507 公里，是一条设计最大时速为 160 公里、采用双线与单线混合模式的电气化铁路。“老挝段”始于磨憨，经过孟塞、琅勃拉邦、万荣，终止于首都万象。其中磨丁至万象的段落全长 422 公里，是一条设计最大时速达 160 公里/小时的单线电气化铁路。整体铁路工程的建设由中国方面承建，其技术规格及设备均按照中国标准来进行。

中老铁路建成后将具备出色的运输能力，客运时速将达 160 公里/小时，货运时速将达 120 公里/小时。“老挝段”全程将设立 31 个站点，占地面积 3 058 公顷，其中桥梁长度近 62 公里，隧道长度近 198 公里。中老铁路作为国家标志性工程，建设周期短，建造质量高，于 2016 年 12 月开工，2017 年年中进入全面施工阶段，2021 年 12 月进入通车阶段。根据老中铁路有限公司提供的数据显示，截至 2023 年 9 月 23 日，中老铁路老挝段自开通以来累计发送旅客 323.06 万人次，平均每天发送旅客 4 894 人次，最高日发送旅客 10 197 人次，全年发送旅客数量同比增长 102.4%。而到 2023 年 10 月 3 日，中老铁路开通运营满 22 个月，累计运输货物 2 680 余万吨，其中进出境货运量达 550 万吨，货物品类增至 2 700 多种，“黄金通道”效应日益显现。

中老铁路的主体结构以塔架为核心，采用预应力混凝土为重要组成部分，贯通 167 座隧道，建成 301 座桥梁，新建隧道和桥梁总长达 712 公里，在万象平原上呈现出壮丽的景观，成为一道靓丽的风景线。中老铁路是一条与中国铁路网直接连通的国际铁路，它不仅仅是中老两国交通上无缝衔接的沟通桥梁，也是中老外交上的和平发展之桥。同时，中老铁路也是一个典型的跨国基础设施项目，代表了新时代下国际合作的方向和模式。

（三）中老铁路战略意义及前景展望

中老铁路是泛亚铁路网的重要组成部分，它将中国的云南省与老挝首都万象连接起来，进而连接整个东南亚地区。中老铁路的建设将会彻底转变中老铁路经济带的空间格局，使中老铁路经济带呈现“一轴三心多带”的空间布局。具体来说，“一轴”指的是湄公河经济走廊；“三心”指的是老挝内部的三个经济核心区域，分别是首都万象及其周边地区、南部的占巴塞经济特区以及北部的博乔－琅勃拉邦经济特区；“多带”指的是老挝国土上的多个经济带，包括东西向的赛纳克瑞经济带、南北向的边境经济带、河流经济带以及山区经济带。该空间布局的形成将为老挝注入强大的发展内核，彻底改变老挝原有的地缘经济依附关系。

与此同时，中老铁路有助于发挥中国和老挝的贸易优势互补作用。中国向老挝出口的产品以中低端产品居多，而具有更高质量、更先进技术水平的产品则相对稀缺。而老挝向中国出口的商品通常加工程度和产品附加值偏低，主要包括工业或农业制成品的原料，以及居民日常生活所需的基础生活商品。这反映了老挝作为传统农业国家，工业相对薄弱，社会发展依赖于农业。此外，为保护国内相对薄弱的产业，老挝国内还采取了一定程度的本土企业保护政策，限制了中国高附加值产品的进入。尽管如此，从宏观角度来看，中国和老挝之间的双边贸易依然具有较强的互补性，这为两国双边贸易关系提供了巨大的发展潜力。

中老铁路将有效补充昆曼公路的运力不足，凭其高稳定性、高可靠性及持续性特点，有效优化中南半岛经济走廊的跨境物流效率。同时中老铁路不仅构筑了通往印度洋的陆上主要通道，助力老挝提升经贸活动的灵活度，而且实现了老挝产品南下至泰国和北上进入中国的直达运输，为其在缺乏海岸线的前提下开创了新的海上贸易路径。这意味着，老挝可以直接从中国获取投资与经贸机会，避免了先前需经第三国中转的双边贸易模式。

总之，中老铁路作为中老经济走廊的核心组成部分，一方面升级了老挝落后的交通网络，推动了中老双方的经贸协同。另一方面增强了中南半岛经济走廊的物流连接，确立了至印度洋的陆地运输链，为老挝的经济战略蓝图注入了新动力。中老铁路改变了老挝的交通状况，用一条铁路将其与中南半岛多国紧密连接，巩固提升了老挝的交通枢纽地位，有效促进了老挝及其他东盟邻国的战略合作，为整体区域的经济发展注入了新活力。

二、中老铁路发展的成就

（一）促进中老双边贸易往来

自 2016 年开工以来，中老铁路的建设不断释放出促进中老两国经贸发展的积极信号，中老两国的经贸交流呈快速增长趋势。如图 1 所示，2013 年，中国与老挝的双边贸易总额仅为 27.42 亿美元，其中中国从老挝的进口额为 10.2 亿美元，中国对老挝出口额为 17.2 亿美元。直到中老铁路开通前的 2021 年，中老双边贸易总额也才为 43.36 亿美元，其中中国从老挝进口额为 26.6 亿美元，中国对老挝出口额为 16.7 亿美元。中老铁路建成并通车后，2022 年，中国与老挝双边贸易总额达到 57.29 亿美元，创历史新高，较 2021 年同比增长 32.1%，其中中国从老挝进口额为 33.6 亿美元，中国对老挝出口额为 23.7 亿美元，分别较 2021 年同比增长 26.1%和 41.8%。自 2013 年“一带一路”倡议提出以来，中老双边经贸合作持续深化，目前中国已经成为老挝的第二大贸易合作伙伴和第一大出口国。虽然长期以来中老双边贸易额持续快速增长，但规模不大，如今中老铁路成功运营使得中老双边的贸易合作涉及地区得到扩展，极大地推动了中老双边贸易。

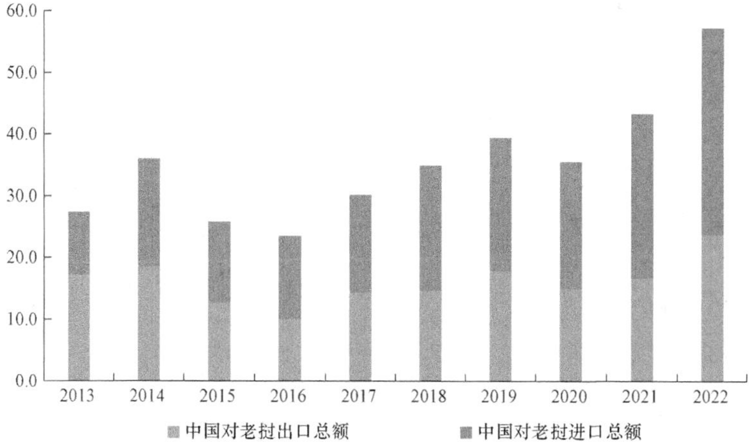

图 1　2013 年—2022 年中老双边贸易额（亿美元）

数据来源：CEIC 数据库。

从贸易结构来看，中老铁路建成后，中国通过中老铁路进口的货物中，约有 70%是矿产品，主要包括铁矿石、铜、铅、锡以及锑，25%是农产品，主要包括橡胶、木薯、红薯、大米以及土豆。2022年上半年，老挝木薯粉出口2.5亿美元，成为老挝头号出口农产品，推动了老挝的就业和产业发展。老挝中华总商会会长姚宾指出，中老铁路跨境货物列车开通后，商品运输高效、迅捷，老挝向中国出口木薯淀粉更加便利，未来四年计划每年再新建两座木薯淀粉厂，预计共建十座。

（二）提升中国对老挝直接投资

2016年，中国对老挝的直接投资额超过了越南，成为了对老挝直接投资最多的国家。近年来，中国对老挝的直接投资流量的波动较明显，但总体呈上升趋势。其中，2021年直接投资流量同比下降主要受全球疫情的干扰，但中资企业对老挝的直接投资依旧不断升温。如图2所示，据中国商务部统计，2019年，中国对老挝直接投资达11.5亿美元，截至2019年末，对老挝直接投资存量为82.5亿美元。2021年，中国对老挝直接投资为12.8亿美元，截至2021年末，对老挝直接投资存量为109.8亿美元。中老铁路的建成，有力地带动了中老双边的产业发展，吸引更多的外商在老挝投资，促进了经济的发展。中国对老挝的投资热情不断升温，在2018年，中国在老挝注册企业数量仅有531家，截至2021年为764家企业。2021年底中老铁路建成后，2022年中国在老挝注册的企业数量较上一年增加543家，达到1 307家，同比增长71.1%。

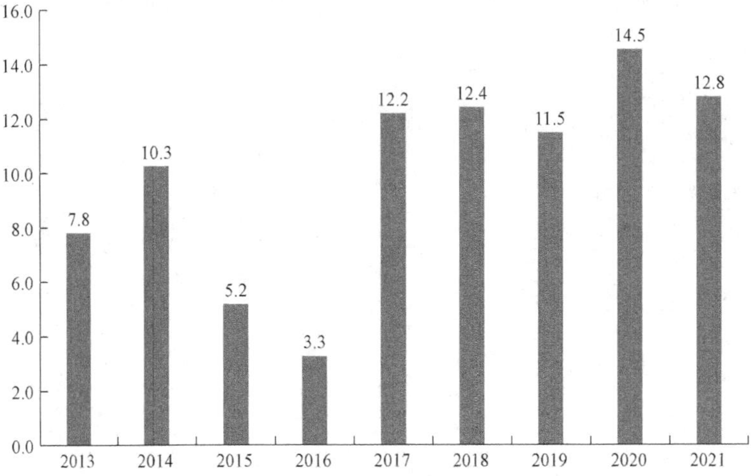

图2 中国对老挝直接投资流量额（亿美元）

数据来源：CEIC数据库。

自“一带一路”倡议提出以来，中国对老挝直接投资项目的获批数量逐年上升，2014年批准项目仅为4个，但在中老铁路建成后，仅2021年获批项目就达到31个，年均增长34.0%。中国在老挝的重要投资项目涉及经济合作区、铁路、电网、水电站、房地产和通信卫星等多个领域，其中最受欢迎的是发电领域。老挝中资发电企业协会在2023年汇报工作时指出，由中国电力建设集团有限公司等在老挝注册的中资发电企业在老挝共投建18座水电站，总装机容量2 348兆瓦，占当前老挝国家电力电网系统装机量的49.7%。第二受欢迎的是矿产领域。据老挝能矿部与中国资源部2023年5月的会议显示，目前前往老挝投资矿业的中企共108家，其中处于正在勘探阶段的企业54家，处于经济技术分析与采矿加工阶段的企业54家。

（三）加快老挝传统产业发展

老挝是东南亚地区经济增长最快的国家之一。根据世界银行的统计数据，2010年—2020年，老挝国内生产总值（GDP）年均增速达7.7%，远高于同期全球3.6%的平均水平。根据CEIC数据，2022年老挝GDP为2 156 090亿基普（153.6亿美元），同比增长16.6%，但由于老挝基普兑美金贬值85.76%，以美元计算的2022年老挝GDP同比下降19.5%。2023年6月，老挝政府总理表示，前六个月老挝GDP增长4.8%，预计下半年将进一步增长4.9%。据世界银行预计，随着中老铁路的开通，以及后期老挝与泰国、马来西亚、新加坡等国的铁路联通，未来老挝国民年均收入有望达到最高21%的增长幅度。如图3所示，据CEIC数据统计，按老挝基普计算，2022年老挝农业增长30.25%，占GDP的18%；工业增长16.78%，

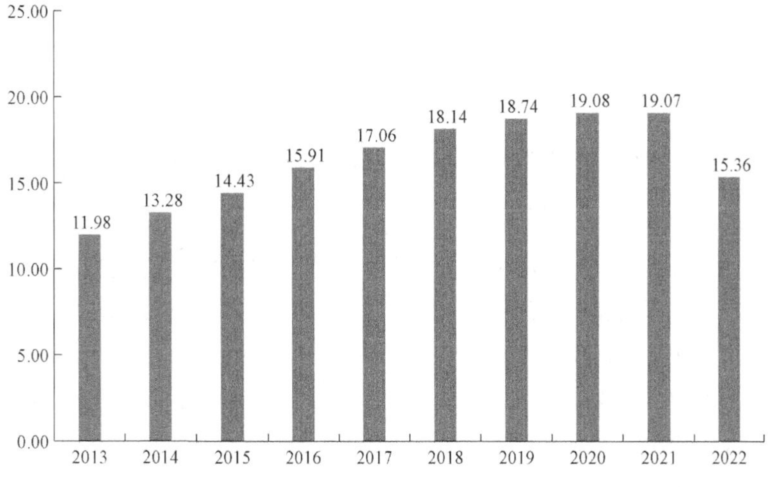

图3　2013年—2022年老挝GDP（十亿美元）

数据来源：CEIC数据库。

占 GDP 的 34%；服务业增长 13.24%，占 GDP 的 37%；电力行业增长 12.18%，占 GDP 的 10.4%；矿产总产值 85 440 亿，增长 4.71%，占 GDP 的 3.96%。受国际形势的影响，全年通货膨胀率为 22.96%。受益于中老铁路、万万高速和水电站等大型项目，建筑行业增长 19.99%。受益于中老铁路的建成，2022 年全年共接待亚洲及太平洋游客 121.76 万人次，旅游行业自疫情影响后得到恢复与发展。

具体从旅游行业来看，中老铁路的便捷，给老挝带来了旅游业的繁荣，主要从旅游业总收入和游客数量两个方面看出其影响。一方面，2021 年中老铁路通车后，2022 年老挝的旅游业总收入上升明显，从图 4 可以看出，2022 年旅游收入同比 2020 年增长接近 25%，虽然未能达到疫情前的水平，但中老铁路的开通直接扭转了 2021 年收入降至 0 美元的老挝旅游业现状，使其总体的恢复速度和恢复效果都远超预期。

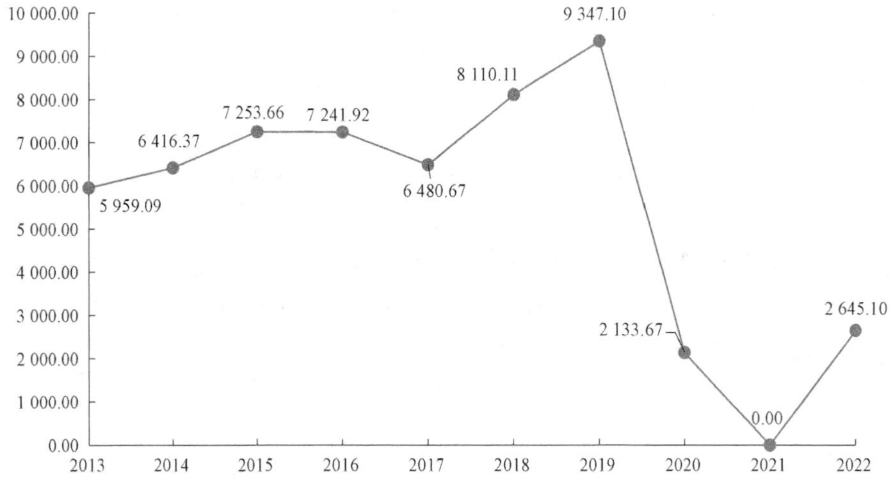

图 4　2013 年—2022 年老挝旅游业总收入（千美元）

数据来源：CEIC 数据库。

同时，在 2021 年中老铁路建成之后，中老铁路途经的老挝四个主要地区：琅南塔省、乌多姆塞省、万象省和万象直辖市的游客数量都显著增加。受益于中老铁路的建成，老挝 2022 年共接待亚洲及太平洋游客近 130 万人次。不仅如此，游客在老挝的平均逗留时间也大幅增加，如图 5 所示，在中老铁路建成后的一年，游客在老挝平均逗留时间立刻从 0 上升到了 9.6 天，这一数据同时也是十年内游客在老挝逗留时间之最。由于游客数量和逗留时间的增加，老挝旅馆、宾馆、度假村和餐馆的数量同步增长，为推动老挝的经济发展注入了一针强心剂。

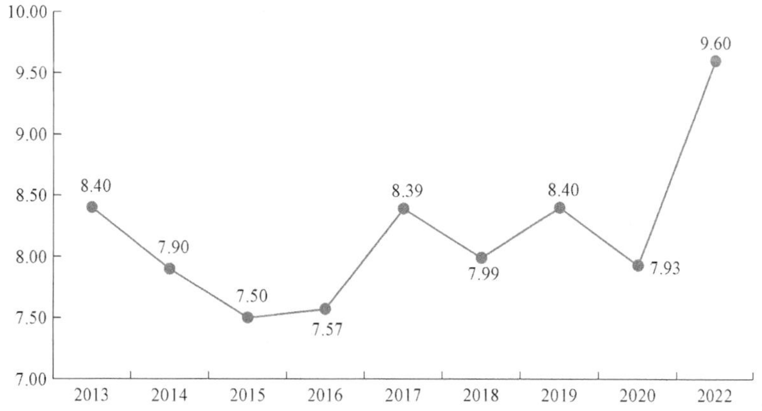

图 5 游客在老挝平均逗留时间（天）

数据来源：CEIC 数据库。

中老铁路有限公司数据显示，截至 2023 年 4 月 14 日，中老铁路老挝段累计开行旅客列车 3 049 列，发送游客 222 万人次。2023 年以来开行旅客列车 834 列，发送旅客 77.8 万人次，客车平均上座率 97.85%。老挝新闻、文化和旅游部旅游宣传司数据显示，中老铁路开通运营后激活当地旅游经济，游客普遍愿意选择铁路的出行方式。作为中老两国友谊的见证及高质量共建“一带一路”的标志性工程，中老铁路不仅将老挝由“陆锁国”变成“陆联国”，改变了万千民众的出行方式，而且由点及面，通过促进地区交通运输，增加新发展点，从而推动其经济稳步提升。中老铁路在不断推进两国人民同心协力发展共赢的同时，也为其旅游业注入澎湃动力，推动旅游业高速发展。

从矿产行业来看，老挝矿产资源丰富，曾被评为亚洲自然矿产资源最丰富的国家之一，有锡、铅、钾盐、铜、铁、金、石膏、煤、稀土等矿藏。迄今得到开采的有金、铜、煤、钾盐等。由于老挝缺乏勘探、开采、选矿和生产的能力，其自身的矿产行业的发展能力有限。不过，老挝丰富的矿产资源吸引了大量的外资进行投资，使得矿产行业得到了较大发展。据老挝官方统计，2022 年，老挝能源与矿产业实现产值 66.623 万亿基普，同比增长 53%，比 2022 年计划原定的目标高出 51%。其中，采矿部门的产值为 25.426 万亿基普，同比增长 53%，比 2022 年计划原定目标高出 51%。2022 年，采矿业贡献了 4%的 GDP。

中老铁路在促进老挝矿产品出口中起到了重要作用。如图 6 所示，根据 CEIC 数据，老挝矿产出口收入整体呈上升趋势，2019 年矿产出口额为 15.0 亿美元，占总出口额比例为 25.88%；2022 年矿产出口额为 19.9 亿美元，同比增长 9.9%，年均增长 9.8%，占总出口额比例为 24.26%。中老铁路建成前，由于公路运输成本太高，矿产品很少进入中国市场，而铁路建成后，老挝通过该路线出口我国的货物中，矿产品占 70%以上。中国是老挝的第一大出口国，其对矿产品的需求以及中老铁路的成功运营将极大促进老挝矿产行业的发展。

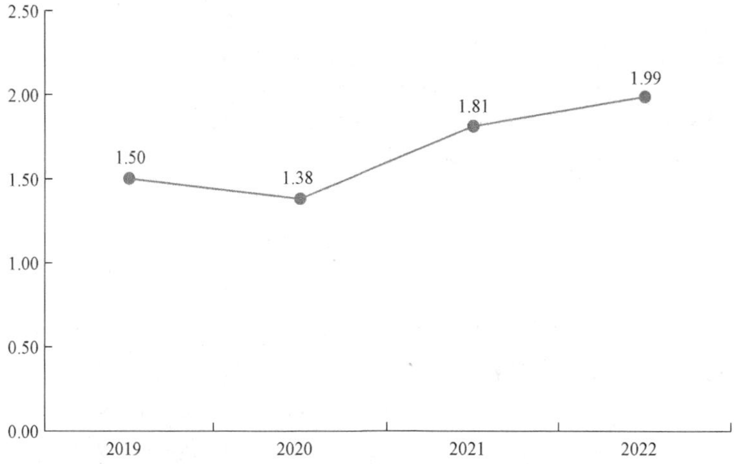

图 6　2019 年—2022 年老挝矿产出口额（十亿美元）

数据来源：CEIC 数据库。

（四）助力老挝新兴产业崛起

在全球迈入“数字化、智能化、绿色化”的时代，数字经济和绿色经济正在成为驱动经济发展的新引擎。中老铁路不仅促进了老挝传统产业的发展，还催生了新兴产业的崛起。从数字经济来看，“数字复兴”为中国和老挝之间的合作带来了新的机遇。老挝苏发努冯大学工程学院副院长维纳特·梅克塔纳瓦赫在云南昆明举行的面向南亚、东南亚网络空间合作论坛上说道：“物流基础设施是跨境电子贸易合作的基础，中老铁路就是典型案例，该铁路的开通降低了多个国家之间货物的运输成本和时间。”他表示，物流基础设施是实现国家间经济互联互通的基础，也是实现跨境电子贸易合作的基础，中老铁路正是其中的典范。

2023 年“中老通”系统的上线与数字贸易班列的首次成功运行标志着中老铁路掀开了崭新的篇章。这一项目不仅是实质性的交通改进，更是中国与老挝之间数字经济合作的现代化升级。“中老通”将中老铁路与数字金融有效融合，彻底颠覆了传统金融交易模式。在这一模式下，买方无需一次性支付全额货款，只需支付“首付”中的一部分，而剩余货款则通过多式联运提单和铁路运单，作为银行融资的重要依据，由银行支付给卖方，卖方可立即获得全额货款。这一模式极大地减轻了企业面临的融资难题，提高了效率，简化了流程，缩短了周期，为企业提供了强有力的经济支持，有助于扩大和壮大企业的贸易活动。同时，对于银行而言，多种风险管控措施的综合应用，如双流空铁国际联运港运营单位签发多式联运提单以及铁路数字服务金融平台全程的物流监控和信用证要素融入平台系统控制，增强了银行对商品监控的力度，显著降低了银行在贸易中所承担的风险。

中老铁路通过应用“中老通”供给侧结构性改革的方式，实现了经济效益和科学技术的统一，极大地增强了中老两国之间的经济联系，在合作共赢的进程中前进了一大步。这一创新改革，不仅将给亚洲大陆带来一个持续健康的经济循环和优秀的发展机遇，也将通过“一带一路”倡议，深入影响欧洲大陆。这一巨大的力量将会强而有力地推动世界经济可持续发展，深化各国之间经济合作与文化交流，助力各个国家和地区奔赴更美好的未来。

从电力行业来看，据老挝官方统计，老挝自然资源丰富，太阳能、生物能源、煤炭、风能和水电能可以生产 30 000 兆瓦能源。2022 年，老挝全国共有 96 座发电厂，94 个发电厂发电量已超过 1 万兆瓦。其中，水电站 81 座，占 80%以上，太阳能及生物等可再生能源发电站 12 座，燃煤火力发电厂 1 座。总装机容量为 11 661.14 兆瓦，总发电能力达 58 813.42 吉瓦/年。中资企业在老挝共投建 18 座水电站，总投资超过 40 亿美元，总装机容量 2 348 兆瓦。其中，中国电建在投建电站上贡献最大，是老挝电力行业最重要的参与者之一。截至 2023 年，中国电建在老挝投资建设了南欧江七级水电站、南俄 5 水电站等八座水电站，其电力供应占老挝全国用电量 30%以上。2023 年中国电建承建的老挝怀拉涅河水电站投产发电目标，孟松 600 兆瓦山地风电项目首批设备顺利出口，进一步助老挝实现由“电力进口国”向“电力出口国”的转变，推动了老挝电力行业的发展。

中老铁路的修建为老挝电力行业现代化转型发展贡献了一份重要力量，中老铁路的运营使用，使得电网迎来用电高峰。截至 2023 年 4 月，中国电建老挝区域八座电站累计发电量近 11 亿千瓦时，同比增长约 18%，占老挝全国发电量的 31%。如图 7 所示，根据 CEIC 数据库，老挝电力出口收入逐年上升，2019 年电力出口额为 13.3 亿美元，占总出口额比例为 22.9%；2022 年电力出口额为 23.6 亿美元，年均增长 21.1%，占总出口额比例为 28.9%。2023 年，老挝政府制定了全年发电量不少于 511.34 亿千瓦时的目标，电力出口收入预计达到 24 亿美元。

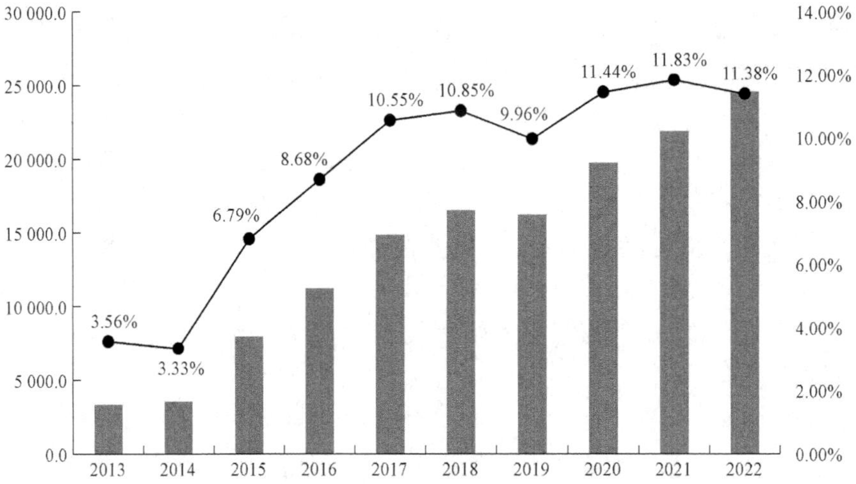

图 7　2013 年—2022 年老挝电力总产值及占 GDP 比例（十亿老挝基普）

数据来源：CEIC 数据库。

（五）推动边境地区口岸经济

云南省是中国唯一与老挝接壤的省份。近年来，滇老双方在贸易、投资、物流、旅游等领域合作均取得了丰硕成果。中老铁路的开通使得“黄金大通道”效应日益显现。昆明—磨憨陆港型（陆上边境口岸型）入围 2022 年国家物流枢纽建设名单，老挝万象赛色塔综合开发区累计完成投资约 9.34 亿美元，入驻七个国家和地区企业 116 家，老挝磨丁经济专区签约入园企业 446 家，累计投资额达 9.75 亿美元。老挝已成为云南对外投资第一大市场和最大的海外投资合作伙伴。

如图 8 所示，2021 年滇老双边贸易额实现 84.3 亿元人民币，2022 年实现 116.7 亿元人民币，同比增长 38.4%。2022 年 1 月到 10 月云南省经中老铁路进出口 46.8 亿元人民币，占全国经中老铁路进出口总额的 40.3%。中老铁路自 2021 年 12 月 3 日开通国际货运，云南省国际班列服务贸易有限公司作为云南省唯一的省级班列运营平台，截至 2022 年 3 月，共计承接开行了中老铁路国际货物列车 205 列，到发跨境货物 15 万吨，货值达 17 亿元人民币，约占整个中老铁路跨境货物总量的 64%。而货物品类也从开行之初的化肥、橡胶、百货等十多种扩展到电子、光伏、通信、机械、布匹、鲜花等 1 200 多个品种。

中老铁路的开通，也推动了云南跨境电商业务的发展。昆明综合保税区单量从 2019 年不足 100 万单增至 2021 年 1 390 万单，贸易额达 13 亿元人民币；截至 2022 年 3 月 4 日，跨境电商单量实现 213.85 万单，贸易额 1.69 亿元人民币。大型电商平台的引进将助力内地商品出口老挝等国，实现 B2C 到 B2B 的升级。同时，中老铁路的开通推动了云南旅游行业的发展。旅游业是云南的支柱产业，中老铁路通车为国际铁路旅游和云南旅游业发展注入了新动力。2022 年 7 月，中老铁路西双版纳站实现单日进出站旅客数量均突破万人次新纪录；截至 2023 年 1 月 31 日，昆明铁路累计开行旅客列车 20 000 列，发送旅客 1 030 万人次。

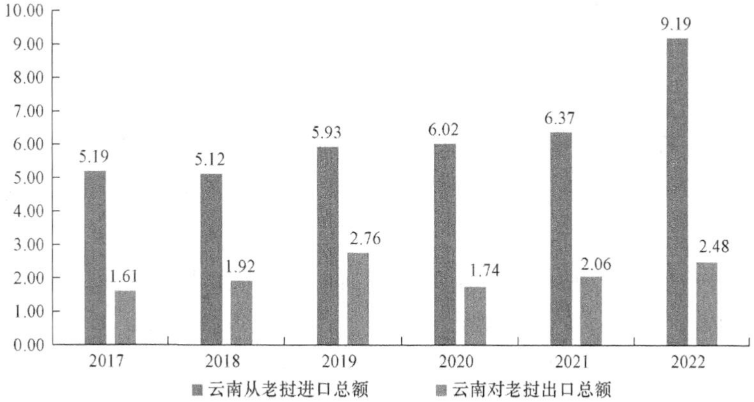

图 8　云南对老挝进出口总额（十亿人民币）

数据来源：CEIC 数据库。

三、当前中老铁路发展存在的问题

（一）老挝国内现状制约中老铁路发展

1. 经济方面：老挝经济长期低迷，制约中老铁路发挥作用

根据中国外交部官网公布的数据，2022 年中国与老挝双边货物进出口额为 56.8 亿美元。相比于东南亚其他国家，中老双边货物贸易额仍然相对较低。举例而言，2022 年中国与泰国双边货物进出口额达到 1 350 亿美元，2022 年中国与越南双边货物进出口额更是高达 2 350 亿美元。另外，2022 年老挝的国内生产总值仅为 197 亿美元，仅相当于我国五、六线地级市的水平。世界银行的数据显示，老挝货币基普兑美元汇率从 2022 年初的 9 304 基普/美元贬值到年末的 17 284 基普/美元，贬值幅度高达 85.76%。此外，老挝 2022 年 6 月的通货膨胀率同比上涨 23.6%，达到近 22 年来的最高水平。在债务方面，老挝的外汇储备已经不足以偿还债务，自 2020 年新冠疫情暴发以来，老挝经济民生问题加剧恶化，正面临类似

斯里兰卡的“国家破产”危机。

作为一个内陆欠发达国家，老挝长期以来面临着多重经济发展挑战，包括国内市场的不景气、不利的营商环境、基础设施薄弱、劳工素质相对较低、缺乏先进技术和管理经验等问题。在当前地缘政治风险日益升高、全球产业链重组、世界经济关系错综复杂的大背景下，老挝面临着巨大的经济和政治风险。货币贬值、公共债务增加、有效财政收入减少等多重压力正威胁着老挝的经济稳定，可能导致严重的经济危机。如果老挝的经济问题得不到及时解决，其他国家可能会认为中老铁路只是一项表面工程，从而大大削弱其在中南半岛地区的示范作用。

2. 治安方面：老挝北部部分区域犯罪风险高，治安效率低

老挝段的治安问题在中老铁路运营中显现出一系列的潜在问题和威胁。老挝北部地区，包括中老铁路途经的赛宋奔省等区域，一直以来都存在着活跃的犯罪组织，这导致这些区域的犯罪风险相对较高。尤其是在与缅甸接壤的“金三角”区域，武装土匪和非法走私活动依然盛行。值得关注的是，2018 年 11 月，联合国发表声明指出，“金三角”地区的毒品产业呈现出新的发展趋势，其规模不断扩大，方向发展多元化，这增加了老挝治安问题的复杂性。

然而，老挝的警方力量相对薄弱，并且易受到腐败的影响，对于犯罪事件的反应相对较慢，这进一步加剧了老挝治安问题的严重性。这种情况可能会对中老铁路的安全和稳定运营带来潜在威胁，可能导致列车安全受损、货物失窃以及人员安全受到威胁等问题，甚至可能对沿线地区的居民安全构成风险。

（二）国际政治因素影响中老铁路发展

1. 美国插手东南亚，影响中老铁路发展

美国在东南亚频繁的外交活动，与该地区国家不断加强的安全关系，以及对南海问题的态度可能对中老铁路的发展产生潜在威胁。当前中美关系愈发紧张，美国的印太战略将东南亚视为其战略利益的关键地区，这引发了一些对于中老铁路发展的担忧。同时，美国于 2019 年发布了一份名为《印太战略报告：做好准备、巩固伙伴关系和深化网络化区域建设》的报告，标志着美国“印太战略”正式出台并进入实施阶段，报告明确表示将加强与一些东南亚国家的同盟安全合作，这可能导致一些国家更倾向于与美国合作，而在与中国合作方面采取谨慎态度，这可能会对中老铁路的发展合作产生负面影响。

2. 泛亚铁路建设艰难，邻国建设意愿较弱

泛亚铁路的推进遇到了多方面的困难和挑战，这可能会限制中老铁路发挥联动作用。首先，泛亚铁路的各个线路面临政治、经济和安全等多重问题，这使得铁路建设合作谈判难以顺利进行，对于中老铁路的连接和交流带来了一定的不确定性。老挝处于东南亚中心地带，周边国家交通设施建设对中老铁路的联动作用较为重要。西线方面，缅甸政局动荡不安，中缅之间的交通通道需要经过多个民地武辖区，这使得铁路建设合作谈判难以顺利进行。东线方面，越南对中国存在较重的防范心理且一直偏重海洋方向的发展，对于推动泛亚铁路建设的动力明显不足。中线方面，中泰铁路因资金不足、成本上涨、征地受阻以及疫情等多种不利因素的影响，推进速度极为缓慢。

其次，周边国家的不同态度和利益分歧也影响了泛亚铁路的建设。一些国家对于铁路建设的动力不足，甚至存在担忧和竞争，可能因此降低与中老铁路的联动性。特别是，一些国家担心铁路运营成本高、使用率低，难以收回成本，这也可能对中老铁路的贸易便捷性和经济效益产生一定制约。例如，马来西亚近年来政府更迭频繁，国民阵线执政时期提出的隆曼高铁项目一直被搁置；新加坡则担心泛亚铁路建成后与马六甲海峡产生竞争，并且不愿中国成为泛亚铁路的最大受益方，因此对泛亚铁路建设的态度冷淡，导致新隆高铁项目多次延期。

最后，泛亚铁路沿线国家之间的经济互补性不足，经济欠发达国家与周边国家之间存在差距，这也成为了泛亚铁路建设的一大障碍。这可能会限制中老铁路在区域贸易和经济合作中的发展潜力。作为最先建成的泛亚铁路示范路段，以上多方面因素可能导致中老铁路难以充分发挥其贸易便捷中转、技术交流互通、经验共享等作用。

3. 西方舆论无端抹黑，旨在挑拨中老关系

西方媒体通过恶意炒作和抹黑中老铁路等重要工程项目，试图破坏中老之间的友好关系，这种不负责任的言论和报道可能给中老铁路运营带来了一定的困扰。首先，西方舆论常常夸大中老铁路对老挝的债务问题。虽然实际情况并非如此，但这种误导性的报道可能会引发公众的担忧，使得中老合作在金融和财政方面受到一定的制约。同时，西方媒体还鼓噪了铁路对自然生态的破坏和侵犯人权等问题，这可能引发公众对项目的负面看法，加大了项目管理的难度。其次，西方不负责任的舆论言论和恶意渲染可能会加大中老双方在技术、安全、用工等方面出现分歧的风险。一旦出现矛盾或分歧，西方媒体可能会借机大肆渲染，使得问题复杂化，影响项目的顺利推进。

（三）制约中老铁路发展的其他因素

中老铁路建设和运营过程中还存在其他问题，对其发展带来潜在的限制和挑战。第一，地区间竞争对中老铁路的运营产生压力。在东南亚地区，多条跨境铁路线路，如中泰铁路、中缅铁路等处于正在建设或即将建成阶段。这些铁路线路可能会与中老铁路形成竞争关系，给中老铁路的运营和发展带来压力。第二，岩盐地质高侵蚀性影响铁路维护。中老铁路地处山区，沿途山高谷深、地质复杂，跨越众多水系，全线桥隧比近 80%。例如，中老铁路友谊隧道位于中老边境，全长 9.59 公里，全隧道地质复杂，四级围岩占 75%，五级围岩占 25%，是 I 级高风险隧道。同时，隧道处于岩盐侵蚀环境，局部含盐量达 80%以上。中铁二局玉磨铁路项目部经理罗恒富解释道："岩盐是食盐结晶之后形成的石头，强度低，遇水就变成盐水，侵入混凝土结构后，对钢筋腐蚀性极大，影响后期运行安全。"第三，疫情反复影响人民出行意愿。根据老挝卫生部门公布的信息，截至 2023 年，老挝尚未完全摆脱新冠疫情的影响。尽管疫情对老挝经济社会的影响正在减弱，但仍需保持警惕并继续采取必要的预防措施。

四、中老铁路高质量发展的建议

（一）改善老挝治安状况，加强中老经济往来

1. 经济方面：因地制宜增进中老经济合作

中老经济合作蓬勃发展，涵盖了多个合作项目，包括中老铁路、卫星合作、基础设施建设等。鉴于新冠疫情对老挝经济的冲击，中国可以采取以下举措来助力老挝的经济复苏和增长。

首先，双方应着力构建中老命运共同体，将合作成果注入两国关系的动力和活力中。中老合作有望推动区域经济一体化，促进自由贸易的发展。特别是对于当前老挝亟须解决的经济问题，中老双方工商界应加强合作，中国企业应积极帮助老挝克服经济困难。其次，双方应致力于强化各自经济的互补性。根据中国的"双循环"发展战略、老挝的经济情况和需求，加强双方产业的对接与合作，充分利用中老铁路通车、RCEP 生效、澜湄合作等带来的新机遇。同时，激发多方参与的积极性，充分发挥两国省市、商协会和企业的合作潜力。针对老挝近期农业机械、化肥、动物饲料等价格上涨的情况，鼓励中国企业前往投资建厂。建议中老两国的省市、商协会和企业协同努力，共同打造好双方经济合作区。

此外，采用"互联网+边民互市"的模式，促进边境地区的发展和繁荣。这种模式通过线上推广商品吸引买家，然后进行线下交易，支持非现金结算，确保边境居民的真实交易，并促进边境贸易的健康发展。同时，优化边境贸易政策环

境，明确交易的范围、方式、参与主体、地点和监管方式等细节，为边境贸易提供基础和保障。

2. 治安方面：合作打击犯罪行为，交流治安管理经验

为了缓解老挝北部的治安问题，中国可以依托自身在反诈、反黑、禁毒等领域拥有的丰富经验，共同加强打击电信网络诈骗、跨国拐卖人口犯罪以及非法出入境犯罪的合作，加强国家安全、反恐和移民管理等领域的合作。此外，继续加强边境地区的联合巡逻和管控，深化湄公河地区的执法安全合作。还需加强禁毒信息情报交流和案件合作，继续推动平安航道联合扫毒行动，同时建立健全中老地方公安机关的警务执法合作机制。

值得一提的是，2023 年 8 月 22 日至 25 日，第 132 次中老缅泰湄公河联合巡逻执法行动如期展开。这一机制已经运行了 12 年，在此期间，一批毒品犯罪的关键分子被逮捕，一批重大毒品案件得以侦破，一批在逃涉毒犯罪嫌疑人被捕，对边境贩毒团伙产生了巨大的震慑作用。这一行动的成功反映了中国禁毒执法部门在国际执法合作方面付诸的努力，同时也为建立湄公河流域的“平安航道”做出了积极贡献。

（二）灵活处理国际摩擦，大力宣传铁路效能

1. 深化东南亚经贸合作关系，减少或有政治摩擦

为了应对潜在的政治摩擦问题，在处理与东南亚的关系时，中国必须审慎考虑该地区的特殊地位。身处中美大国夹缝之中，东南亚国家的政治阵营不确定性较大，因此，制定相关政策和举措时需要审慎斟酌，以避免可能将这个潜在的盟友推向美国的不利情况。随着中国在东南亚的经贸合作不断深化，中国与东南亚的经贸关系将更加紧密。与此同时，中国需要与东南亚进行更多的对话和交流，持续构建类似已有的“亚洲文明对话”这样的对话平台。通过增进双方之间的了解和交流，更好地解决潜在的分歧和争端，共同应对地区内的挑战。这将有助于加强中国与东南亚国家之间的合作，促进地区的和平、稳定与繁荣发展。

2. 宣传泛亚铁路优势效能，提高邻国建设意愿

面对泛亚铁路的建设难题，中老双方应更积极地宣传其潜在利益与长远优势，从而激发邻国对项目的参与热情。中老铁路不仅凸显了“发展为先、包容共赢”的国际合作理念，也促进了与泛亚铁路相关国家的交往与协同。中老铁路的影响力并非止于中老，已有的跨境货运服务已延伸至泰国、缅甸、老挝、马来西亚、柬埔寨、新加坡等十余国。此项目对澜湄合作（LMC）、大湄公河次区域（GMS）

经济合作、东盟（ASEAN）一体化、中国－东盟自由贸易区（CAFTA）以及区域全面经济伙伴关系协定都带来了正面推动。

据世界银行估计，到2030年，经由中老铁路的年度跨境货物流动预计将达到390万吨，涉及中国与泰国、马来西亚、新加坡等国。中老铁路的落成标志着20世纪60年代初提出的泛亚铁路构想在东南亚得以实现。随着中老铁路作为“黄金物流通道”的潜能逐步显现，诸如泰国、柬埔寨、越南、马来西亚等国家开始加强对泛亚铁路的关注。除已有的印尼雅万高铁、中泰铁路外，越南与老挝的铁路合作计划也已被两国提上日程。

（三）其他方面

1. 释放运输潜能，减轻地区竞争

为了缓解地区间竞争问题，中老铁路可以发挥“一带一路”优势，通过政治、经济、文化等多种方式手段减轻地域间竞争，释放各国运输潜能，充分利用各线铁路，各地区人民互利共赢。中老铁路沿线有许多美丽的自然景观和人文遗产，中老两国可以将这些资源开发成旅游产品，吸引更多的游客前来观光旅游，从而促进沿线地区的经济发展，提升中老铁路的吸引力。为了充分释放中老铁路的潜能，中老两国还需要加强对其的宣传推广，可以通过各种媒体渠道，包括社交媒体、电视、广播和报纸等，宣传中老铁路的优势和特色，提高其知名度和影响力。同时，中老铁路需要不断优化运输服务并适时开发新线路。铁路运输服务的质量和效率直接影响到其潜能的发挥程度。中老两国可以通过提高列车的运行速度、减少运输时间、增加运输频次等方式，提高中老铁路的运输服务水平。此外，还可以优化列车的班次和时刻表，以满足不同旅客和货主的需求。

2. 因地制宜增强防护，加强监测教育宣传

为了应对土壤侵蚀问题，中老两国需要因地制宜地增强防护，同时加大监测和教育力度。首先，制定有效的防护措施。根据当地的地理环境、气候条件等因素来设计适宜的土壤侵蚀防护措施。这包括采取种植植物、铺设防蚀网等方法，以有效减少土壤侵蚀的风险。其次，为了增强坡面的稳定性并控制水流量，可以采用一系列措施。这包括合理设计坡面、设置护坡结构、加强基础等手段，以提高坡面的稳定性，有效地预防土壤侵蚀的发生。特别是在山坡地区或陡坡地形，水流量大的情况下，采取水利工程措施，如堰、梁、壕等，有助于控制水流量，减少土壤侵蚀的风险。最后，加强土壤侵蚀的监测和教育宣传。及时监测土壤侵蚀情况，及早发现问题并采取应对措施，以降低铁路工程受损的可能性。同时，通过教育宣传活动，提高公众对土地保护的认识，了解土壤侵蚀的危害以及相应

的防治措施，以提高土地保护意识。这些举措将有助于有效应对土壤侵蚀问题，确保铁路工程的可持续发展。

3. 协同抗击疫情，推进共同体建设

卫生健康共同体的构建不仅聚焦于生态保护，更延伸至两国民众的卫生健康领域。自两国建交伊始，中国就为老挝提供了医疗帮助，并在铁路沿线多次举办义诊，关心当地居民健康。特别是在新冠疫情背景下，全球交通受限，解决交通瓶颈成为确保物资和人员流动的前提。中老铁路提供了中国向老挝快速输送医疗援助和抗疫物资的通道。2022 年 3 月，7.02 吨的抗疫物资从武汉经此铁路送至老挝万象。同年 7 月，中老双方通过铁路联合进行“和平列车－2022”人道主义医学救援与医疗服务活动，为两国深化友谊、加强卫生合作、共同努力构建人类健康共同体积累了实践经验。在推进共同建设方面，中老铁路在实施过程中应继续坚守与自然和谐共生的理念，致力于构建人与生态环境的共同体。同时，后续铁路建设应继续充分考虑对原有植被的保护，坚持生态恢复策略，以维护原生态多样性。

五、中老铁路发展的形势和展望

中老铁路是中老互利合作的示范项目，是高质量共建“一带一路”的标志性工程。中老铁路建成通车以来，取得了一系列亮眼的成绩——实现了老挝从“陆锁国”变为“陆联国”的战略目标，提升了中老沿线经济的发展水平，促进了中老双方的合作交流，推动了“一带一路”项目高质量发展。在中老铁路通车仪式上，习近平总书记指出：“要把中老铁路维护好、运营好，把中老铁路沿线开发好、建设好。”随着对习近平总书记指示的贯彻落实，中老铁路运营的“堵点”将逐步被打通，运营的效率和质量将得到提升，中老沿线的产业水平将快速提高，中老铁路的客运量、跨境货运量、沿线市场主体将实现倍增；随着中国经济的国力的增强以及与沿途地区合作的不断深化，中老铁路将成为中国未来战略合作的重要构成。

（一）继续建设高水平国内国际大通道，充分发挥中老铁路效益

中老铁路的开通为云南省提供了成为中国面向南亚、东南亚辐射中心的重大机遇，它是建设高水平国内国际大通道的关键一步，也是发挥中老铁路黄金通道

效益的关键所在。近年来，云南省外联内畅的综合运输通道加快形成，“七出省五出境”高速铁路网基本形成，“八出省五出境”铁路网不断延伸，“两网络一枢纽”航空网加快推进，“两出省三出境”水路网持续扩展。2022 年，云南省出台的《云南省综合立体交通网规划纲要》提出，要打造“2 廊 4 带 5 洲”交通经济走廊，构建“55538”综合交通运输体系，以推动云南对内对外的立体交通建设。

为完善面向南亚、东南亚和环印度洋地区的运输网络，中国将致力于打通南向陆海大通道，积极推动中老泰铁路建设，推进拉廊－曼谷段铁路建设，加快中老铁路与泰国铁路相接，推动泛亚铁路网建设，刺激东南亚地区经济活力。打通国内物流大通道方面，中国将着力推进周边省区的通道建设，包括蓉昆、渝昆、沪昆、广昆、滇藏五条高铁的建设，还将构建连接云南至京津冀、长三角、粤港澳大湾区和西藏的经济廊带，从而带动云南更好地融入成渝双城经济圈和长江经济带，促进与东南亚合作的经济效益向全国辐射。

在高水平国内国际大通道建设中，口岸是一个重要的环节。中国已经实施了对边境陆路口岸基础设施的升级改造，为口岸查验基础设施新建、改扩建提供专项资金支持。云南省也在积极推动边境陆路口岸基础设施的升级改造工程，包括王家营铁路运输类监管作业场地建设，磨憨铁路口岸水果、粮食等指定监管场地建设，西双版纳州保税区申报和玉溪市、普洱市海关保税库建设等，一定程度上提升了口岸通关效率。此外，云南还推进了边境口岸智慧化建设，运用大数据、区块链、人工智能等技术推动口岸的数字化转型和信息化升级，推动了口岸物流全程电子化水平，从而提升通关便利化水平。

（二）持续推动跨境物流建设，提高中老铁路运营质量

物流建设的提升有利于构建快速循环、高效集散的运输体系，从而促进中老铁路运营质量的提高。为实现这一目标，中国将推动昆明、磨憨国家物流枢纽的建设，并完善联运配套设施。同时，将大力发展冷链物流和冷链班列，推动公路与铁路冷链接驳的无缝衔接。此外，将发展智慧物流，加强数字化技术在中老铁路运输、配送、仓储等环节的应用，提升物流运作效率和现代化水平。中国还将在中老铁路沿线布局战略物资和国际大宗商品集散地，专注于钢铁、有色金属、粮油、水果、花卉等大宗商品，以满足市场需求。

在推动物流多式联运体系的建设方面，中国将继续推进公路口岸和铁路口岸的协调发展，充分发挥它们在不同地区货源和功能上的优势。跨境物流将注重公铁并重，因此，将加快中老铁路场站和高速公路的连接建设，以打通公铁联运的“最后一公里”，同时，将着手加快昆明和西双版纳国际机场的扩建，以推

动澜沧江－湄公河航运与中老铁路的有机衔接，从而实现“公铁水空”多式联运模式的顺畅运作。

（三）进一步支持产业数字化转型，提升中老铁路沿线产业水平

支持产业开发是深化开放水平、推动市场升级的重要举措。在中老沿线当前产业基础上，发展跨境农业、跨境旅游、跨境电商、跨境金融，是提升中老沿线产业水平的重要举措。发展跨境农业，争取增加老挝进口农产品目录，推进中老现代化农业产业示范园区等重点项目建设，有利于云南农业“走出去”，也利于东盟国家优质农食产品向外输送。发展跨境旅游，推出多样性旅游产品和路线，争取过境免签政策，有利于促进沿线旅游行业的发展。效仿“中欧班列＋跨境电商”模式，探索发展“中老班列＋跨境电商”模式，打造中老班列品牌，有利于提高产品出口效率。发展跨境金融，推广使用人民币跨境支付系统，支持境内企业在磨憨－磨丁合作区使用人民币进行结算，有利于提高外汇结算效率，也推动了人民币国际化进程。在发展跨境产业的基础上，着力推进中国自由贸易区勐腊（磨憨）重点开发开放试验区等沿线园区的建设，加强中老双方的国际产能合作，以打造中老铁路沿线产业集群。2023年是“中老命运共同体”提出十周年，也是“一带一路”倡议提出十周年，随着设施的完善和政策的落地，中老铁路将成为中老两国人民的富裕之路、幸福之路，也将构建“一带一路”倡议发展的新格局。

Ⅱ　经贸合作篇

Economic and Trade Cooperation Reports

B.2 中老铁路对中老经贸合作的效应和发展建议[①]

摘　要： 当前中老两国关系正处于历史最好时期，在两党两国最高领导人的关心和推动下，中老命运共同体建设正扎实稳步推进。中老铁路北起老中边境口岸磨丁，南至老挝首都万象，全长 400 多公里，设计时速 160 公里/小时，是一条完全采用中国技术标准和中国管理标准的电气化客货混运铁路。作为“一带一路”倡议标志性项目，中老铁路建设为加快建成中老经济走廊、构建中老命运共同体提供了有力支撑。2021 年 12 月 3 日，中老铁路正式建成通车，成为了老挝境内第一条现代化铁路，帮助老挝实现了从“陆锁国”到“陆联国”的梦想，对中老经贸互利合作具有重大意义。本报告围绕中老铁路开通对中老经贸合作成本、双边货物贸易合作范围、货物运输方式、服务贸易合作潜力、沿线产业优化以及区域产业链融合所产生的影响展开详细分析。为进一步释放中老铁路对中老两国经贸合作的促进作用，本报告提出如下建议：深化全面战略合作，携手打造中老命运共同体；助推老挝经济社会发展，夯实两国合作经济基础；优化对老挝贸易投资结构，推动中老两国双赢发展；加强人文交流合作，筑牢中老合作民心基础；坚持可持续发展，增强中老合作信任基础；提升基础设施互联互通能力，夯实中老合作硬件基础。

关键词： 中老铁路；中老经贸合作；发展建议

---

① 执笔人：蓝庆新，对外经济贸易大学中老磨憨–磨丁经济合作与发展研究中心；黄宇康，对外经济贸易大学国际经济贸易学院；史方圆，对外经济贸易大学国际经济贸易学院。

一、中老铁路推动双边经贸合作降本增效

老挝是东南亚唯一的内陆国，没有出海口，不具备海洋港口贸易的资源禀赋，是名副其实的“陆锁国”。封闭的地理环境导致老挝交通物流成本居高不下，严重制约了老挝的经济发展。中老铁路修通前，老挝全国的铁路总里程只有 3.5 公里，极少部分人会选择铁路出行。修建中老铁路极大程度上改善了老挝全国的铁路基础设施建设，提高了当地的交通运输能力，为居民提供了新的出行选择，缩短了当地居民的出行时间，提高了人们的出行意愿。据相关调研数据显示，超过 90%的调研样本认为中老铁路的修通对当地居民的交通出行、家庭经济、生活环境和很多其他方面产生了显著影响，并且中老铁路建成后，77%的调研样本会选择乘火车来中国，相比铁路通车前的 16%增高了 61%（见图 1）。

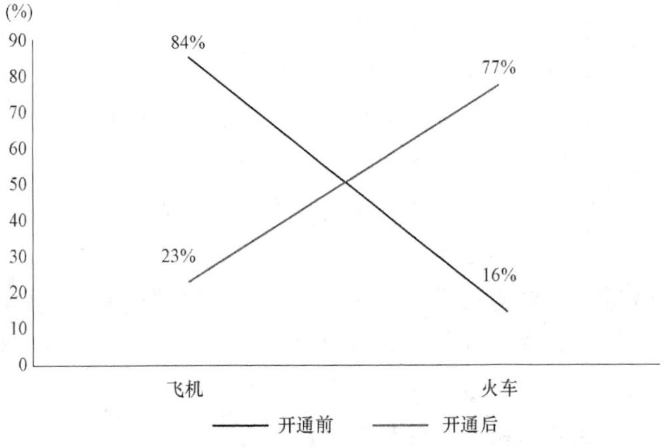

图 1　中老铁路开通前后万象居民出行方式变化

数据来源：根据北京外国语大学相关调研数据整理所得①。

中老铁路时效优于海运、价格优于空运、损耗优于公路。中老铁路自开通运行以来，显著降低了中老两国间货物运输成本。世界银行数据显示，中老铁路的开通使得万象到昆明货运成本下降 40%～50%②。当前，中老铁路每吨货物的平均运输成本约为 0.5 元/公里，明显低于公路运输成本。中国利用互联网创建了一条

① 澎湃网. 直击：中老铁路为万象带来的改变［EB/OL］. https://m.thepaper.cn/baijiahao_23878966.

② 人民网. 中老铁路智慧货运助力老挝风味摆上北京餐桌［EB/OL］. https://baijiahao.baidu.com/s?id = 1773014363788964837&wfr = spider&for = pc.

新的“快速通道”，为社会大众提供“快速通关”服务。“快速通道”模式极大地简化了各类手续的办理流程，使各口岸的通行速度大幅提升。例如，在磨憨铁路口岸，通过推行“铁路快通+合署办公”模式，通关时间已从通车前的40多小时缩短至现在的最快3.1个小时[①]。同时，中老铁路利用大数据系统和多方数据共享形成信息闭环，有效简化了企业报关流程，提升了海关货运质量监管能力，推动了铁路运输提质增效，这些在提升跨境运输便利化水平的同时也使得跨境运输更具安全性。

二、中老铁路拓宽双边货物贸易合作范围

中国是老挝第一大外资来源国、第一大出口目的国和第一大援助国，中老铁路开通带来的跨境运输成本下降和便利化水平提升，将助力双边货物贸易合作范围不断向外拓展。中老铁路开通以来，中老贸易中入境商品的种类和数量大大增加，如今已从化肥、百货等100多种扩展到电子、光伏、冷链水果等1 200多种[②]，其中以水果类的商品最为瞩目。热带水果的长途快跑和准点省时仅是中老铁路开通以来国际物流便利化促进双边货物贸易合作范围不断得以拓宽的一个缩影。截至2022年8月31日，运输入境的榴莲、椰青和龙眼等热带水果总量超过6万吨。2022年12月3日，进境水果指定监管场地在磨憨铁路口岸投入使用，次日首列中老铁路入境水果列车到达王家营西集装箱中心站，实现中南半岛水果从田间到中国餐桌的最快捷运输。2023年4月16日，中老铁路上的“澜湄快线”调整为每日开行，水果、蔬菜等时鲜商品的全程运输仅需26小时便可完成，为时鲜商品运输提供了有力的运力保障。

中老铁路成功连接了中国国内市场出口老挝的经济通道，为我国各省份出口老挝提供了一条更加便捷、更有效率的途径。甘肃的石棉、吉林的轮胎、广东的空调、北京的净水器、云南的光伏等来自全国各地的产品汇聚昆明，通过中老铁路运送出境[③]。为有效促进中老两国经贸往来，中国国内已有25个省（区、市）

---

① 人民网. 中老铁路累计发送货物突破2 614万吨［EB/OL］. http://m.people.cn/n4/2023/0922/c1420-20773293.html.

② 北京日报. 中老铁路国际黄金物流大通道作用日益显现［EB/OL］. https://baijiahao.baidu.com/s?id=1734652998303729406&wfr=spider&for=pc.

③ 中国日报网. 中老铁路彰显“黄金大通道”效应 商贸民生受惠颇多［EB/OL］. https://baijiahao.baidu.com/s?id=1751284275813151771&wfr=spider&for=pc.

相继开行了中老铁路跨境货物列车，货物运输已覆盖老挝、泰国、缅甸等“一带一路”沿线国家和地区，货物品类也由开通初期的化肥、百货等十多种扩展至电子、光伏、冷链水果等 2 000 多种，中老铁路国际物流黄金大通道成色越来越足[①]。截至 2023 年 9 月 19 日，中老铁路累计运输货物 2 614 万吨，累计运输跨境货物超 576 万吨。其中，中国国内段累计运输货物 1 965 万吨、老挝段运输货物 649 万吨。

三、中老铁路丰富沿线地区商品运输方式

以老挝与云南为例，在中老铁路通车前，老挝对云南出口的货物主要由矿产品、橡胶、谷物、木及木制品构成，四类产品共占总量的 90%。其中，矿产品及橡胶占比之和超过 50%（见图 2）。中老铁路通车后，凭借着铁路运输的运输量大、运输时效性强、运输成本低等优点，老挝开始将其国内其他类型大宗商品通过铁路运输的方式运往云南。具体而言，在老挝发送至云南的货运量中，以矿产品为主的大宗货物占比降低至 80.9%，以薏米、木薯粉等为主的农副产品及粮食的占比上升至 4.7%，在此同时还有 1.01%的鲜活货物选用铁路运输（见图 3）。

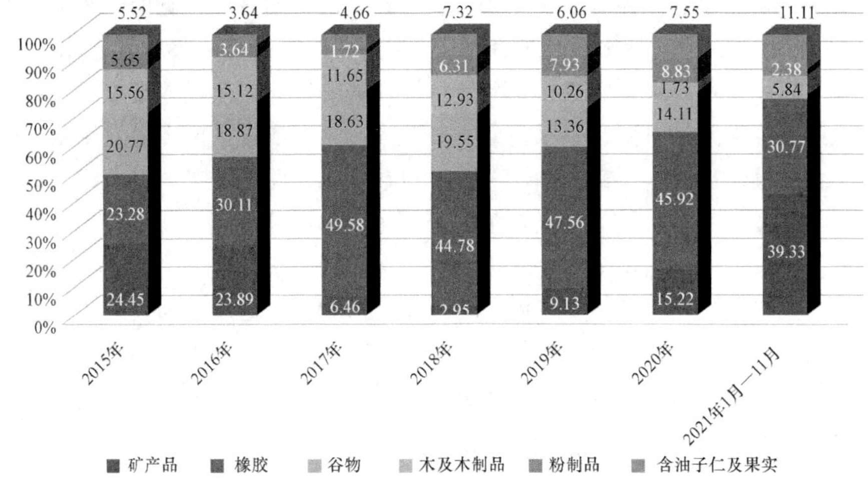

图 2　中老铁路通车前老挝向云南出口的货物品类及占比

数据来源：中华人民共和国海关总署。

① 北京日报．中老铁路国际黄金物流大通道作用日益显现［EB/OL］．https://baijiahao.baidu.com/s?id=1734652998303729406&wfr=spider&for=pc.

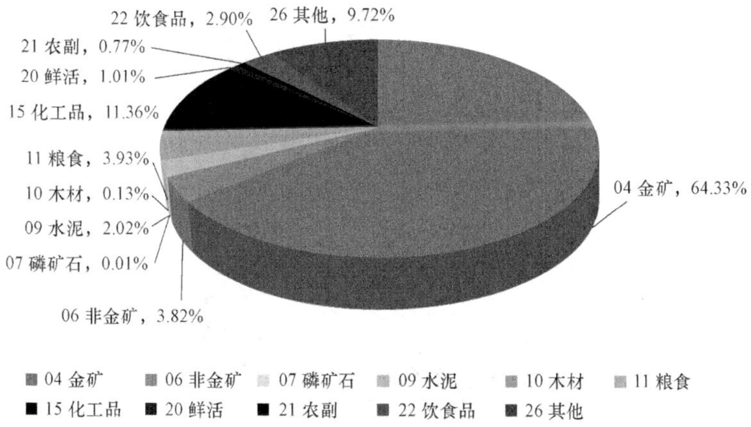

图 3　中老铁路通车后老挝向云南出口的货物品类及占比

数据来源：中华人民共和国海关总署。

中老铁路的开通也极大拓宽了云南对老挝的货物运输品类。具体而言，在中老铁路通车前，由云南运往老挝的货物类别相对稳定，主要包括机电产品、钢铁及钢铁制品、化工品、肥料、机动车及零部件等大宗商品。其中，出口货物以工业制成品和中间品为主，机械产品与钢铁制品占比最大（见图 4）。在中老铁路通车之后，云南出口至老挝的货物类型较之前有所转变，更多集中在饮食品、化工品、粮食、矿建品、农副产品、纺织品、医药品、鲜活货物等非大宗货物。其中，以饮食品、化工品、纺织品、农副产品等为主，占比由高到低依次为饮食品（41%）、化工品（29%）、纺织品（11%）和农副产品（5%）（见图 5）。

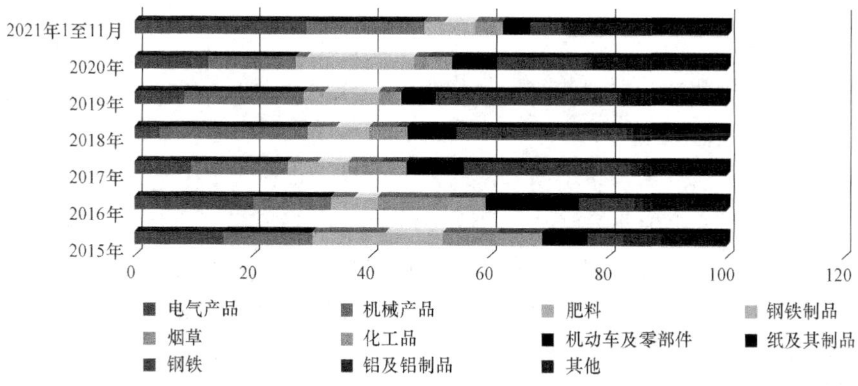

图 4　中老铁路通车前云南向老挝出口的前十大货物品类及占比

数据来源：中华人民共和国海关总署。

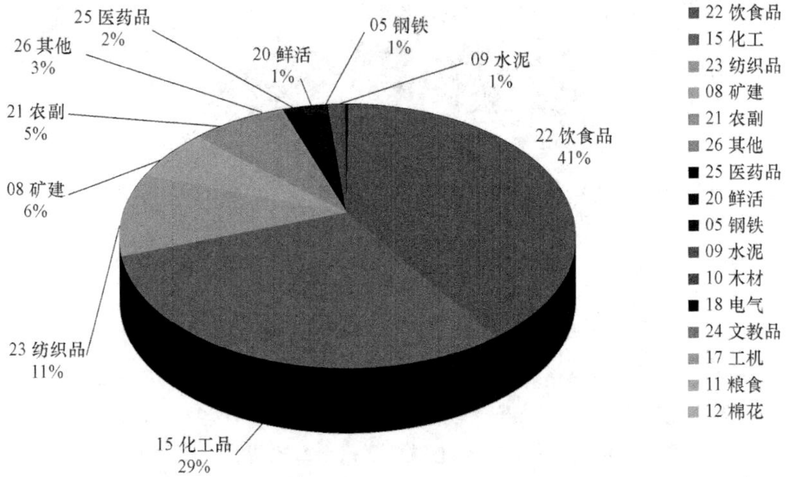

图 5　中老铁路通车后云南向老挝出口的主要货物品类及占比

数据来源：中华人民共和国海关总署。

四、中老铁路激发双边服务贸易合作潜力

老挝是当今世界最贫困的国家之一，就业状况的改善对提高当地居民生活水平具有重大意义。中老铁路从建设到运营，秉承惠民生理念，积极聘用当地员工，帮助解决就业难题。据统计，超过 3 500 名老挝籍员工参与到中老铁路的运行中，包括货物装卸、物流、安保、保洁等领域。除此之外，中老铁路的开通还带动了物流、城市交通、商贸、旅游等诸多行业发展，也为老挝带来了诸多配套基础设施建设工程，这些将为老挝间接增加超 10 万个就业岗位[①]，并助力于老挝人民提高收入水平和生活水平。

中老铁路开通后呈现客货两旺态势，不仅进一步释放了中老双边货物贸易合作红利，也激发了旅游业等服务贸易合作潜力。中老铁路动车组运行安全、绿色、快捷、舒适，大幅缩短时空距离，受到沿线群众青睐，成为人们出行首选。根据铁路客流变化，中老铁路不断优化客运供给，日均开行客车由 2022 年的 44 列增加至 2023 年的 60 列。2023 年 1 月－7 月，中老铁路全线累计发送旅客 1 017 万人次，同比增加 540 万人次，增幅高达 113.4%。中老铁路串起了西双版纳、琅勃

---

① 中国铁路网. 中老铁路，助推老挝经济迈上新台阶［EB/OL］. https://www.chnrailway.com/index/shows?catid = 10&id = 3524.

拉邦等热门旅游地，它的开通将促进沿线客流、物流、信息流高效交换，并带动跨境游"热起来"。2023 年 4 月 13 日，中老铁路国际旅客列车正式开行，这为沿线文旅产业发展提供了前所未有的机遇及有利条件。"两地两检"的通关模式极大地方便了出入境游客，凭借着经济、便捷、舒适的优势，中老铁路国际旅客列车成为中外人员跨境旅游、学习、经商和文化交流的第一交通选择。截至 2023 年 7 月 22 日，共有来自 53 个国家和地区的 5.9 万名旅客乘坐中老铁路国际旅客列车实现跨境旅行[①]，中老跨境旅游发展前景一片光明。在旅游经济之外，中老双方在绿色经济、数字经济、跨境物流站建设等诸多领域有着广泛合作空间，中老铁路的开通运行也为这些新的合作提供着坚实的交通设施支持。

五、中老铁路推动沿线地区产业优化

老挝作为发展中国家，国内大多产业均处于未成熟阶段，存在大量的投资机会。但长期以来，受制于国内简陋的交通条件，老挝难以吸引到足够资金进入。中老铁路通车后，老挝与沿途各地的时空距离缩短了，提高了投资资金进入老挝的可能性。在此同时，中老铁路开通使老挝以及中国沿线各省出口结构得以改善，对外贸易循环的加速不仅促使沿线地区原有产业逐渐走向成熟，也为这些地区发展新产业提供更多机会与空间。在中国国内的中老铁路沿线重点城市，如昆明，已率先竖起产业优化与升级大旗，通过中老铁路带来的贸易流量招商引资、引进人才、吸收新劳动力、加速产业聚集，在完成自身产业优化和升级的同时，也将发展红利不断辐射外围城市，从而带动区域经济发展和产业升级。

随着中国人口红利的逐步消失，劳动力成本逐渐提高，环境保护等问题日益凸显，大量劳动力密集型和初级加工产业开始向老挝等东南亚国家转移。中老铁路沿线地区的经济发展状况类似，但资源禀赋差异较大。中老铁路的建成降低了跨境交通的成本，缩短了沿线各地区的时空距离，加之两国政府协商出台的一系列引资政策，这将加快国内部分企业走入老挝，依托老挝的人口红利、自然资源丰富等优势加大投产。利用两地要素禀赋差异加强产业转移合作，不仅有助于中老铁路沿线的国内地区产业优化布局，也有利于老挝通过承接更多的产业转移和投资加快其自身产业升级发展。

① 环球网. 中老铁路累计发送旅客超 2 000 万人次［EB/OL］. https://baijiahao.baidu.com/s?id=1774435416550690283&wfr=spider&for=pc.

六、中老铁路推动区域产业链融合

中老铁路是一条开放的国际通道，货物运输覆盖老挝、新加坡、泰国等东南亚十多个国家和地区，运输货物的品类已由开通初期的化肥、百货等 100 多种扩展至电子、光伏、冷链水果等 2 000 多种。中老铁路未来可与中泰铁路相连，形成连接中国、老挝和泰国的交通大动脉，南下可同马新铁路网联通，北上可同中欧班列对接。中老铁路的开通有望使老挝成为东南亚交通的“枢纽国”，通过与泰国、柬埔寨境内的铁路相连接，促进整个东南亚国家的交通物流网络发展，从而将中国的制造业产品和老挝等东南亚国家的资源优势有机结合起来，实现区域产业链、供应链的深度融合。从中国看，中老铁路开通将加速构建中国与中南半岛区域经济一体化进程。从老挝看，中老铁路成为老挝向北连通中国，向南连通东盟国家的“金钥匙”，通过与“一带一路”沿线网络链接，中老铁路将推动老挝从“陆锁国”变为“陆联国”，这些在给老挝交通运输、旅游等诸多行业带来机遇的同时也提升了老挝对国外投资者的吸引力。与此同时，老挝可以通过中老铁路更广泛地参与国际和区域经济，并加速老挝适应、融入区域经济体进程，进而在中南半岛区域经济一体化进程中找准自己的定位，实现自身更好发展。从亚太区域看，中老铁路近九成跨境货物过境老挝后，向南转运至泰国、马来西亚、新加坡等国家和地区。中老铁路在服务中老贸易的同时，也为老挝与沿途其他国家和地区的贸易提供了便利，这超越了中老两国双边合作范畴，为构建更加紧密的亚太区域产业链、供应链，推进贸易和投资自由化、便利化提供了新机遇。

铁路作为一种低碳交通方式，相对于传统的公路运输和航空运输，具有更低的碳排放和能源消耗，有助于减少整个供应链中的温室气体排放和降低对环境的影响，推动跨国绿色产业链和供应链的构建。中老铁路的建设和运营可以促进清洁能源的应用和推广，相关基础设施和设备正在覆盖越来越多的清洁能源技术，中老铁路开通将有效降低供应链中的碳足迹，推动绿色产业链的形成。作为“一带一路”倡议的重要组成部分，中老铁路的开通亦将促进区域间的合作和技术转移，促进绿色技术和低碳实践的国际分享，通过合作与创新提高整个东南亚区域供应链的绿色化水平。

七、发展建议

（一）深化全面战略合作，携手打造中老命运共同体

老挝既是中国共建“一带一路”合作国家，也是美西方国家重返亚太和东南亚，并与中方展开博弈的“棋子”。中老铁路开通带来的中老经贸合作效应可能因受美国、日本、韩国和其他国家影响而大打折扣。对此，应深化中老全面战略合作，通过增强两国在政治、经济、文化、社会、国防、外交等多领域的协作，为中老铁路开通所带来的经贸合作效应充分释放扫除外在障碍。一是进一步优化“一带一路”倡议的建设内涵，使之与老挝变“陆锁国”为“陆联国”战略更好衔接。二是把中国“精准扶贫”和乡村振兴战略所得有益经验传播至老挝，服务于老挝乡村发展并加快减贫进程。三是坚守可持续发展的原则，将绿色作为中老经贸合作底色，打造中老生态共同体。四是坚持开放合作原则，在“一带一路”倡议框架下，深化中老两国开放合作，将中老经贸合作和东南半岛经贸合作相结合，在推进区域经济一体化的进程中寻求两国共同的经济发展和繁荣。

（二）助推老挝经济社会发展，夯实两国合作经济基础

现阶段老挝经济实力依然相对薄弱，尤其是与中国相邻的北部山区经济发展尤为滞后，这在一定程度上制约着中老两国经贸合作关系的进一步深入。对此，中国应借中老铁路开通契机，助力老挝不断提高经济实力，尤其是要不断改善老挝国内中老铁路沿线人民群众生活状况，为深入发展两国经贸合作关系夯实经济基础。一是充分利用老挝当地劳动、农业和能源资源优势，帮助老挝科学制定沿线经贸合作长远规划，并为其发展提供必需的资金、技术、管理要素支持。二是发挥中国市场规模大、消费水平相对较高等优势，增强对老挝出口产品在生产和定价上的主导权，帮助老挝提高其国内产品技术水平和出口产品质量，助力老挝提高其在国际商品市场上的竞争力。三是充分分析中老两国产业各自优势，注重差别、突出特色、优势互补，加强中老产业合作。以产业园区建设为核心，打造相关产业集群，发挥规模效应。

（三）优化对老挝贸易投资结构，推动中老两国双赢发展

受经济发展水平影响，老挝民众对产品具有较高的需求价格弹性。中老两国发展水平存在较大差异，这使得中国对老挝出口的产品中有大量低质量产品。但

是，中老铁路的开通势必会对老挝经济发展产生一定推动作用，使得老挝民众有意愿且能够为高质量产品买单，这将提高老挝国内对出口产品质量的要求。对此，为促进中老两国经贸合作长远发展，中国应发挥自身比较优势，提高对老挝出口产品质量，适时出口更多高附加值产品到老挝，并提供符合老挝发展需求的高质量公共产品，提升中国产品品牌影响力。

中国是老挝第一大外资来源国，但中国对老挝投资存在结构不合理问题，投资主要局限在林业、农业等劳动密集型领域，对资本密集型和技术密集型领域的投资则明显不足。与此同时，中国在投资过程中，往往注重厂房建设，忽视产品的生产与销售。这将进一步加重中老贸易不平衡，并进一步加剧中国对老挝国内市场控制力的减弱。对此，应转变投资重点，优化中方对老挝投资结构，加大对老挝国内资本密集型和技术密集型产业投资。中国在高铁、能源、电子、机械等领域具有明显产业优势，可以聚焦这些领域加大对老挝投资力度，帮助老挝实现产业升级，推动两国经贸合作再上新台阶。此外，要深化中老金融合作，通过政策沟通，提高金融服务质量和水平，推进人民币“走进”老挝，更高质量地实现双边投资人民币结算，缓解中老双方资金压力。

（四）加强人文交流合作，筑牢中老合作民心基础

中老两国山水相连，两国一直本着“好邻居、好朋友、好同志、好伙伴”的四好精神，不断增强政治互信，积极扩大人文交流，深化互利合作。但是，近年来，世界局势风云诡谲，老挝国内对中国的认识也开始出现不同，部分民众对包括中老铁路在内的中方投资项目流露出了不满，认为中方企业在规范性经营、可持续发展等方面存在较多不足[①]。老挝民众对中国缺少深入了解和理性认识是老挝国内对中国产生认知不一的重要原因。人文领域交流合作对传承中老友谊，实现民心相通具有独特价值。对此，应进一步加强中老人文交流合作，不断筑牢中老经贸合作民心基础。一是注重人员培养，为老挝学生到中国留学提供更多语言帮助与资金支持，同时也支持中国境内学生走入老挝进行交流学习。与此同时，中老双方可联合进行文旅人才培养，加强文化旅游产业人力资源建设，强化两国文化旅游产业合作人才支撑。二是进一步加强中老两国在新闻传播领域的合作。充分发挥媒体矩阵作用，增强国际广播电台老挝语节目和中文杂志的传播力，并借助新时代传播工具对外讲好“中国故事”，宣传中老铁路开通对中老两国经贸合作带来的有益影响。三是拓宽中老文化交流范围，加强中老两国科研机构、学术

① 张海冰，周太东. 老挝与“一带一路”[M]. 北京：时事出版社，2018：57.

团体间的项目合作，开展中老铁路经贸合作效应专题研究。丰富文化交流形式，创新中国文化周、中老文化交流研讨会等方式，增强中老两国民众相互了解。四是支持中方企业围绕教育、医疗、环保等民生领域在老挝本土开展公益活动，助力夯实经贸合作民心基础。

（五）坚持可持续发展，增强中老合作信任基础

中老铁路在设计之初考虑了综合地质条件、环境敏感点、自然环境保护等因素，最终确定了经济合理、环保可行的线路总体方案。在建设中，更是把生态环保和生物多样性保护理念贯穿铁路建设全过程，根据沿线不同气候特征、植被状况等特点，选择合适的方式进行施工。未来，中老两国更应坚持可持续发展原则，将绿色作为发展底色，不断增强双方合作信任基础。一是采取有效措施减少对环境的破坏，保护当地社区的权益，增强双方的合作信任。二是进一步强化中老两国在中国－东盟、东盟与中日韩、绿色澜湄、“一带一路”绿色发展国际联盟等多边合作机制下展开政策对话、能力建设、技术合作等活动，并深化两国在清洁能源、生态保护等领域的合作，推动中老经贸关系健康、可持续发展。三是进一步支持中国－老挝应对气候变化南南合作低碳示范区的建设，推动其实现更绿色、更低碳的建设目标，以发挥其在应对气候变化、推动绿色发展中的引领和示范作用。

（六）提升基础设施互联互通能力，夯实中老合作硬件基础

作为一个多山地的国家，老挝交通设施相对落后，贸易物流主要依靠公路，辅之以水路和航空。在中老铁路通车前，老挝境内仅有一条 3.5 公里铁路（首都万象—老泰边境）。天然地理位置使老挝无法发展水路贸易，糟糕的陆路交通现状使老挝经济发展严重受限，这就导致了老挝即使拥有丰富矿产、农林、旅游资源，也无法打开经济发展“锦囊”。中老铁路开通改善了老挝交通设施建设滞后的困境，一定程度上冲开了中老经贸合作瓶颈。但是，目前仅中老铁路还不足以支撑中老贸易中的全部物流任务，需要中老双方坚持“公铁并重，公铁并行”，并进一步加强其他领域互联互通，以夯实两国合作硬件基础。一是中老双方应继续重视跨境公路运输建设，做好公路的建设和维护。二是中老双方应携手共进，共同努力完善相应的监督管理机制，加强中老铁路沿线的基础设施建设和维护工作，确保中老铁路持续、稳定、高质量地运行。三是中老两国要充分挖掘各自的潜能，发挥各自的优势：以中老铁路为基础，充分发挥中国昆磨高速公路、

老挝的 13 号公路、澜沧江－湄公河航线和中老空中国际航线等交通动脉的优势，实现陆路、水路和空路三大通道的互通互联，提高两国交通、物流的便利程度，以此更好地推动两国经济和市场的进一步融合发展，拓展更广阔的经贸合作发展时空。四是进一步加强两国通信、信息基础设施互联互通，使信息交流的“天路”更加畅通。

B.3
中老铁路对中国与中南半岛经贸合作的效应和发展建议[①]

摘　要： 中南半岛由越南、老挝、柬埔寨、缅甸、泰国五国以及马来西亚西部、中国云南南部地区共同组成。我国与中南半岛贸易往来历史悠久，早在公元前 2 世纪，就有“南方丝绸之路”经过中国西南的云南省，经缅甸、印度到达中南半岛。中南半岛是亚洲南部三大半岛之一，是中国海外经济政治利益最密集的地区之一，是共建“一带一路”重要区域，也是中国与东盟合作的跨国经济走廊。中老铁路不但可以打开老挝“陆锁国”困境，还能在中南半岛腹地打开一条辐射缅甸、泰国、柬埔寨、越南、马来西亚等国并通向繁荣富足的道路。本报告围绕中老铁路的开通对中国与中南半岛经贸合作的影响展开详细分析，认为中老铁路的开通可以助力跨境贸易降本增效、丰富货物贸易合作内涵、激活旅游业合作潜力、有效推进中国与中南半岛各国经济社会协同发展、提高中国－中南半岛经济走廊地缘政治地位。为助力进一步释放中老铁路对中国与中南半岛经贸合作的促进作用，本报告提出如下建议：提升政治互信，打造中南半岛经济走廊国家命运共同体；助力中南半岛国家经济发展，夯实中国与中南半岛经贸合作物质基础；加强互联互通建设，畅通中国与中南半岛经贸合作运输通道；深化金融领域合作，提高中国与中南半岛经贸合作风险抵御能力；加强人文领域交流，提高中国与中南半岛经贸合作软联通水平。

关键词： 中老铁路；中南半岛；中国－中南半岛经济走廊

---

① 执笔人：马鹏，对外经济贸易大学国际经济贸易学院；史方圆，对外经济贸易大学国际经济贸易学院；黄宇康，对外经济贸易大学国际经济贸易学院。

一、中老铁路助力中国与中南半岛经贸合作跨境贸易降本增效

在中老铁路开通之前，中国与中南半岛各国缺乏高效的运输方式，运输成本较高。中老铁路的修通为中国与中南半岛之间提供了一条高效、便捷的陆路贸易通道，在分担两地间公路运输压力的同时，也极大地缓解了海路运输的压力，有利于解决当前中国与中南半岛依赖海运的现状。与此同时，中老铁路开通极大降低了中国与中南半岛间的陆路运输成本，增强了货物运输的速度和可靠性，提高了中国和中南半岛之间贸易合作的便利性和效率。如表 1 所示。在中老铁路开通前，从云南边境到万象的客运大巴票价约为 225 元/人，从我国边境到万象的公路货运价格接近 660 元/吨，同时运输时间长达 30 小时。中老铁路通车后，铁路运输成为了出行、贸易的最优选择：客运方面，我国云南边境到万象的铁路客运票价约为 132 元/人，相比公路出行成本下降 42%。货运方面，中国云南边境到万象铁路运输价格为 220 元/吨，相比公路运输成本下降 67%。时间成本方面，高铁从万象到中老边境仅需 3 小时，是铁路开通前的十分之一。中老铁路的开通也加强了中国与中南半岛经济区各国政府间的联系与沟通。通过在各国家之间开展数字合作和信息共享，中国与中南半岛国家间贸易壁垒得以降低，贸易手续得以简化，从而大大减少了跨境贸易中企业面临的行政障碍和时间成本，中国与中南半岛经贸合作朝着便利化和标准化方向持续迈进，合作的广度和深度正不断拓展。

表 1　中老铁路开通前后跨境客货流通成本对比

中老铁路开通前	公路客运票价（云南边境至万象）	公路货运价（云南边境至万象）	公路运输时间（万象至中老边境）
	225 元/人	约 660 元/吨	约 30 个小时
中老铁路开通后	铁路客运票价（云南边境至万象）	铁路货运价（云南边境至万象）	铁路运输时间（万象至中老边境）
	132 元/人	220 元/吨	<3 小时

数据来源：根据中国－东盟博览社数据整理。

二、中老铁路加速推动中国与中南半岛货物贸易合作内涵不断丰富

长期以来，中国与中南半岛各国始终保持着紧密的贸易关系，双方彼此贸易依存度逐年攀升。如图 1 所示，2012 年—2021 年，中国对中南半岛地区贸易依存度由 0.07 提高至 0.10，涨幅 42.86%，同期，中南半岛地区对中国的贸易依存度也由 0.12 提高至 0.16，涨幅 33.33%。但沿线相对滞后的基础设施一定程度上也限制了中国与中南半岛经贸合作的深入。具体而言，中老铁路开通前，中国与中南半岛的贸易合作呈现贸易不平衡特点，中国始终保持在顺差国地位，且贸易失衡现象有愈演愈烈之势。除此之外，双方间贸易结构也存在单一化瓶颈。2021 年，中国从中南半岛进口的货物中，电机、电气和机器机械类商品占较大比重，两者累计占比约 70%。除此之外，自然资源商品（矿物类）和工业制品（塑料、橡胶和光学仪器类）约占进口总额的 20%，轻工业商品和农业产品（水果、蔬菜类）占比更是不足 5%。在中国出口到中南半岛的货物类别中，电机、电气、机械、钢铁及钢铁制品等重工业商品占出口总额的近九成，而以光学仪器、针织物及钩编织物等为代表的轻工业产品占比仅 5%左右，除此之外几乎没有农产品出口（见表 2）。

图 1　2012 年—2021 年中国与中南半岛地区贸易依赖度

数据来源：世界贸易组织数据库和中华人民共和国海关总署。

表 2　　2021 年中国与中南半岛地区贸易进出口金额前十名产品

排序	中国自中南半岛地区进口		中国出口至中南半岛地区	
	货物品类	金额（亿美元）	货物品类	金额（亿美元）
1	电机、电气等	1 215.10	电机、电气等	1 026.84
2	机器、机械器具等	326.60	机器、机械器具等	461.20
3	矿物类	318.67	塑料类	178.36
4	塑料	116.54	钢铁	118.64
5	橡胶类	100.53	钢铁制品类	112.23
6	光学、计量等仪器类	94.83	家具、寝具等	106.81
7	特殊交易品及未分类商品	81.90	光学、计量等仪器类	103.99
8	水果及坚果类	80.52	矿物类	94.20
9	有机化学品	65.12	车辆及其零件、附件等	87.37
10	铜及其制品	58.92	针织物及钩编织物	83.70

数据来源：中国海关总署官网。

中老铁路的建成及开通，提高了中国－中南半岛地区的交通便利水平，为蔬菜、水果等时效性强的农产品运输提供了保障，助力中国－中南半岛贸易由单一化逐渐走向多样化。进口方面，中老铁路开通为中南半岛国家农产品进入中国提供了“黄金通道”。2022 年 4 月，大量成熟的来自中南半岛沿途六国的热带水果进入中国市场，总额占 2022 年我国进口总额的 5%。2023 年 6 月初，500 吨新鲜泰国榴莲通过中老泰冷链直达跨境测试班列运送入境。这批榴莲从生产地到消费地仅用时 4 天，相较中老铁路开通前采用其他陆路运输方式而言节省约 6 天时间[①]。出口方面，国内越来越多的省份加入与中南半岛的跨境贸易中。截至 2023 年 9 月，中国国内已有 25 个省（区、市）相继开行了中老铁路跨境货物列车，甘肃的石棉、吉林的轮胎、广东的空调、北京的净水器、云南的光伏等来自全国各地的产品通过中老铁路进入中南半岛国家。

① 中国一带一路网．10 年了，从一颗榴莲说起……［EB/OL］．https://www.yidaiyilu.gov.cn/p/041SIEDM.html.

三、中老铁路不断激发中国与中南半岛旅游业合作潜力

中南半岛国家整体基础设施建设相对滞后，使得这些国家纵然拥有自然资源优势，其国内旅游业的发展依然长期保持低迷态势。除此之外，繁琐的出入境手续，也一定程度上阻碍了国际游客走入半岛国家。2020 年，叠加新冠疫情冲击带来的不利影响，中国与中南半岛各国旅游业发展形势都异常严峻，各地游客数呈断崖式下跌，旅游收入与 2019 年相比减少近 90%，云南保山、普洱等地旅游收入甚至出现逆增长。

中老铁路的开通，不仅进一步释放了中国与中南半岛货物贸易合作红利，也激发了旅游业等服务贸易合作潜力。中老铁路大大提高了中南半岛旅游的便利性，缩短了旅行时间，提高了旅行效率，凭借方便、快捷的特点，中老铁路逐渐成为中南半岛人们出行首选。中老铁路串起西双版纳、琅勃拉邦等热门旅游地，游客可以选择在不同的城市停留，更深入地体验和欣赏沿途各城市与地区的自然风光和人文景观，这将促进沿线客流、物流、信息流高效交换，并带动跨境游“热起来”。自开通以来，根据铁路客流变化，中老铁路运营方不断优化客运供给，日均开行客车由 2022 年的 44 列增加到了 2023 年的 60 列，2023 年 1 月 – 7 月，中老铁路全线累计发送旅客 1 017 万人次，同比增加 540 万人次，增幅高达 113.4%。2023 年 4 月 13 日，中老铁路国际旅客列车正式开行，“两地两检”的通关模式极大地方便了出入境游客，中老铁路国际旅客列车成为中外人员跨境旅游、学习、经商和文化交流的第一交通选择，这为沿线文旅产业发展提供了前所未有的机遇及有利条件。截至 2023 年 7 月 22 日，共有来自 53 个国家和地区的 5.9 万名旅客乘坐动车实现中老跨境旅行，中国 – 中南半岛跨境旅游发展前景一片光明①。

---

① 环球网. 中老铁路累计发送旅客超 2 000 万人次［EB/OL］. https://baijiahao.baidu.com/s?id=1774435416550690283&wfr=spider&for=pc.

四、中老铁路有效推进中国与中南半岛各国经济社会协同发展

中国是老挝最大的外资来源地，1989 年—2021 年间，中国企业在老挝直接投资项目共 821 个，其中仅 2021 年就有 20 个项目投资，价值总和超过 10 亿美元，对促进老挝经济社会发展，带动当地群众就业，提高生活水平发挥了重要作用。中老经贸合作关系密切，中国是老挝第二大贸易合作伙伴，2021 年，中老双边贸易额 43.5 亿美元，同比增长了 21.4%，其中老挝对华出口总额 26.8 亿美元，同比增长了 28.2%；老挝自华进口金额 16.7 亿美元，同比增长了 11.9%[①]。作为高质量共建“一带一路”的标志性项目，中老铁路的开通将直接促进老挝国内经济社会发展。一方面，中老铁路极大程度上改善了老挝国内的铁路基础设施建设，推动交通运输降本增效，丰富了沿线地区商品的运输方式，拓展了中老双边货物贸易合作范围。截至 2023 年 9 月 19 日，中老铁路已累计运输货物 2 614 万吨，累计运输跨境货物超 576 万吨。其中，中国国内段累计运输货物 1 965 万吨、老挝段运输货物 649 万吨。另一方面，中老铁路建设带动老挝民众就业，激发了沿线旅游业发展活力。据统计，超过 3 500 名老挝籍员工参与到中老铁路的运行中，包括货物装卸、物流、安保、保洁等领域。与此同时，中老铁路开通还带动了物流、城市交通、商贸、旅游等诸多行业发展，也为老挝带来诸多配套基础设施建设工程，这些将为老挝间接增加超 10 万个就业岗位[②]。中老铁路串起了西双版纳、琅勃拉邦等热门旅游地，凭借安全、绿色、快捷、舒适的特点，中老铁路国际旅客列车成为中外人员跨境旅游、学习、经商和文化交流的第一交通选择。截至 2023 年 7 月 22 日，共有来自 53 个国家和地区的 5.9 万名旅客乘坐中老铁路国际旅客列车实现跨境旅行[③]。

中老铁路是一条开放的道路，中老铁路开通不仅能够将老挝从“陆锁国”转

---

① 中华人民共和国发展和改革委员会. 老中合作委员会召开会议总结 2021 年中老双边经贸合作［EB/OL］. https://www.ndrc.gov.cn/xwdt/ztzl/zgdmydylcntzhz/202202/t20220228_1328070_ext.html.

② 中国铁路网. 中老铁路，助推老挝经济迈上新台阶［EB/OL］. https://www.chnrailway.com/index/shows?catid = 10&id = 3524.

③ 环球网. 中老铁路累计发送旅客超 2 000 万人次［EB/OL］. https://baijiahao.baidu.com/s?id = 1774435416550690283&wfr = spider&for = pc.

化为“枢纽国”，而且通过与泰国、柬埔寨境内的铁路相连接，促进了泰国、柬埔寨、越南等东南亚国家的交通物流网络发展，将中国的制造业产品和老挝等东南亚国家的资源优势有机结合起来，间接带动整个中南半岛经济社会的快速发展，为中国与中南半岛经济走廊的发展注入了新动力。与此同时，中老铁路的开通可以与《区域全面经济伙伴关系协定》落地实施实现联动，促进区域间资源和市场的开发和利用，增加地区内贸易和合作机会，为区域经济发展注入新动能。未来，中老铁路“黄金大通道”将继续发挥要素集聚和辐射带动效应，加速区域要素流动，从而将中国在金融、技术、服务、人才等方面的优势，与越南、柬埔寨、缅甸等沿线国家在劳动力和自然资源方面的优势相结合，推动形成更加公平、合理、高效的区域产业分工体系，增强区域发展韧性，推进中南半岛经济走廊协同发展①。

五、中老铁路显著提升中国－中南半岛经济走廊地缘政治地位

泛亚铁路构想的提出最早可追溯至20世纪60年代。但是，受亚洲大陆政治、经济、铁路标准等诸多方面影响，这一构想在提出后的几十年间始终停滞不前。中老铁路通车带来的强大物流效能，促使中南半岛其他国家（泰国、柬埔寨、越南、马来西亚）开始重新审视和重视泛亚铁路网络建设计划。印度尼西亚雅万高铁已于2023年10月2日顺利通车，此外，中泰铁路，越南老挝等铁路项目也均被提上建设议程。中老铁路推进了泛亚铁路构想在东南亚地区的进程。中老铁路通道布局图见图2。

中老铁路开通前，受制于公路运输和海路运输的高昂成本，中国与中南半岛经济走廊的交通设施有效供给长期不足。中老铁路建成后，它迅速成为了泛亚铁路中段的主干道，通过以中路撬动两翼的方式，促进了泛亚铁路东西线工程在中南半岛的实施，并推动其他三条运输通道建设计划（中老铁路－马来西亚、新加坡；中老铁路－海运－南亚诸国；中老铁路－空运－越南、柬埔寨）有效落实②。在此同时，中老铁路开通后，中南半岛地区与我国西部、南部地区有效衔接，双

① 云南理论网. 中老铁路在中南半岛经济走廊互联互通中的意义及建议［EB/OL］. http://llw.yunnan.cn/system/2022/04/21/032038833.shtml.

② 唐堂. 破解中国－中南半岛经济走廊互联互通困境的建议［J］. 创造，2022，30（07）：78－81.

方关系更加紧密。同时，中国－中南半岛经济走廊作为我国与东南亚国家实现政治互信、经济互动、文化互通、人员互往的重要通道，借助于中老铁路的通车也实现了北衔南连、西进东出、陆海呼应等特殊功能，有效拓宽了中国与中南半岛经济走廊的交通网络。当前，中老铁路经贸促进效应已经突破了中老两国，辐射至泰国、缅甸、老挝、马来西亚、柬埔寨、越南 6 个中南半岛国家和新加坡等其他东盟国家和地区。根据世界银行预测，2030 年中国与泰国、马来西亚、新加坡经中老铁路老挝段的年过境贸易货物量将达 390 万吨①。中老铁路从陆地上辐射中南半岛的同时，还有效连通了印度洋和太平洋的海路运输，海陆双管齐下共同促进中南半岛区域经济一体化进程，为中国与中南半岛经贸合作走深走实奠定了重要基础。

六、进一步释放中老铁路对中国与中南半岛经贸合作促进效应

（一）提升政治互信，打造中南半岛经济走廊国家命运共同体

中南半岛的稳定对中国高质量发展具有重要地缘战略意义。伴随着中国国力的日益强大，国际地位的日益提升，域外敌对势力试图通过经贸关系意识形态化，借以政治外交、意识形态划线等手段挑拨中南半岛各国与中国的关系的动作将更为频繁和隐蔽，以阻碍中国与中南半岛经贸合作走深走远，牵制并遏制中国与中南半岛国家发展。中老铁路的建成将进一步助力于中国与中南半岛经贸合作稳步前行，这势必引起域外国家更严重的妒忌和恐慌。提升与中南半岛国家政治互信，努力打造中国与中南半岛经济走廊国家命运共同体，营造稳定外部政治环境，对深化中国与中南半岛经贸合作意义重大。从国家层面来看，我们要从更高站位、更大视角、更广领域、更深层次把握地区关系发展方向，尊重中南半岛国家主权与发展安全，及时就发展重大问题、国际地区形势等与其他国家政府进行战略沟通，增信释疑。同时，要以中老铁路开通为契机，努力打造中国－中南半岛经济走廊国家命运共同体。此外，也要加强商业和民间非官方组织机构各层级的交流与沟通，以拓展中国与其他中南半岛经济走廊国家互信互助互惠全面战略合作伙伴关系的广度和深度。

---

① 唐堂. 中老铁路助力中南半岛经济走廊互联互通［J］. 社会主义论坛，2022（07）：48－50.

（二）助力中南半岛国家经济发展，夯实中国与中南半岛经贸合作物质基础

得益于近年来经济持续稳定增长，中国的经济发展状况在中南半岛区域内始终处于遥遥领先地位。据 CEIC 统计数据显示，2022 年，中国 GDP 总值 179 544.27 亿美元，稳居区域内经济总量第一位置，泰国以 4 960.02 亿美元位居 GDP 总量第二，随后是越南的 4 088.05 亿美元和马来西亚的 4 071.59 亿美元。除此之外，缅甸、柬埔寨和越南经济体量相对较小，GDP 总值均低于 1 000 亿美元，分别为 628.76 亿美元、295.99 亿美元、153.63 亿美元。中国与中南半岛各国经济发展水平差距较大，过大的经济发展差距意味着我国与中南半岛各国在生活质量、产业结构、技术水平、市场完善度等方面均存在显著差异，长期来看，这将不利于中国与中南半岛经贸合作持续健康发展。对此，中国应助力中南半岛国家经济发展，以不断夯实中国与中南半岛经贸合作长远发展的物质基础。一是应充分利用中南半岛国家劳动力、农业和能源资源优势，帮助其科学制定经贸发展长远规划，并为这些国家的发展提供必需的资金、技术、管理要素支持。二是应充分分析中南半岛国家产业各自优势，注重差别、突出特色、优势互补，加强与这些国家的产业合作。以产业园区建设为核心，打造相关产业集群，发挥规模效应。三是可以聚焦中国具有明显产业优势的领域加大对中南半岛国家投资力度，如高铁、能源、电子、机械制造等，帮助中南半岛国家实现产业升级，打牢经贸合作产业基础，推动中国与中南半岛国家经贸合作再上新台阶。

（三）加强互联互通建设，畅通中国与中南半岛经贸合作运输通道

基础设施互联互通是深化中国与中南半岛经贸合作，推动构建中国－中南半岛经济走廊的重要支撑。中老铁路的建成通车虽然一定程度上帮助中南半岛国家解决了长期以来所面临的缺乏高效运输方式、运输成本高企难题，但是中南半岛各国基础设施建设规划繁多，各国利益诉求多元，难以在短时间内有效应对。一些基础设施合作项目更是因技术标准难以统一、运输标准和资格认证难以衔接等问题而被迫中止，这些也暴露出了中南半岛各国在推进设施互联互通过程中所存在的问题。同时，中南半岛各国内公路、港口通行能力较差，理论运输能力与实际不符，难以形成高效的运输循环，口岸拥堵、货物积压等矛盾突出。这些问题制约着中国与中南半岛国家经贸合作的进一步深化。对此，中方应同中南半岛国家以中老铁路为基础，持续推进公路、铁

路、海路三者的基础设施建设和协同运行，尽快实现畅通便捷、快速高效的国际大通道，打破交通问题对中南半岛经济走廊发展的直接限制。一是中方应以中老铁路为范例，加大必要资金投入，鼓励人员积极开展技术援助，积极分享中国在铁路、公路、桥梁等基础设施建设上的先进技术和成熟经验，加快中泰铁路、中缅铁路、中越柬铁路的合作建设，加速泛亚太铁路网络的落实。二是加快我国与老挝及泰国的跨境汽车运输协定的签署，加速完善航运合作机制，持续推进澜沧江－湄公河航道整治工程落实，充分发挥公路、水路的运输功能，分担铁路运输的压力。三是以电力跨境联网为重点，加快构建稳定、安全、高效的能源保障体系。

（四）深化金融领域合作，提高中国与中南半岛经贸合作风险抵御力

近年来，人民币国际化水平稳步提升。但是，在中国与中南半岛国家开展区位贸易的过程中，绝大多数国际债务、证券交易与跨境支付还是以美元作为中间货币进行。除此之外，日元也占一定比重。反观人民币在中国与中南半岛国家经贸合作中的地位则稍显“尴尬”。目前只有越南、缅甸、老挝个别国家会使用人民币进行结算。人民币的认可度问题一定程度上阻碍了中国与中南半岛金融合作的深入推进。同时，中南半岛各国在汇率管制上大有不同，金融体系的不同标准增大了中国与中南半岛金融合作中风险控制的难度，削弱了经贸合作中抵御外部冲击的能力。对此，要深化中南半岛区域金融领域合作，降低整个中国－中南半岛区域的投资、融资风险，提高区域内经贸合作韧性。一是积极探索以人民币计价的国际援助和开发合作方式，借助泛亚铁路、泛亚公路和湄公河水运网络等大型开发合作项目大力推动人民币跨境结算业务的发展，提高人民币在中南半岛的使用程度。二是会同相关国家积极探索经贸合作中的金融信息交流机制，加强对区域金融稳定的维护工作，开展金融征信评级、反洗钱、反假币和反恐怖融资等区域合作，加强对跨境资金流动的监管工作，实现信息有效、风险可控等目标。三是面对基础设施互联互通资金需求大的问题，应加强与丝路基金、亚投行、澜湄合作专项基金以及中国进出口银行、国家开发银行的对接，争取多方支持，获得更多的投资支持，建立更科学的信用评级，实现更有效的风险管控。同时应积极整合及协调中国－中南半岛经济走廊内各国的优势资源开展国际间合作，引导更多国际优良资本的进入，探索更多融资方案，打造符合“开放、共享”和“高质量发展”理念的金融合作项目。

（五）加强人文领域交流，提高中国与中南半岛经贸合作软联通水平

中南半岛地理环境复杂且各国政治经济状况各不相同，导致各国的文化差异大，在企业管理中，往往会因为宗教信仰、传统节日、生活习俗的不同，引发不必要冲突。同时，中南半岛覆盖众多国家，与中南半岛开展经贸合作还面临着多语言体系间的沟通交流问题，职业翻译人才和语言服务人才的短缺更是增加了经济活动中的交流成本。人文领域交流合作对传承中国与中南半岛国家间的友谊，实现民心相通具有独特价值。对此，应进一步加强人文领域交流合作，以文化为桥梁赢得各方认同，提高中国与中南半岛经贸合作软联通水平，为中国－中南半岛经济走廊的落实奠定良好的文化基础。一是借助媒体力量，讲好中国故事，传播中国声音，让中南半岛经济走廊各国深入了解和理性认识真实的中国。二是拓宽人文交流范围，创新人文交流方式。加强中国与中南半岛国家间科研机构、学术团体的项目合作，开展中老铁路经贸合作效应专题研究。创新中国文化周、文化交流研讨会等方式，增强国家间彼此理性认识。支持中方企业围绕教育、医疗、环保等民生领域在中南半岛各国国内开展公益活动，用切实行动加强民心相通程度。三是携手中南半岛各国加强旅游业人力资源能力建设。中老铁路通车为沿线旅游业发展注入新活力。应以中老铁路通车为契机，携手各国，有序推动文化和旅游领域各层级人员往来，并联合开展人员培训，加强人力资源能力建设，为文化和旅游产业发展做好人力保障。

B.4
中老铁路对打造RCEP经贸格局的效应和发展建议①

摘　要： 中老铁路是实现中国共建"一带一路"倡议与老挝"变陆锁国为陆联国"战略对接的纽带。在 RCEP 框架下，中老铁路产生的带动作用、辐射效应、示范效应将加速释放政策红利，有助于增强中国与东盟的战略互信、打造 RCEP 经贸合作新增长点、强化 RCEP 产业链供应链网络、推进 RCEP 绿色发展目标。中国和老挝应以中老铁路为契机，不断深化政策沟通水平、强化运输网络辐射效应、加强投资合作、巩固合作成果，在 RCEP 框架下充分释放中老铁路对区域经贸合作的推动作用。

关键词： 中老铁路；RCEP；互联互通；经贸合作

2021 年 12 月，中国和老挝建交六十周年之际，中老铁路正式通车。目前，中老铁路是连接中国与中南半岛国家最为快捷的陆路通道，运输的货物中近九成是过境货物，向北可运至中国甚至欧洲国家，向南可转运至泰国、马来西亚、新加坡等国。基础设施连通是区域经济一体化的基础，也是实现区域联动发展的必要条件，影响着生产要素在区域空间内的流动与配置，进而影响区域经济发展效率的提升。作为经济循环的大动脉，铁路对促进沿线经济社会发展具有重要作用，全球范围内多数国家将铁路列入优先发展计划。在"区域全面经济伙伴关系协定"（RCEP）框架下，中老铁路的开通不仅提升了两国国内经济社会发展水平，也促

---

① 执笔人：武月，对外经济贸易大学国际经济贸易学院；蓝庆新，对外经济贸易大学中老磨憨－磨丁经济合作与发展研究中心。

进了区域经济一体化发展。中老铁路为 RCEP 区域经济合理分工、成员国招商引资、企业降低发展成本提供了基础和支撑，为推进贸易投资自由化便利化提供了新机遇。

一、中老铁路概况

中老铁路北起中国昆明，南至老挝万象，全长 1 035 公里，是第一条以中方为主投资建设、按照国铁一级标准、使用中国设备，并与中国铁路网直接连通的国际铁路，也是老挝第一条标准轨铁路。

（一）中老铁路建设背景

中国共建“一带一路”倡议提出的互联互通契合老挝“变陆锁国为陆联国”战略规划需求。老挝是东南亚唯一的内陆国，被中国、缅甸、泰国、越南、柬埔寨环绕在中间，山地和高原众多，有“中南半岛屋脊”之称，是一个没有出海口的内陆国家。作为“陆锁国”，公路是老挝主要的交通运输方式，承载接近 80%的客货运量，但老挝公路密度远低于其他东盟国家且公路条件较差。中老铁路建成前老挝仅有一段连接首都万象和泰国边境的铁路，全长 3.5 公里。老挝是一个农业国家，70%的人口都在从事与农业相关的生产，如果仅通过公路或航空对外运输农产品，则面临高昂的运输成本。特殊的地理环境、薄弱的交通基础设施和较低的经济发展水平严重限制了老挝参与国际贸易的能力。为促进国家经济社会发展，老挝政府十分重视交通运输基础设施的建设，于 2014 年提出了“变陆锁国为陆联国”的战略规划，计划将“陆锁”短板转化为“枢纽”优势，将老挝打造成为联通周边国家的重要交通枢纽、地区经济合作与人文交流的联络国①。这一战略规划与中国共建“一带一路”倡议的优先方向——基础设施互联互通相契合，因而共建中老铁路的重大决策实质上代表着中国共建“一带一路”倡议与老挝“变陆锁国为陆联国”战略的对接。

中老两国有着良好的合作传统与合作共识。中国和老挝同为社会主义友好邻邦，双方已经建立起全面政治互信关系。2000 年中老确立“长期稳定、睦邻友好、彼此信赖、全面合作”方针，2009 年两国关系提升为全面战略合作伙伴关系。中国援建老挝的许多项目，例如，老挝国家体育公园、昆曼公路老挝段等，不仅推

① 蓝庆新. 中老铁路推动“一带一路”建设走深走实［N］. 光明日报，2021－12－04（08）.

动了当地经济社会发展，更是使中老传统友谊深入人心。同时中国和老挝政府对修建泛亚铁路一直持积极态度，早在 2006 年包括中国和老挝在内的 18 个国家就已经签署了《泛亚铁路网政府间协定》，对于实现区域内各国之间铁路互联互通达成共识。根据协定，泛亚铁路网包括东南亚走廊、东北亚走廊、南亚走廊、中亚至高加索走廊四大走廊，将极大程度促进亚洲国家特别是内陆国家的货物和人员流动。作为泛亚铁路的重要组成部分，中老铁路的通车有力推进了东南亚国家铁路互联互通，使庞大的泛亚铁路网脉络变得更加清晰。

正是基于上述发展战略对接需求以及合作传统与共识，中老两国积极推动中老铁路建设进程。2015 年，中老两国政府在北京签署了《中老两国间铁路基础设施合作开发和中老铁路项目合作协议》，中老铁路项目正式进入实施阶段。中老两国领导人称赞中老铁路是两国务实合作的旗舰项目，是高质量共建“一带一路”的标志性工程，也是两国发展战略对接的纽带。

（二）中老铁路运营现状

带动两国经贸往来。中老铁路的开通使从中国昆明到老挝万象的货运成本降低近 50%，有力推动两国实现互联互通，黄金大通道的作用持续凸显，在贸易、就业、旅游等方面显示出巨大发展潜能。贸易往来方面，中老铁路发送货物品类从开通初期的化肥、百货等十余种拓展到电子、光伏、冷链水果等 2 000 余种，从中国运往老挝的货物主要是机械设备、家用电器、蔬菜、鲜花、机械配件等，从老挝运往中国的货物主要是金属矿石、木薯、薏米等。依托中老铁路，2022 年中老双边贸易额由 2021 年的 43 亿美元增加至 56.8 亿美元，其中，中国出口 23.4 亿美元，同比增长 40.9%，进口 33.4 亿美元，同比增长 24.9%。带动就业方面，在物流、安保、物业等配套领域累计招聘使用老挝当地员工 3 500 多人，在物流运输、城市交通、商贸旅游等行业间接增加 10 万余个就业岗位。促进旅游方面，中老铁路的开通进一步提升了昆明、普洱、西双版纳和铁路沿线老挝景区的旅游热度，2022 年老挝琅勃拉邦省旅游人数突破 50 万人次，游客总消费额达到 2.16 亿美元。

辐射东南亚运输网络。针对周边有旺盛运输需求的国家，我国多部门不断加强货物运输组织，使来自更多国家的货物搭上中老铁路这条黄金运输通道，中老铁路物流辐射范围持续扩大。一是打造往返昆明和万象之间的“澜湄快线”货运品牌，提高货物列车运行效能。二是推行快速通关和转关模式，磨憨铁路口岸通关时间缩减至五个小时以内，口岸通关效能大幅提升。三是探索“中老铁路 + 中欧班列”“中老铁路 + 西部陆海新通道班列”等铁路国际联运新模式，从万象到欧洲的物流时间缩短至最快 15 天。四是充分发挥磨憨铁路口岸进境水果指定监管场地作用，开行老挝、泰国等东盟国家的优质水果冷链专列，泰国水果运抵昆明最快仅需 3 天。目前，中老铁路货物运输网已经辐射至泰国、越南、缅甸等十余个国家和地区，远远超越中老两国双边合作范畴，极大地提升了东南亚地区的物流运输效能和运输规模。

吸引东盟国家参与共建“一带一路”。中老铁路打通了连接中国市场与快速增长东南亚经济体的经济通道，对中老两国国内的经济社会发展都产生了重要推动力，充分展示出互联互通给国家发展带来的巨大机遇，在区域内甚至全球范围内都产生了示范效应，尤其提升了东盟各国参与共建“一带一路”的热情，助力中国与东盟各国各领域合作升级。印尼雅万高铁试运行、越南河内轻轨二号线投入使用、柬埔寨金港高速公路通车、马来西亚东海岸铁路进入加速建设期等重大合作项目，标志着中国同东盟各国战略对接不断深入，将会进一步增进其他东盟国家与中国合作的信心和积极性，以高效互联互通持续推进区域经济繁荣发展，共同推动中国－东盟命运共同体建设迈上新台阶。

二、RCEP助力区域经济一体化发展

历经八年谈判后，RCEP 于 2022 年 1 月 1 日正式生效，成为目前全球覆盖人口最多、经济总量和货物贸易总量最大、发展潜力最大的自由贸易协定，具有全面、现代、高质量、互惠的特征。RCEP 成员国包括东盟十国和中国、日本、韩国、澳大利亚、新西兰五国。RCEP 的生效实施意味着约占全球经济体量三分之一的区域将加速域内投资贸易自由化进程，推动形成统一大市场。在成员结构多元化的背景下，RCEP 在货物贸易关税减让、服务贸易开放承诺、知识产权规则、电子商务规则等领域均强调高标准，充分彰显东亚经济体走向统一市场的决心[①]。

RCEP 是当前国际形势下助力全球经济增长的重要助力。疫情对各国经济造成的冲击尚未散去，中美经贸摩擦与俄乌冲突加剧全球地缘政治危机，对世界经贸合作造成严重破坏，全球化逆风形势明显。在世界经济面临衰退风险之际，RCEP 整合成员国间已有的 27 个双多边贸易安排和 44 个投资协定，引入国际贸易协定谈判前沿议题，充分挖掘东亚地区大市场潜力，为推动建设开放型世界经济注入

① 蓝庆新，武月. 对标RCEP经贸规则的我国高水平开放格局构建——优化营商环境的视角［J］. 改革与战略，2022，38（03）：1－9.

强劲动力。RCEP 生效后，区域内贸易实现稳步增长。根据经济政策领域世界顶级智库彼得森国际经济研究所（PIIE）的测算，到 2030 年，RCEP 有望带动成员国出口净增加 5 190 亿美元，国民收入净增加 1 860 亿美元。

RCEP 成员国经济合作保持良好发展势头。自 RCEP 实施以来，成员国之间经贸合作更加密切，成为地区经济增长的关键力量。一是拉动区域贸易增长。在全球经济增长乏力的外部环境下，2022 年中国与 RCEP 其他成员国进出口总额达到 12.95 万亿元人民币，占中国外贸进出口总额的 30.8%，对印度尼西亚、新加坡、缅甸、柬埔寨、老挝进出口增速均超过 20%。柬埔寨、菲律宾与其他成员国的贸易额占本国对外贸易总额达到 50%以上。二是促进成员国产业链供应链优势互补。RCEP 成员国经济发展水平差异较大，生产环节具有较强的互补性，中间品贸易占 RCEP 区域内贸易近 50%。各国企业通过原产地累积规则，发挥各自原材料、技术、劳动力、资本等比较优势，密切域内生产网络，进一步增强产业链供应链韧性，提升区域整体竞争优势。2022 年中国对 RCEP 其他成员国进出口中间产品 8.7 万亿元人民币，增长 8.5%。三是拓展了成员国经贸合作潜力。中日韩通过 RCEP 首次建立自由贸易关系，形成互相开放市场、降低关税等制度安排，为三国经贸合作带来增长红利。以日本为例，日本 RCEP 出口原产地证书超过 1 万件，是日本所有自由贸易协定之首。

三、中老铁路对打造 RCEP 经贸格局的效应

RCEP 标志着东亚正式迈向制度性合作，以整体参与到全球贸易规则制定中，面临更加激烈的全球竞争。中老铁路将助力 RCEP 的实施，加速政策红利的持续释放，推动区域经济一体化进程。

（一）增强中国与东盟的战略互信

相较世界其他地区的一体化进程，处于重要战略位置的东亚地区合作是由东盟这一小国组成的地区一体化组织主导，更容易受到内外干扰因素的影响，进而阻碍 RCEP 的深入实施。从外部环境来看，面对大国博弈，东盟长期奉行“大国平衡”战略，以自身地区“中心性”的地位维持各大国在东南亚地区影响力的平衡，不排除美国长期争夺与东盟合作主导权的可能性[①]。金融危机后，世界经济

① 刘均胜. 东亚合作新阶段的 RCEP 及其落实［J］. 中国发展观察，2021（22）：43－47.

政治格局发生深刻变革，奥巴马政府在“重返亚太”战略下积极推进“跨太平洋伙伴关系协定”（TPP），个别东盟国家选择性地加入 TPP；TPP 与 RCEP 形成激烈竞争之时，2017 年特朗普政府宣布退出 TPP，随后以日本为首的“全面与进步跨太平洋伙伴关系协定”（CPTPP）生效；2019 年达成的“美日贸易协定”（USJTA）为美国介入东亚合作提供更多理由和手段；2022 年美国总统拜登宣布启动由美主导的“印太经济框架”（IPEF），IPEF 的成员构成与 RCEP 高度重合，印度和东盟国家被拉拢加入，中国被排除在外。从内部环境来看，中国与东盟国家在历史、政治、经济、文化等领域存在较大差别，再加上中国与少数东盟国家的领土和海洋权益争端，不利于形成区域合作发展认同、文化认同，对区域经济合作层次的提升造成负面影响。

中老铁路有助于打造中老命运共同体，加深区域政治互信程度，推动 RCEP 成员国建立稳固的战略互信关系。从协商、建设到通车，中老双方高层互动频繁，切实推进双方战略合作，携手克服新冠疫情困难，突出发展互补与利益对接，2019 年签署的《中国共产党和老挝人民革命党关于构建中老命运共同体行动计划》更是明确依托中老铁路开展经济贸易合作，将合作成果延伸至矿产、旅游、农业等领域。中国依托中老铁路与老挝建立起的政治互信与合作发展，不仅让 RCEP 成员国直接看到区域欠发达地区能够从与中国的合作中受益，也间接塑造了老挝在东亚地缘政治格局中的新地位，充分体现“亲诚惠容”的理念，展示同东盟国家建设更为紧密的中国–东盟命运共同体的诚意。

（二）打造 RCEP 经贸合作新增长点

中南半岛国家是发起签署 RCEP 的主要成员国，是 RCEP 经贸合作的主要区域，但中南半岛国家间缺乏高效的陆路交通运输网络，区域贸易合作通道不畅通，RCEP 诸多利好政策的落实存在困难。中南半岛国家，包括老挝在内，大多处于国家工业化发展初期阶段，经济发展水平有限，柬埔寨、老挝和缅甸更是联合国认定的最不发达国家之一，没有足够的经济实力修建和完善本国的交通基础设施。同时，自然条件复杂、现有交通运输设施落后、技术标准不统一、口岸通关便利化程度较低等因素均对 RCEP 经贸合作造成阻碍。

中老铁路有助于推动中南半岛沿线互联互通建设，打造 RCEP 经贸合作新增长点。中国与中南半岛国家具有坚实的经贸往来基础，尤其是越南和老挝。中国是老挝的第二大贸易伙伴和第一大出口国，也是老挝最大投资来源地；中国是越南第一大贸易伙伴和第六大投资来源地。中老铁路的开通能够有效提升中南半岛国家跨境运输能力，并随着中老铁路辐射效应的不断增强，进一步降低 RCEP 域内贸易成本，充分发挥 RCEP 的关税减让优势，放大贸易增长促进效应。以中国云南边境到老挝万象段为例，相较之前的公路运输方式，中老铁路开通后该段客运运费最多下降 50%，货运运费最多下降 70%，运输时间节约近 90%[①]。同时，中南半岛国家自然资源相对丰富，如水能、生物、旅游和矿产等资源，其开发程度较低，资源优势尚未能转化为经济优势，中老铁路将为其他成员国参与该地区资源合作开发创造便利条件。

（三）强化 RCEP 产业链供应链网络

RCEP 的生效实施在推动区域产业链协作、优化供应链布局、加速区域产业链供应链融合方面发挥着日益重要的作用。但我们应当看到在多重危机的叠加影响下，RCEP 区域产业链供应链也面临着一些挑战。一方面，随着全球产业链供应链脆弱性的凸显，发达经济体更加重视安全问题以及“去工业化”给经济带来的风险，积极推进“制造业回流”，导致全球产业链供应链朝着近岸化、盟友化、本土化、多元化的方向加速重构。另一方面，为达到遏制我国发展的目的，美国等国家极力推动东盟国家在区域供应链上跟中国“脱钩”。提升区域产业链供应链的安全与稳定成为打造 RCEP 经贸格局的重要议题。

围绕中老铁路所形成的供给体系对周边国家市场需求的适配性不断提升，在 RCEP 框架下起到强化区域产业链供应链网络的作用。中老铁路连通沿线中国老挝磨憨－磨丁经济合作区、万象赛色塔综合开发区，充分发挥跨境产业合作平台作用，优化沿线产业空间布局，深度支撑面向东南亚和中国市场的产业链供应链。中老铁路的畅通运行为区域内物流运输提供新选择，有力保障区域产业链供应链的稳定性。同时，中老铁路西接西部陆海新通道，北连中欧班列多个物流集散中心，南通东南亚国家，大幅拓展了区域陆路交通的可达性，助力 RCEP 区域产业链供应链实现更大范围的分工。

（四）推进 RCEP 绿色发展目标

随着绿色低碳转型成为全球共识，共同推进绿色发展目标在 RCEP 合作中占据重要地位，处于经济发展与转型升级关键时期的东盟国家成为推进区域绿色发展合作的重要因素。有研究指出，东盟国家近年来碳排放量持续走高，如不采取强有力的减排措施，较快的经济增速下预计将产生巨大的温室气体排放[②]。然而

① 唐堂. 中老铁路助力中南半岛经济走廊互联互通［J］. 社会主义论坛，2022（07）：48－50.

② 一带一路绿色发展国际联盟.“一带一路”倡议下东盟国家绿色低碳转型——潜力与机遇. 北京，2023.

截至目前，接近一半的东盟国家尚未明确提出碳达峰、碳中和目标，各个国家提出的自主贡献承诺仍存在提升空间。东盟部分国家人均收入和城市化水平远低于世界平均水平，在发展中国家也属于较为落后的行列，受到技术、资金、政策等因素限制，东盟国家绿色发展存在滞后性[①]，对区域合作的绿色发展造成一定阻碍。

中老铁路在绿色合作发展方面的多重优势为打造 RCEP 经贸格局提供了绿色推动力。就铁路建设而言，中老铁路沿线生态环境复杂，项目建设团队在环保措施上严格执行老挝本国法律法规要求，同时将绿色发展理念融入项目实施全过程，在选线设计阶段针对性避开自然保护区，在建设阶段避免施工材料落入江河之中造成水污染，尽可能降低车站照明能耗，最大限度降低对沿线生态资源的影响，实现全过程、全方位的绿色化。此外，相较公路、水运、航空等运输方式，中老铁路具有明显的绿色低碳优势，能够有效减少二氧化碳的排放，为 RCEP 经贸合作提供绿色化的贸易通道。中老铁路打造了绿色低碳基建项目的标杆，传播了绿色发展理念，将成为 RCEP 各成员国推进绿色发展合作的关键桥梁。

四、打造 RCEP 经贸格局下中老铁路的发展建议

中国和老挝应牢牢把握中老铁路对两国发展的促进作用，共同加强在人文、贸易、投资、绿色等领域务实合作，统筹推进两国基础设施联通、规则标准联通以及心意相通，在 RCEP 框架下充分释放中老铁路对区域经贸合作的推动作用。

深化政策沟通，凝聚双方合作共识。中国和老挝社会制度相同、发展理念相通，两国关系在进入新时代以来始终保持高位运行。双方应加强治党理政经验交流，以政策沟通作为行动先导和重要保障，协商解决发展过程中出现的问题，共同打造高标准、高质量、高水平的中老命运共同体，为构建更为紧密的中国－东盟命运共同体注入新动能。一是持续对接发展战略。发挥高层交往的引领作用，用好各层级各领域交往机制，有序推进共建“一带一路”同老挝“陆锁国变陆联国”战略对接过程，为中老经济走廊建设提供有效政策支持，推动中老合作持续提质升级。二是推动落实地方合作。借助中国多省份开行中老铁路跨境货运列车的机会加强双方地方经贸合作，着力发挥云南与老挝接壤优势，除中老铁路外，

① 中国人民大学重阳金融研究院.“一带一路”背景下中国东盟绿色发展：以中老铁路为例［R］. 北京：中国人民大学重阳金融研究院，2023.

积极参与磨憨－磨丁经济合作区、万象赛色塔综合开发区等重大合作项目，走在落实双方高层共识的前列。三是深入开展人文交流。立足中老铁路开展形式多样的文化交流互鉴活动，加强两国多层次、多渠道、多领域的交流互动，尤其在文化、教育培训、科技创新、旅游等方面开展合作，促进两国民心相通、巩固两国民意基础。同时加强对外传递中国声音、中国方案，提升中国在区域合作中的国际形象和话语权。

强化辐射效应，提升贸易畅通水平。中老铁路是区域运输网络的关键枢纽，对周边国家加强互联互通和发展合作产生强烈示范效应。应大力推动中老铁路与周边铁路网联通，充分发挥中老铁路的枢纽优势，以通道促物流、以物流促发展，助力优化 RCEP 区域合作的产业链供应链布局，为 RCEP 区域经贸合作带来更大贡献。一是推进中老铁路向周边国家延伸。积极推进中老铁路、中泰铁路、马来西亚东海岸铁路项目的贯通，打通泛亚铁路中线，推动中老铁路向南延伸至泰国、马来西亚、新加坡，提升东南亚国家互联互通水平，为推动 RCEP 实施提供更加便捷高效的国际货物运输通道。二是有效衔接现有国际物流通道。推动中老铁路衔接西部陆海新通道，帮助沿线地区与 RCEP 成员国建立多元协作机制，协调解决铁路建设与运营方面的问题；做好不同经贸协定框架下的规则对接工作，将中老铁路与中欧班列的衔接作为 RCEP 国家与欧洲国家开展转口贸易的新通道；推进中老铁路衔接澜沧江－湄公河国际航运，提升区域公路、铁路、水运联运水平，降低物流成本。三是依托中老铁路推动贸易便利化。深入实施磨憨智慧口岸建设试点工作，完善配套基础设施建设，提高通关文件处理效率，进一步压缩货物通关时间，着重提升口岸功能，提高跨境运输效率。帮助老挝铁路部门提高信息化平台应用水平，补齐物流通关软联通短板，提升贸易通道整体竞争力。

加强投资合作，扩大经贸往来规模。中老铁路对中国市场和东盟市场的进一步打通，为沿线地区对外开放和产业发展带来较大机遇。应依托中老铁路，推动双方在具有比较优势的领域加强产能合作，提升对老挝投资发展水平，持续激发中老铁路对 RCEP 经贸合作的促进作用。一是加大沿线综合开发力度。用好跨境物流优势吸引投资，支持企业建设海外仓；用好沿线自然资源优势，重点发展农林产品深加工、食品、轻工、环保建材产业；把握旅游业发展机遇，利用中老铁路的交通优势布局东南亚旅游市场。二是发挥合作园区带动作用。稳步推进赛色塔综合开发区、磨憨－磨丁经济合作区建设进度，匹配企业需求，不断完善园区基础设施。考虑两国产业互补性，重点培育轻工业加工制造、进出口贸易、文旅产业，发挥产业集群优势，带动当地产业升级。园区运营主体应当做好 RCEP 规则的解读工作，指导“走出去”企业用好在老挝当地开展经贸活动的政策优势，尤其是出口农产品的优势，帮助企业提高获益能力。三是推进中老经济走廊基础设施建设。推进磨万高速公路、万色高速公路建设，以铁路、公路、水路的融合互通畅通物流渠道，改善当地营商环境，增强投资吸引力，进一步拓展区域经贸合作空间。

巩固合作成果，提升绿色合作水平。中老铁路是中国在共建绿色基础设施领域的代表性项目，应不断巩固中老铁路绿色合作成果，将中老铁路打造为绿色可持续基建项目的标杆和最佳实践，增强其在其他东盟国家的影响力，提高区域绿色合作水平。一是建立中老铁路长期运营的保障机制。加强对中老铁路运营期的生态环境保护指导与服务，制定绿色作业规章制度，开展业务培训，提高工作人员的绿色低碳理念和风险管理意识，做好对沿线绿化带的长期管养维护；定期发布环境和社会绩效文件，建立持续、透明、可追踪的生态环境保护信息披露渠道，增强可对外宣传性，提升区域内其他国家对绿色共建项目的信任程度和合作意愿。二是依托中老铁路建设绿色物流。发挥铁路节能低碳货运优势，推动建立区域绿色产业链标准体系，推进跨境绿色物流认证，打造 RCEP 区域绿色供应链，增强国际竞争力。三是拓展多领域绿色合作。与老挝共同发掘符合双方发展利益的绿色合作项目，重点推动绿色基建、绿色交通、绿色能源等领域合作，发挥绿色金融的引导作用和助推作用，降低项目融资成本，提高项目的可持续性。

B.5
中老铁路对中国开展国际经贸合作的效应和发展建议①

摘　要： 党的十八大以来，我国不断加大高水平对外开放力度，开创国际经贸合作新局面。当前，逆全球化思潮抬头、世界经济复苏乏力、气候变化挑战显著提高我国开展国际经贸合作的不确定性，但区域一体化、数字经济、绿色合作也为我国带来发展新机遇。中老铁路有力带动了中国同周边国家的经贸往来，为区域产业链供应链稳定畅通提供保障，有助于夯实共建“一带一路”基础，推动我国构建“双循环”新发展格局。为此，应依托中老铁路，不断加强区域合作，促进各国经济协同联动发展；深化国际合作，保障产业链供应链高效运转；推动高质量共建“一带一路”，为加强全球治理提供中国方案；打造参与国际循环的增长点，提升国际循环质量和水平。

关键词： 中老铁路；国际经贸合作；高质量共建“一带一路”

老挝处于中南半岛的中间位置，中老铁路的建成通车彻底改变了老挝传统交通格局，将其地理位置优势显现出来，推动原本的“陆锁国”变为“陆联国”，拉动沿线旅游、农业、物流等产业发展，日益发挥出老挝黄金大通道的作用。中老铁路不仅连通中国与老挝，未来更可能依托老挝“陆联国”的优势与泰国、缅甸等其他东南亚国家的铁路对接，最终形成遍布全东南亚的国际铁路，成为中国与东南亚之间最便捷的国际物流通道之一，开辟区域经贸合作新通道，促进中国与东南亚国家间贸易、投资、金融等多方面合作，有助于推进区域一体化进程，维护区域产业链

① 执笔人：谭娅，对外经济贸易大学国际经济贸易学院；武月，对外经济贸易大学国际经济贸易学院。

供应链稳定畅通，对我国在复杂多变的国际环境中开展经贸合作具有重要意义。

一、中国开展国际经贸合作整体态势

党的十八大以来，我国不断加大高水平对外开放力度，对接高标准国际经贸规则深度参与国际经济合作，外资吸引力进一步增强，贸易强国建设向纵深推进，参与全球经济治理话语权不断提升，开创国际经贸合作新局面，为推动建设开放型世界经济贡献中国力量。

（一）主动对接高标准国际经贸规则

我国不断扩大自由贸易区朋友圈，积极推动加入高标准经贸协定，在自由贸易试验区，自由贸易以试点对接国际高标准，稳步扩大规则、规制、管理、标准等制度型开放。一是构建面向全球的高标准自由贸易区网络。我国已经同 26 个国家和地区签署 19 个自由贸易协定，自由贸易伙伴覆盖亚洲、大洋洲、拉丁美洲、欧洲和非洲，商务部数据显示，2022 年我国与自由贸易协定伙伴的进出口额达到 14.25 万亿元人民币，占全国外贸总额比重为 34%。随着《区域全面经济伙伴关系协定》（RCEP）这一全球最大的自由贸易区的正式生效，2022 年我国对 RCEP 其他成员的出口增长 17.5%，占全国出口总额的 27.6%。同时我国积极推动加入《全面与进步跨太平洋伙伴关系协定》（CPTPP）和《数字经济伙伴关系协定》（DEPA），CPTPP 和 DEPA 代表着经贸规则领域的国际最高标准，不仅体现我国加强在数字经济领域合作的意愿，也充分体现我国深化改革和扩大开放的决心。二是打造对接国际高标准的对外开放新高地。自由贸易试验区推出的外商投资准入负面清单经过七次缩减由 190 项缩减到 27 项。2021 年出台海南自由贸易港跨境服务贸易负面清单，包括 11 个门类 70 项特别管理措施，是我国主动对接高标准国际经贸规则实现跨境服务贸易管理模式的重大突破。自由贸易试验区、自由贸易港始终是我国主动对接高标准国际经贸规则的前沿阵地，未来我国将进一步聚焦贸易投资、政府采购、知识产权、环境等重点领域，推动有条件的试点地区构建与国际高标准经贸规则相衔接的制度体系和监管模式。

（二）不断增强外资吸引力

我国利用外资连续五年居全球第二，2022 年实际使用外资额同比增长 6.3%，规模再创历史新高。一是推动建设自由贸易试验区。2013 年 9 月 29 日中国（上海）自由贸易试验区正式挂牌成立以来，我国顺应全球经贸发展新趋势，借助各地资源禀赋优势先后设立21个自由贸易试验区，海南自由贸易港建设稳步推进。除对接国际高标准经贸规则外，自由贸易试验区、自由贸易港还承担着培育可推广的制度创新成果重担，目前已经向全国复制推广278项制度创新成果。商务部数据显示，2022年，21个自由贸易试验区实际使用外资超过2 200亿元，占全国比重为18.1%，其中自由贸易试验区高新技术产业实际利用外资同比增长53.2%，体现出吸引外资质量的提升。二是持续放宽市场准入。我国持续放宽外资市场准入，推进实施市场准入负面清单制度，全国和自由贸易试验区负面清单条数分别压减51%、72%，进一步扩大农业、采矿业、制造业、服务业开放，要素资源流动更加畅通，外商投资自由化便利化水平持续提高。三是完善投资制度保障。我国不断完善营商环境的制度体系，先后出台《中华人民共和国外商投资法》及其实施条例、《优化营商环境条例》等法律法规，制定实施地方性法规规章、部门规章，持续开展投资管理法规政策文件的修订废止工作，提升制度体系的统一性和协调性，加大外商投资合法权益保护力度。

（三）加快建设贸易强国

我国是140多个国家和地区的主要贸易伙伴，货物贸易总额连续六年居全球第一，服务贸易创新发展试点全面深化，数字贸易快速发展。一是货物贸易量质齐升。2013年—2021年，我国累计货物贸易进出口262.3万亿元人民币，年均增长5.4%，货物进出口占国际市场份额从2012年的10.4%提升到2021年的13.5%。一般贸易方式进出口占比不断提升，2021年占进出口总额的比重达到61.6%。二是服务贸易稳中向好。我国服务贸易规模持续扩大，知识密集型服务竞争力增强，形成北京、天津、上海、海南、重庆“1+4”的服务业扩大开放试点格局，设立28个服务贸易创新发展试点，服务外包示范城市增加到37个，特色服务出口基地总数达到112家，覆盖文化、中医药、数字服务、人力资源、地理信息、知识产权和语言服务等七个领域。2013年—2021年，我国累计服务进出口总额41.1万亿元人民币，年均增长6.4%，其中知识密集型服务进出口年均增长9.3%，占服务贸易进出口总额的比重由2012年的33.6%提升至2021年的43.9%。三是数字贸易快速发展。2011年—2021年，我国可数字化交付的服务贸易规模从1 648.4亿美元增至3 596.9亿美元，年均增长8.1%。2021年，我国跨境电商进出口规模达到1.92万亿元人民币，近五年增长近十倍①。

① 中华人民共和国商务部. 中国数字贸易发展报告2021［R］. 北京：商务部，2022.

（四）积极参与全球经济治理

中国对全球经济增长的年均贡献率近 30%，是国际经贸规则的重要参与者，通过积极参与多双边区域经贸合作，推动全球经济治理体系朝着更加公正合理的方向发展。一是坚定维护全球多边贸易体制。我国加入世界贸易组织（WTO）后积极参与多边贸易谈判与争议解决，支持世界贸易组织改革，为第 12 届部长级会议取得丰硕成果作出重要贡献，推动提振国际社会对多边贸易体制的信心。二是推动提升国际合作水平。积极参与联合国、二十国集团、亚太经合组织、金砖国家等多边和区域机制合作，遵循务实合作的行动指南，发起《二十国集团数字经济发展与合作倡议》《全球数据安全倡议》《产业链供应链韧性与稳定国际合作倡议》等国际合作协定，加强对数字经济、产业链供应链等领域议题的探讨，在维护和促进贸易自由化便利化中展现大国担当。三是扎实推进共建“一带一路”。在个别国家单边主义大行其道、新兴市场国家和发展中国家的代表性和发言权较弱的背景下，“一带一路”共建国家坚持真正的多边主义，践行共商共建共享的全球治理观，推动构建新型国际经贸关系[①]。截至 2023 年 6 月，中国已经同 152 个国家和 32 个国际组织签署 200 余份共建“一带一路”合作文件，与 16 个国家签署“数字丝绸之路”合作谅解备忘录，与 24 个国家建立“丝路电商”双边合作机制，有力推动各国共享数字经济红利、实现共同发展。

二、中国开展国际经贸合作面临的形势

逆全球化思潮抬头、世界经济复苏乏力、气候变化挑战是当前我国开展国际经贸合作面临的主要外部冲击，显著提高了国际经贸合作的不确定性，但随着区域一体化、数字经济、绿色合作等有利因素加速聚集与推进，我国发展面临新的战略机遇。

经济全球化遭遇逆流，区域一体化进程有序推进。自 2008 年金融危机以来，世界经济发展便蒙上了一层阴影，各个国家努力摆脱经济危机的影响，多边主义和自由贸易体制受到冲击，经济全球化进入深度调整期，推进速度明显放缓，全球开放共识持续走弱。《世界开放报告 2022》数据显示，2020 年世界开放指数为 0.749 1，比 2008 年下降 4.1%。新冠疫情、俄乌冲突加速世界进入动荡变革期，

① 徐秀军. 全球经贸格局重构与高质量共建“一带一路”[J]. 当代世界，2023（09）：17－22.

单边主义、保护主义行径抬头，个别国家违背经济规律、破坏市场规则、干扰经贸秩序，挑起“贸易战”“小院高墙”“脱钩断链”等行径，将经贸问题政治化、武器化、泛安全化，威胁全球供应链安全，损害全球经济复苏。然而，在以和平与发展为主题的时代，霸权主义领导下的全球经贸规则和治理体系终将与各国经济发展背道而驰，经济全球化大势不可逆转，合作共赢是各国发展的必然选择。2022 年 1 月，全球最大的自由贸易区《区域全面经济伙伴关系协定》（RCEP）如期生效，RCEP 在追求高水平经贸规则的同时，具有渐进、包容、开放的特点，能够兼顾区域内发达经济体和发展中经济体差异化的发展要求，对外释放出坚持维护多边主义、推动经济全球化的强烈信号，有力提振各国开展国际经贸合作的信心。

世界经济复苏动力不足，数字经济带来发展机遇。当前世界经济面临的多重危机愈加复杂和交织，涉及能源、粮食、金融、供应链、气候和地缘政治，主要呈现下行风险，多家主流国际研究机构的预测报告对全球经济作出悲观预测。世界银行发布《下行的长期增长前景：趋势、期望和政策》的报告，首次全面评估了全球经历新冠疫情、俄乌冲突之后的长期潜在产出增长率。报告指出，所有推动过去三十年进步和繁荣的经济力量几乎都在衰减，2022 年—2030 年的全球潜在 GDP 增长率均值预计将比本世纪第一个十年的水平下降约三分之一，降至每年 2.2%。根据国际货币基金组织（IMF）2023 年 7 月发布的最新《世界经济展望》，世界经济面临的多重下行风险使得经济增长依然疲弱，预计全球经济增速将从 2022 年的 3.5%降至 2023 年的 3%，世界贸易增速将从 2022 年的 5.2%下降至 2023 年的 2%。随着以人工智能、云计算、大数据等为代表的新一轮科技革命的到来，数字经济成为推动世界经济复苏的重要动力，全球主要国家正加快数字经济战略布局。中国信息通信研究院发布的《全球数字经济白皮书（2022 年）》指出，2021 年全球 47 个主要经济体数字经济同比名义增长 15.6%，高于同期 GDP 名义增速 2.5 个百分点，数字经济规模达到 38.1 万亿美元。

全球气候变化挑战严峻，绿色化合作进程加快。气候变化的影响正在波及全球各个角落，森林火灾、干旱、洪水、高温等极端气候事件发生频率和强度不断增加，对基础设施、农业、交通、能源、卫生产生关联影响，自然生态系统和人类社会经济系统遭受严重破坏和损失。据世界气象组织估计，从 1970 年至 2019 年，气候灾害总数超过 11 000 次，死亡人数超 200 万人，经济损失高达 3.64 亿美元。有研究表明，2011 年—2020 年的全球平均地面温度比 1850 年—1900 年高出 1.09℃，但国家自主贡献中的减缓排放承诺远远达不到要求，按照目前的发展轨迹，气候变暖程度将远远超过把气温升幅限制在工业化前水平以上 1.5℃之内的目标[①]。应对气候变化是全人类的共同目标，也是跨越国界的全球性挑战，低碳转型成为各国开展国际经贸合作的重要抓手，各国在双多边领域通过签署绿色经济协定、开展环境标准认证、深化国际技术合作、发展绿色金融等方式，不断加深能源与气候方面的合作与经验交流，有力促进世界经济的可持续发展。

三、中老铁路对中国开展国际经贸合作的效应

中老铁路有力带动了中国同周边国家的经贸往来，对区域物流网络具有较强辐射效应，提升了更多国家参与共建“一带一路”的热情。在全球经贸格局发生深刻变化的背景下，中老铁路对我国开展国际经贸合作具有重要意义。

为区域经贸增长提供强大动力。在世界经济复苏乏力、全球贸易投资放缓的背景下，各国经济增长都面临一定压力，中国与东盟的经贸合作可能会受到一定影响。世界银行发布的《下行的长期增长前景：趋势、期望和政策》中提到，发展中国家在本世纪头十年实现了6%的年均经济增长率，而未来几年的年均经济增长率将降至4%左右。加强区域基础设施联通能够密切区域经济联系，降低运输成本，提高资源互补性，便利人员往来，从而扩大区域贸易、吸引外部投资。例如，大湄公河次区域南部经济走廊的建设，使得2003年—2006年间柬埔寨和越南南部之间的贸易量每年增加约 40%[②]。近年来，不论是东盟内部还是与邻国的关税均获得较大程度减免，落后的基础设施成为阻碍区域一体化发展的重要因素。除新加坡基础设施四通八达外，多数东盟国家基础设施建设十分落后，尤其是发展水平相对落后的中南半岛国家，极大限制了发挥其战略通道作用。曾得到广泛认同的、促进东南亚国家互联互通的泛亚铁路网计划，在中老铁路建设前也并未得到有效落实。据《东盟营商环境报告2022》调查显示，55.01%的受访企业认为所在东盟成员国交通物流便利度有待提高。究其原因，实施基础设施联通投资大、资金回收慢、建设周期长，还有赖于合作方的政治基础，对于东盟这样国家间存在较大差异的小国组织而言存在一定难度，东盟国家对基础设施联通存在迫切需求。中老铁路开通一年多以来，中国多省份开行了中老铁路跨境货运列车，其所联通的运输网络已经辐射至泰国、越南、缅甸等十余个国家和地区，成为我国与老挝、马来西亚、缅甸、泰国、越南、柬埔寨、新加坡等东盟七个国家的贸

---

① 政府间气候变化专门委员会. 气候变化2022：减缓气候变化——政府间气候变化专门委员会第六次评估报告第三工作组的报告［R］. 纽约：政府间气候变化专门委员会，2022.

② 亚洲开发银行. 大湄公河次区域合作运营计划（2009年—2011年）［R］. 2008.

易新通道。海关数据显示，2022 年中国与东盟进出口规模达 6.52 万亿元人民币，较 2021 年增长 15%，在中国与东盟通过铁路运输的货物中，经过中老铁路运输的货物比重跃升至 44.7%。中老铁路产生的良好示范效应，将带动中国与东盟国家之间交通基础设施项目沿线的投资合作，促进沿线产业升级，推动区域经贸合作量质齐升。

保障区域产业链供应链稳定畅通。当前全球产业链供应链加速重构，呈现多元化布局、区域化合作、绿色化转型、数字化加速的新态势，为我国构建现代化产业体系带来机会[①]。但单边主义、保护主义行径抬头加大了相关产业“脱钩断链”的风险，对保障区域产业链供应链的稳定畅通提出了更高要求。中老铁路为企业跨境运输提供更多路径选择。例如，2022 年初，江苏一家生产纺织品的公司通过铁卡联运，将货物从中国南京、苏州等地发至老挝万象，再用卡车转运至缅甸，在原有物流通道不畅的情况下保障了海外订单的按时交付[②]。中老铁路对区域产业与投资合作的深化，也将有力维护区域产业链供应链的稳定畅通。各国能够发挥比较优势，利用区域市场和资源布局各个生产环节，加强产能合作，推动重点行业形成更加互补互促的区域产业链供应链，促进产业链供应链安全稳定。此外，伴随中老铁路的开通，磨憨铁路、公路口岸基础设施不断完善，磨憨铁路口岸综合性指定监管场投入使用，“中老铁路 + 中欧班列”“中老铁路 + 西部陆海新通道班列”等铁路国际联运新模式也处在不断探索之中，中老铁路的国际运输保持着高质量发展态势，为维护沿线产业链供应链稳定畅通和可持续发展提供有力支撑。

夯实共建“一带一路”基础。中老铁路契合中国共建“一带一路”倡议的优先领域——基础设施互联互通，有助于夯实高质量共建“一带一路”基础，是高质量共建“一带一路”的标志性工程。中老铁路秉承绿色生态环保理念，首次全线采用中国技术标准、使用中国设备，充分展示出中国高铁的技术优势、集成优势、成本优势和机制优势。中老铁路沿线地理环境复杂，修建难度极大，中方建设团队将生态环保理念贯穿铁路建设全过程，克服重重困难，创造出多项施工新纪录，更是按照中国高铁质量标准把万象调度中心打造为“通信信号施工工艺样板工程”。各项新突破使得中老铁路成为“一带一路”基础设施互联互通建设的最新缩影，充分展现出高质量共建“一带一路”的旺盛活力。同时，中老铁路对高质量共建“一带一路”具有重要的示范作用，尤其为中国同东南亚国家的互利共

① 王明辉. 把握全球产业链供应链新态势［N］. 经济日报，2023－07－27（10）.

② 新华日报.“陆上新通道”助推“江苏造”,“江苏号”中老铁路国际货运列车常态化开行一周年［EB/OL］.（2022－12－03）［2023－10－02］. https://www.xhby.net/index/202212/t20221203_7770827.shtml.

赢合作提供了生动鲜活的实践样本，有助于释放合作潜力，推动中国同周边国家构建更加紧密的命运共同体。例如，开工更晚的中老铁路于 2022 年率先开通运营后，其所带来的巨大经济社会效益推动原本进度缓慢的中泰铁路建设进程加速。

促进联通国内国际双循环。当前我国经济仍然面临需求收缩、供给冲击、预期转弱三重压力，要积极构建以国内大循环为主体、国内国际双循环相互促进的新发展格局。构建双循环新发展格局，应防范忽视安全性大幅倚重国际循环，以及大幅收缩对外开放以国内大循环为主的片面性认识误区，把握好二者之间的平衡。中老铁路有助于形成国内循环和国际循环互促共进的良好局面，能够立足国内大市场，充分发挥内需潜力，更好联通国内市场和国际市场。从我国进出口产品种类来看，依托中老铁路，我国出口产品以机电产品、纺织品居多；进口产品以天然及合成橡胶、铁矿砂、农产品等初级产品为主。互补性的贸易结构能够有效提升两个市场两种资源联动循环能力，有利于推动国内产业转型升级，加快现代化产业体系建设步伐①。从投资来看，中老铁路大幅改善物流运输条件，将沿线各类型的产业园区联通起来，为中国企业“走出去”参与开发矿产资源、旅游资源、农业资源提供机遇。从辐射范围来看，中老铁路打通了中国与东南亚各国的贸易通道，有助于实现生产要素在更大区域内优化配置，提升国际循环质量和水平，进而在参与国际循环中提升国内大循环的效率和水平。

四、发展建议

加强区域合作，促进各国经济协同联动发展。有效对接发展战略，为区域合作提供更多制度性安排，创造更好的外部环境，提升经贸合作规模和质量。一是有效对接发展战略。以中老铁路沿线综合开发为重心，推动落实《关于进一步深化中老命运共同体建设的联合声明》，持续推进重大项目落地，协商解决发展过程中出现的问题，实现“一带一路”倡议同“陆锁国变陆联国”战略的全方位对接。利用中老铁路的示范效应，加强“一带一路”倡议与泰国、柬埔寨等国家发展战略的对接，发挥经济互补优势，实现经贸务实合作。二是促进贸易和投资自由化、便利化。加强中老铁路口岸建设，提高通关效率，落实好“口岸转关”“铁路快通”“附条件提离”“绿色通道”等一系列便利化通关模式，提高跨境运输效率，降低跨境物流成本。进一步减少非关税贸易壁垒，降低交易成本。高质量实施 RCEP，

① 王昌林. 科学认识国内国际双循环的辩证关系［N］. 人民日报，2023－03－10（17）.

加强同有关国家对接高标准国际经贸规则方面的交流与合作，充分把握 RCEP 生效的政策红利，放大中老铁路对区域经贸合作的促进作用，推动形成更加繁荣的区域大市场。三是打造沿线多领域合作增长点。加强与中老铁路沿线地区在农业、旅游、互联互通、能源等领域的合作，拓展数字贸易、绿色经济等新兴领域合作，打造更多利益契合点，以更好推动区域经济实现一体化发展。

深化国际合作，保障产业链供应链高效运转。随着中老铁路的后续延伸与连通，其所连通的物流运输网络将辐射到更多国家，成为连接中国与东南亚各国的重要国际物流通道。应不断加强国际合作，畅通国际供应链，推动区域产业分工向纵深发展。深化海关国际合作。探索“智慧海关、智能边境、智享联通”合作新路径，开展中国与东南亚各国海关之间的多双边合作交流，加强检验检疫、执法监管、便利通关、信息共享等方面的互助协作，形成合力不断优化跨境物流通道的建设环境。加强物流标准体系建设。推广集装箱技术、物流装卸信息化技术等标准规范体系，制定跨境口岸物流行业标准，实现铁路跨境运输衔接的标准化、规范化、便利化，以及口岸管理在内容、流程、标准等方面的互通互认。加强产能合作。发挥我国超大规模市场、完备产业体系和先进技术优势，通过基础设施建设带动产能合作，打造国际产能合作园区示范项目，帮助有关东南亚国家突破工业化发展瓶颈，促进区域产业合作转型升级，实现产业链上下游协同发展，共同提升全球经济参与度，不断增强区域产业链韧性。

推动高质量共建“一带一路”，为加强全球治理提供中国方案。中老铁路是东南亚第一条投入运营的现代化铁路，是泛亚铁路网络建设的重要开局，应推动中老铁路在高质量共建“一带一路”进程中发挥骨干作用。一是做好国际传播工作。提升中老铁路项目透明度，正面宣传中老铁路建设、开通及运营可视化成果，增强“一带一路”沿线国家和地区民众认同感。积极参加国际展会，集中和系统地展示中老铁路合作方案、成果和经验。加强与国际机构的交流合作，借助联合国、世界贸易组织、世界银行等平台宣传中老铁路及其他“一带一路”精品工程，向世界展示中国方案的包容性与凝聚力，提升“一带一路”倡议的国际影响力。二是夯实基础设施互联互通架构。借助中老铁路产生的示范效应，将共建“一带一路”基础设施互联互通领域的诸多合作成果推广至更多沿线国家，深化传统基础设施项目合作，同时积极推进新型基础设施项目合作，不断提升基础设施建设项目合作水平。三是推动绿色低碳发展。以中老铁路为契机，强化中国同老挝以及其他“一带一路”沿线国家生态环境治理共识，将绿色发展从基础设施建设推广至绿色交通、绿色能源、绿色金融等合作领域，推动落实联合国 2030 年可持续发展议程，携手共建绿色丝绸之路。

打造参与国际循环的增长点，提升国际循环质量和水平。发挥中老铁路的辐射效应，不断优化我国开放布局，积极拓展国际联运通道，不断增强国内外大循环的动力和活力。一是扩大内陆开放。将中老铁路跨境货运列车作为内陆省份开展跨境运输业务的重要抓手，不断激发开放潜能，加快形成面向东南亚国家的重要对外开放通道，更好服务国内国际双循环。二是提高联运能力。加强中老铁路与西部陆海新通道、中欧班列的有效衔接，以提高联运效率为导向打造物流枢纽，推动建立沿线国家联络协调机制，加强各地海关协作，充分释放中老铁路运能，进一步提高国际经济循环范围和效率。三是构建风险防控机制。强化中老铁路关键节点和枢纽的防线防控，建立物流预警评估和应急保障服务机制，实现对跨境物流运输风险的实时监测，根据市场变化做出快速、准确的反应，有效防范化解重大风险。建立联防工作机制，与沿线地区形成责任明确、风险共担、联防联动的机制，切实维护中老铁路运输安全。对接国际标准提高物流企业专业化服务水平，培育一批具有国际竞争力的物流企业，重点围绕中老铁路沿线枢纽布局物流产业集群，支持物流企业“走出去”，通过参与国际合作拓展国际市场，打造国际化的物流服务品牌，对保障国际经济循环的畅通提供有力支撑。

Ⅲ 区域发展篇

Regional Development Reports

B.6
中老铁路对中老磨憨－磨丁经济合作的影响和发展建议①

摘　要：中老磨憨－磨丁经济合作区是中国与周边国家共建的第二个跨境经济合作区，中老铁路的建设给磨憨－磨丁经济合作区的发展按下了加速键，海关前置提高通关效率，边民互市贸易提速发展，对外开放程度进一步提升，基础设施建设加速提质，招商引资力度持续加大，民生保障持续改善向好发展。但同时也存在一些问题，例如，边境地区产业转移承接能力较弱，"两国一检"实施存在困难，边境地带存在安全隐患等。因此，基于对磨憨－磨丁经济合作区在建设和发展过程中面临困境的分析，针对性地提出治理建议和措施，要进一步强化边境地区的经济实力，建立健全法律制度和协调管理机制，秉持和平安全的发展前提，创新金融支持，助力高质量发展，持续优化营商环境，共同推动跨境经济合作的建设和发展。

关键词：中老磨憨－磨丁经济合作区；边境经济合作；和平发展

一、中老磨憨－磨丁经济合作概况

中老磨憨－磨丁经济合作区，是中国与周边国家共建的第二个跨境经济合作区，地处中老铁路、昆曼国际大通道、澜沧江－湄公河黄金水道及泛亚铁路中线的重要集散地，也是"一带一路"中国－中南半岛国际经济走廊的重要节点。[1]

---

① 执笔人：傅嘉铭，对外经济贸易大学国际经济贸易学院；马鹏，对外经济贸易大学国际经济贸易学院。

作为中国与老挝间最大的国家级一类陆路口岸，经济合作区内的磨憨口岸行政管理范围约八百平方米，是中老泰三国的陆路货运、出境、旅游的中转站和集散地。磨丁地处老挝琅南塔省，毗邻中国国家级口岸磨憨，是老挝国家级经济特区，由老挝政府直接管辖。磨丁是集金融贸易、免税商贸、国际贸易、物流加工、旅游度假、教育卫生等于一身的综合经济特区，具有口岸检疫联检、国际公路港口、客运货运、仓储物流等多项职能，实行老挝的“境内关外”保税政策，享受东盟自由贸易区的免税保税和老挝特区的各项优惠政策。

2016 年 3 月，国务院正式批准中老磨憨－磨丁经济合作区的设立，该合作区成为中国和毗邻国家间建立的第二个跨境经济合作区。2021 年 12 月 3 日，在“一带一路”倡议背景下，第一条由中国主导投资运营，全程使用中国技术标准和中国装备，并与中国铁路网直接连接的国际铁路项目——中老铁路，给磨憨－磨丁经济合作区的发展按下了加速键。2022 年 5 月，昆明正式托管磨憨建设国际口岸城市，打破了以往只发展“通道经济”的限制，充分发挥“四区”政策的协同效应，真正达到大通道带动大物流，大物流带动大贸易，大贸易带动大产业的目的。在 2022 年 11 月第四届进口博览会上，中老磨憨－磨丁经济合作区成为云南省唯一入选的国家进口贸易促进创新示范区，进一步朝着众多国家发展战略政策叠加聚集地迈进。按照发展规划，到 2035 年，中老磨憨－磨丁经济合作区将建成中国－老挝战略友好合作示范区、中国－东盟深度合作先行区和边境地区发展样板区。

二、中老铁路建设对中老磨憨－磨丁经济合作的影响

（一）海关前置提高通关效率

中老铁路中方口岸城市是磨憨，而非始发站昆明，根据惯例中国的通关工作应该在磨憨进行。但是磨憨地理面积有限，通关容量较小，报关查验工作会给铁路和边防部门造成较大负担。而且大量人员堆积在一定程度上也会影响通关速度，从而降低物流效率。

王家营海关监管作业场所在启用后极大缓解了上述问题，以“澜湄快线＋快通模式＋提前申报＋运抵直通”的业务模式与中老铁路中方口岸磨憨联动，将磨憨的通关工作提前至昆明，客货列车无需在磨憨报关，大幅减少口岸站调车作业和火车停留时间，节约成本，提高通行效率，促进了中老铁路的畅通。出入境车

辆从最初的日均 400 辆提高到 800 辆，人员出入境平均花费时间仅 5 – 15 分钟，出入境通关等待时间不会超过 30 分钟，极大解决了口岸站的拥挤问题，助力中老跨境贸易进一步发展。

（二）边民互市贸易提速发展

磨憨是西双版纳州勐腊县下辖小镇，也是中国通往老挝的陆路口岸。但因为把重心放在口岸上，磨憨没有得到很大发展。中老铁路通车后，磨憨改由省会昆明托管。磨憨边民互市是其托管后第一个正式运作的项目。该项目占地面积为 125.6 亩，相当于原边民互市场的 2.5 倍，规划设计的目标是每年通关货运量 400 万吨，每天通关车辆 500 辆次，共设立申报服务区、进出口货物交易区、查验区、检疫处理区四个主要的功能区域[①]。经过科学的规划和合理的布局，交通变得更加畅通，功能设施更加完善，查验监督更加有效，边民申报交易更加方便，在解决口岸拥堵、完善口岸功能、提升口岸贸易承载能力方面起到了非常关键的作用。数据表明，2022 年磨憨边民互市贸易总量为 120.91 万吨，较上年同期提升 5.27%，进出口贸易额达 38.14 亿元人民币，较上年同期提升 24.61%[②]。

同时，磨憨边民互市贸易也在不断深化业务改革，磨憨口岸边民互市贸易率先采用委托集中申报模式，边民利用“边互通”App，借助互联网、人脸指纹识别等技术，可以直接委托合作社代表为其进行报关，无需再前往互市场所，在家就能进行互市货物的采购和交易，还可以完成商品进出口申报、银行结算、开具发票等操作，极大地缓解了偏远地区交通困难的问题。该系统集成边民的身份信息、申报信息、交易凭证、结算凭证、物流信息、审核信息等多方面数据，自动进行交互比对，归档溯源，从而有效地解决了由于跨部门多单位造成的重复检查、信息比对等问题，达成贸易信息流、物流、资金流的“三流合一”，促进了边境贸易的集聚发展。

目前，磨憨镇管辖的六个村民委员会均已成立边民互市专业合作社，12 家边民合作社在工商部门进行了登记，7 747 人登记入组，1 286 户个体工商户注册完成，851 户开立个体工商户对公账户。2023 年上半年，151 935 名磨憨镇边民参加互市活动，所得总收益达 613.69 万元，其中边民合作社共获益 151.94 万元[③]。80%的边民合作所得收入纳入村集体经济收入，以改善村容，推进农村基础设施，开展边境安居工程等，进一步拉动边民互市和乡村振兴有机结合。

---

① 数据来源：昆明市人民政府。

② 数据来源：云南网。

③ 数据来源：云南省人民政府。

（三）对外开放程度进一步提升

磨憨是离老挝最近的边境城市，也是中国在“一带一路”倡议下与老挝联通的关键节点。磨憨现有的贸易形式有一般贸易、边境小额贸易、边民互市贸易和国际快件贸易等多种形态。围网区完工后，即可申请“一线放开、二线管住”的监管模式，作为天然的综合保税区，中老磨憨－磨丁经济合作区有利于发展离岸金融业务。老方磨丁由西双版纳州本土民营企业主导运营，具备较高的自主权，便于实现产业协同发展。

磨憨的热带雨林保护完好，珍贵的动物、植物、矿物、水电等资源十分丰富，是发展康养观光的理想之地。磨憨除了区位、口岸、跨境合作区和气候等方面的优势外，还拥有明显的政策优势。以经济合作区的三级管理协调机制、四区政策联动优势为基础，便于促进双边政策的交流与协调，将国际商贸、加工制造、现代物流产业作为重点，对国际金融、国际旅游和教育医疗等产业进行协同发展。

（四）基础设施建设加速提质

中老磨憨－磨丁经济合作区牢牢把握中老铁路开通运营和昆明全面托管磨憨的历史机遇，以“一年见成效、两年有突破、三年大发展”为宗旨，大力推进磨憨的各项基建项目，加快提升磨憨的发展。2022 年，磨憨－磨丁经济合作区贸易总量达到 566.69 万吨，较上年同期增长 58.2%；贸易总额达到 433.38 亿元，较上年同期增长 98.99%①。

中老磨憨－磨丁经济合作区把发展重心放在着力推进基础设施建设方面，从“通道经济”加速转向“产业经济”。以口岸功能为核心，对口岸的基础设施进行逐渐改善，严格遵循“续建一批、新开工一批、储备一批”的思路来谋划项目，以重点产业开发、重点项目推进和重点产业延伸为中心，强化区域产业培育功能，构建合作区建设发展重大项目库。在此基础上，磨憨－磨丁经济合作区持续提高口岸的智能化程度，积极推动口岸智慧发展，在相关部门的大力扶持下，以科技解放劳动力，达成“智慧验放一体化、远程监管一站通、运行管理一张图”的目标，实现了口岸整体的可视、可管和可控。

积极推动边民互市贸易的转型与升级，进一步丰富边境口岸的资质功能。以“真边民、真交易、真结算、真发票”为核心，以提升信息化水平和管理服务水平为手段，规范和促进边境地区的互市贸易发展，确保国家政策能够真正惠及边境

---

① 数据来源：昆明市人民政府。

居民。发挥中国在5G技术、人工智能、物联网方面的技术优势，深化拓展在跨境电商、移动电子支付、智慧城市建设等新兴领域的发展合作。[2]目前已完成辖区内跨境电子商务贸易海关监管作业场所的建设，并通过昆明海关的验收。同时积极推广公路口岸的创新通关模式，以提高口岸客货查验的效率，推动中老磨憨－磨丁经济合作区的发展，提高口岸的通关能力，为中老商贸往来和交流合作提供了极大便利和新的机遇，促进贸易的便捷化和规范化。[3]

（五）招商引资力度不断加大

中老磨憨－磨丁经济合作区充分利用其独特的交通地理位置、国内外双重市场、双重资源以及政策协同等优势，致力于强化磨憨地区的产业发展。坚定实行领导班子主要负责人亲自牵头招商引资，党政主要领导层定期调研，涉及加工制造、国际贸易、现代物流、医疗康养等领域，积极展开招商洽谈活动，特别是与粤港澳、长三角、京津冀等地区，精准对接了80多家企业。截至2023年5月底，磨憨－磨丁经济合作区的库存项目共计四个，省外产业项目到位资金约为3.92亿元，较去年同期增长了461%；实际利用外资2 000万美元，完成了全年目标任务的200%。2023年10月，磨憨－磨丁经济合作区集中启动了33个关键项目，覆盖范围广泛，包括园区产业基础设施建设、工业加工、交通、水利、环境保护与治理等多个领域。[2]总投资约为68.24亿元，计划于2023年内投资23.46亿元①。

为实现可持续发展目标，磨憨－磨丁经济合作区不断加大招商引资的力度。然而仅仅依赖外部投资并不足以支撑区域经济的长期繁荣，因此磨憨－磨丁经济合作区引入创新开发模式——“管委会＋公司”模式。在这一模式下，磨憨－磨丁经济合作区的管委会与央企进行合作，充分整合央企的资源优势，特别是在开发建设和运营管理方面。这种合作不仅有助于加速合作区的产业发展，还能够提高运营效率和管理水平，更好地发挥央地合作和沪滇合作的优势，通过央企与地方政府之间的密切协作，磨憨－磨丁经济合作区可以更好地吸引投资和合作伙伴，推动经济增长。

（六）民生保障持续改善向好发展

中老磨憨－磨丁经济合作区政务服务中心的建立是合作区政府服务体系不断进步的重要标志之一，该中心成功接管了省级政府下放的28项行政职权事项和218项政务服务事项，旨在为企业和市民提供更高效、便捷的政府服务。这一措

① 数据来源：云南省人民政府。

施的实施有助于简化行政程序，提高行政效率，进一步营造了良好的投资和创业环境。在关注民生需求方面，合作区政府实施了 52 个民生补短板项目，这些项目的完成为基层居民提供了更好的生活条件①。同时，城乡环境整治提升工作也在积极进行中，包括市政道路修复、环境卫生整治以及绿化工程。这些工程的实施将进一步提升合作区形象，打造出更具国际水准的口岸新面貌，吸引更多的投资和商业机会。

2023 年，为实现现代化和国际化口岸城市的愿景，中老磨憨－磨丁经济合作区采取了一系列关键举措。加快规划编制，通过完善城市功能区和产业布局，确保各个领域的发展有序进行，为未来的城市建设和产业发展提供坚强保证。在功能定位方面，磨憨－磨丁经济合作区将聚焦于产业招商和项目建设，积极吸引投资和合作项目，逐步实现从过去的通道经济模式向口岸经济模式转变的顺利过渡。另一方面，要素保障将成为重要任务之一，加快推进重点项目，计划启动物流铁路专用线磨憨站和跨境物流产业园等关键项目，以进一步完善城市和口岸的基础设施，为产业发展夯实基础。

三、中老磨憨－磨丁经济合作存在的问题

（一）边境地区产业转移承接能力较弱

中老跨境经济合作区所处的地理位置和历史背景使其面临多重经济和发展挑战。合作区位置偏僻，与经济政治核心距离远，经济发展水平不高。一方面，城市规模有限，市场化水平相对较低，限制了区域内企业的发展和市场竞争力。另一方面，边境贸易水平较低，且贸易结构单一，商品结构以农产品为主，高技术含量的工业品甚少。采用传统的边贸方式，缺乏多样性和规模化的贸易模式，导致贸易结构较为有限。此外，经济合作区尚未形成竞争力强的大型企业和支柱性产业，产业基础相对薄弱，难以吸引产业转移和投资，承接能力较弱。[4]

（二）“两国一检”实施存在困难

“两国一检”作为中老跨境合作的关键举措，旨在加强贸易流通和提升通关效率，为两国经济合作打下坚实基础。这一模式不仅是对“智慧海关、智能边境、

---

① 数据来源：昆明市人民政府。

智享联通”模式的有力践行，也是加强中国－东盟合作、建设中老命运共同体的关键推动力。然而，实施“两国一检”并非没有挑战。跨境经济合作区的法律渊源包括国内法和国际法两个部分。[5]“两国一检”涉及国家主权和边境管理法律法规的调整。中老两国都是独立的主权国家，因此为实施这一监管模式，必须对现有法律进行修改和调整，涉及法律法规的修订，以适应新的合作需求，同时也需要确保双方国家主权得到充分尊重。其次，“两国一检”模式创新牵涉国家事权、外交事权以及国内中央多职能部委的协调。在实施前，需要确保两国政府的合作协议得到中央政府的正式批准立项，建立国家高层共识，形成合作区建设政策体系的有力支撑，以保证合法合规。[4]另外，“两国一检”对查验场地有更高的要求。与“两国两检”通关模式相比，“两国一检”需要更大规模的设施、大量的时间和资金投入，同时还需要对原有口岸基础设施进行合理改造，以确保满足监管需求。

由此可见，实施“两国一检”是一项复杂的任务，因此应充分结合中老两国特点，结合国家政策和法律框架，进行外事协调和法律授权，双方政府积极合作，修订相关法律法规，以创造合法的监管环境，共同努力确保口岸基础设施能够满足监管要求。注重双方的利益协调和权利对等，在合作中必须坚持平等原则，确保双方的权益得到尊重。建立有效的合作机制，解决潜在的争端和分歧，以确保合作顺利进行。“两国一检”模式的成功运行将有助于推动地理上的互联互通，促进周边地区的经济交流与融合，为周边国家提供良好的范例，鼓励更多国家参与类似的合作，推动地区的和平与繁荣。

（三）边境地带存在安全隐患

国际货币基金组织发布的数据显示，2022 年中国人均 GDP 约为 1.27 万美元，与之相比，老挝的人均 GDP 仅约为 0.21 万美元，中国的人均 GDP 约为老挝的 6.05 倍①。这一数字清晰地揭示了两国之间庞大的经济发展差距。中老跨境经济合作区地理位置特殊，位于金三角边缘，恶劣的自然环境使其较少受到国家政治力量的干预，为非传统安全问题的蔓延创造了有利条件。尤其是在中老边境地区逐渐扩大开放的情况下，“三非”人员（非法移民、非法贸易和非法传教）的增加进一步加剧了边境地区的非传统安全隐患，对地区稳定和安全构成威胁。因此，中老跨境经济合作区的建设旨在实现开放和发展，但也同时考验着相关政府的防控

① 数据来源：国际货币基金组织。

能力和治理水平。在追求经济繁荣的同时，必须高度重视非传统安全问题的防范和应对，以确保边境地区的和平与稳定。[6]

四、中老磨憨－磨丁经济合作的发展建议

（一）强化边境地区的经济实力

基于引入外部投资、支持当地企业扩张以及提供产业发展政策等方式，积极带动合作区经济发展。重点关注基础设施建设、技术创新等方面，以提升产业的竞争力。基于新型城镇化战略的实施，充分把握城市规划和土地利用政策的机遇，形成具有经济活力的边境城市圈，推动边境地区的人口流动、商业交往和产业合作。深入研究相关官方政策文件，利用中国－东盟自由贸易区协定的优惠政策，减免经济合作区内商品的关税，扩大商品种类，提高商品质量，增加进出口贸易的规模。

推进资源整合来吸引关键项目和新兴产业入驻合作区，鼓励国内外大中型企业投资，将合作区打造成各行业的投资热点。建立大中型企业主导的合作区，实现生产要素的集聚，提高合作区的产业竞争力。促进大型企业拓展国际业务，发挥大企业的引领作用，推动中小企业的发展，促进边境地区产业结构的升级和优化，推动经济合作区的产业多元化发展。

中老磨憨－磨丁经济合作区充分发挥自身地理位置和资源优势，采取差异化战略，高位谋划城市和市场发展，快速推进国际口岸城市建设，充分利用多方合作优势。持续发挥大通道作用，主动融入并服务国家战略，致力于成为面向南亚和东南亚的重要支点。为实现这一目标，将着重加速口岸基础设施建设，由区域优势逐步转变为发展优势。依托区域内货物聚集、贸易发展和产业集聚等方面的优势，推动该地区向更高层次的发展迈进。共同深化产业合作，力求建立一个跨境产能合作示范区，加速产业链整合，实现生产要素的高效利用，进一步提高产业的附加值。结合合作区的优惠政策，促进物流、人流和资金流向合作区的迅速聚集，为合作区的发展提供有力支持。

（二）建立健全法律制度和协调管理机制

中老磨憨－磨丁经济合作区需要进一步完善法律法规和协调机制，以确保合作区的建设和发展。中老双方应制定全面的法律法规框架，以涵盖跨境经济合作

的各个领域[4]。法律法规需要与双方签署的协议相衔接，包括但不限于经济贸易领域、通关入境事项和环境、冲突解决机制等方面，保证相关法律和协议的一致性和互补性，这将有助于简化和加速双方的沟通协商过程，降低时间成本。

中老两国政府应完善协调管理机制，这一机制的建立将有助于双方政府更好地合作，共同决策、协调资源分配，确保合作区的有效运营。为了保持步调一致，中老两国政府有必要建立高层级沟通机制，保证合作区项目的顺利推进和合理协调。这一机制包括定期重点讨论合作区的规划和建设事宜，充分了解对方的立场和需求，帮助解决合作中出现的问题，并不断寻找新的合作领域。中老两国政府在管理合作区时需要明确分工、统一协调，确保合作有序进行。建立政治互信，形成中央领导层之间对话合作机制，定期会晤，明确合作区的发展方向，协商解决建设和发展过程中的问题。中老政府应加强基础设施建设，包括道路、交通、通信等基础设施的建设，加快合作区的建设，确保其正常运行，更好地管理和推动中老磨憨－磨丁经济合作区的建设，确保其长足发展，促进两国在合作区内的互利合作。

（三）秉持和平安全的发展前提

中老磨憨－磨丁经济合作区的和平与安全问题至关重要。为此，需要采取一系列措施来维护非传统安全，确保该合作区的安全稳定。在推进中老磨憨－磨丁经济合作区的发展过程中，和平安全应被视为基本前提和保障，针对边境地区的非传统安全问题，中老两国需要加强合作治理。双方应树立共同、综合、合作、可持续的安全观，以建立一个共建共享的安全格局。共同解决跨国问题，如跨境毒品、人口贩运以及传染病防治等，合力打击恐怖主义和跨国犯罪。[6]中老两国应进一步深化交流，为中老磨憨－磨丁经济合作区的建设提供安全稳定的环境，建立有效的联防联查机制，深化在网络安全、联合执法、安全保卫等领域的合作，为经济合作区的发展创造有利环境。

（四）创新金融支持助力高质量发展

发改委、财政部、银行等多个部门在政府牵头领导下，致力于为中老磨憨－磨丁经济合作区的发展提供金融服务保障，以打破体制、机制、政策壁垒为目标，将资源、政策、制度聚焦于该区域，实现最大效益。加速口岸功能发展、提升口岸品质、建设国家级物流枢纽，并扩大合作领域，鼓励绿色投资与合作以及完善多元化的金融支持体系。[7]提供综合金融服务，建立上下贯通、横向连接的服务机制。确保不同金融服务之间的协同合作，以及对该区域的精准施策。除了金融服务，还应关注口岸功能的发展。通过提升口岸的形象品质和建设国家级物流枢纽，为经合区发展提供新的金融服务动能。

扩展融资渠道，借助专项债务和项目贷款等金融产品，支持口岸基础设施改善，加强政府、银行和企业之间的沟通，实现更好的合作和资源整合。关注口岸企业，将其视为金融服务的关键对象，减轻企业的融资难题和降低融资成本。引入专门的产品系列以支持园区建设，扩展金融服务的内容，促进经济合作区的企业做大做强。注重金融服务质量，确保口岸入驻企业得到充分的金融支持，包括融资和更广泛的金融服务，构建多层次的金融服务方案，提高对不同企业的金融服务水平，满足企业不同阶段的需求。不断改进和完善金融政策，适应口岸和经济合作区的不断发展和变化。

（五）持续优化营商环境

继续加大对“放管服”改革的深化力度，进一步简化政府管理，提升政务服务水平，为企业发展提供更多便利。加大对“双百双新”项目的支持力度，通过政策、资金、技术等手段，促进项目的顺利实施，推动企业创新和发展。针对合作区企业的用地需求，制定灵活的用地政策，为企业提供用地支持，促进项目的推进和产能提升。通过提供更多的投融资渠道和政策支持，鼓励企业进行技术改造和扩大规模，增强市场竞争力。指导国家的减税降费政策在合作区的具体落实，帮助企业降低税费负担，增强经济活力。建立政府主导的本地品牌和产品推广平台，提升企业的品牌影响力和市场竞争力，为企业的发展创造有利条件。通过改善招商引资环境，吸引更多的投资和资源流入，促进合作区的经济发展。调整和优化合作区、市级和县级财政之间的关系，提高合作区的产业承载能力，支持企业的持续发展。

着重加强数字政府建设，实现更高效的政务服务，推动政府各部门数字化转型。建立电子政务平台，提升网上政务服务的便捷性和可访问性。综合服务中心应成为政府服务的一站式窗口，为市民和企业提供全面的政务服务，涵盖办理证照、提供信息咨询、处理投诉和建议等各类服务，提高客户满意度。简化审批流程，降低企业和市民的办事成本，建立明确的行政许可事项清单和政务服务目录，提高透明度，加速办事流程。实行全领域全流程的帮办代办服务，这意味着政府机构将承担一部分或全部申请流程，以减轻申请人的负担，缩短等待时间，提高效率。政府应积极听取群众和企业的意见和建议。通过举办营商环境会客厅和企业家餐会等形式的活动，更好理解企业的需求和问题，将建议转化为可行的政策方案。

参考文献：

［1］宋周莺，姚秋蕙，胡志丁等．跨境经济合作区建设的“尺度困境”——以中老磨憨－磨丁经济合作区为例［J］．地理研究，2020，39（12）：2705－2717.

［2］任珂瑶，钮菊生，艾伦．共建中老命运共同体路径探析［J］．和平与发展，2020（04）：115－131＋136.

［3］任珂瑶．中老经济走廊建设：进展、挑战与推进路径［J］．当代世界社会主义问题，2022（01）：132－144.

［4］黄江．对建设我国陆地周边邻国跨境经济合作区的几点思考［J］．武汉大学学报（哲学社会科学版），2013，66（06）：135－140.

［5］赵忠龙．跨境经济合作区多层级治理探讨［J］．人民论坛·学术前沿，2021（10）：132－135.

［6］刘盈．中老战略命运共同体：进展、挑战及强化路径［J］．亚太安全与海洋研究，2021（02）：91－109＋4.

［7］盛斌，靳晨鑫．“一带一路”倡议：引领全球包容性增长的新模式［J］．南开学报（哲学社会科学版），2019（06）：1－10.

B.7
中老铁路对云南高水平开放的影响和发展建议[①]

摘　要： 随着“十四五”规划构建双循环新发展格局的逐步推进以及共建“一带一路”高质量发展倡议的实施，统筹利用好国内国际两种市场资源、实现高水平开放成为沿边地区经济发展的主线。本文从中老铁路建设运营对云南整体开放发展的影响切入并以云南自由贸易试验区和西双版纳勐腊县等区域经济开放发展为例，分析中老铁路对云南高水平开放的影响。基于目前中老铁路促进云南高水平开放发展过程中在基础设施与服务、产业结构与发展、营造营商环境等方面遇到的问题和不足，从延伸基础设施“硬联通”、优化服务水平“软联通”等角度提出相关发展建议。

关键词： 中老铁路；双循环；高水平对外开放；自由贸易试验区

云南省地处南亚、东南亚大陆交界地带，与越南、老挝、缅甸接壤，是我国与东盟各国连接的桥头堡；同时作为“一带一路”和中国－中南半岛经济走廊建设的重镇，云南省有条件成为我国面向南亚东南亚地区辐射中心，充分利用好国内国际两个市场、两种资源，成为高水平开放的新前沿。中老昆万铁路（以下简称“中老铁路”）是泛亚铁路中线的重要组成部分，在与“一带一路”沿线国家互联互通基础设施建设过程中发挥着关键性作用。2021 年 12 月 3 日正式开通运营的中老铁路给云南沿边地区的高水平开放提供了新的窗口和机遇，同时在其建设运营中也出现了诸多问题与挑战，应及时分析总结，有助于云南更高水平的开放发展。

---

① 执笔人：陈昕，对外经济贸易大学国际经济贸易学院；谭娅，对外经济贸易大学国际经济贸易学院。

一、云南省区位优势分析

（一）自然要素禀赋与产业结构

云南省位于我国西南边陲，是东亚、南亚和东南亚的交界点，同时也是南北方向国际大通道和东西方向第三条欧亚大陆桥的汇合点，东与贵州、广西相连；南与老挝、越南接壤；西与缅甸相邻；北与四川、青海交界。作为亚洲大陆的核心，云南省对内连结珠三角、长三角经济圈，对外可通过建设中的泛亚铁路东、中、西三线贯通中国－中南半岛经济走廊。特殊的地理位置使得中老铁路的建设对云南乃至全国打通向南交通堵点，提升与东盟各国“五通”水平而言至关重要。云南省不仅是“一带一路”向南拓展建设和我国与东盟各国往来合作的关键地带，更是对接国内国际两个市场、贯彻双循环新发展格局的前沿阵地。

从自然地理区位看，云南省地势高峻、气候类型多样，自然资源丰富。基于自然资源禀赋，能源产业、烟草产业以及旅游业成为云南发展的支柱性产业。近年来，云南省以习近平总书记考察时提出的“推动产业结构由中低端向中高端迈进结合”为工作中心，结合自身特点不断优化产业结构。因地制宜发展高原特色农业，构建烟草、电力、有色金属和电子四轮驱动的新产业格局，着力打造旅游“金字招牌”。各项改革成果显著，据统计，2022 年云南省实现地区生产总值 28 954.20 亿元；三次产业结构为 13.8∶36.2∶50.0[①]。

（二）民族人文特征与经济发展

作为中国少数民族最多的省份之一，云南全省少数民族人口约占总人口的 1/3，共建立了包括西双版纳、大理、楚雄等在内的八个民族自治州。多民族、多宗教、多元文化交流融合形成了云南丰富的文化景观，同时云南省与东南亚和南亚地区国家人缘相亲、文缘相融，有着悠久的人文交流历史根基。“一带一路”建设更是进一步促进了民族内部、民族之间及与周边各国的人口流动和经济文化交流[②]。

少数民族各州之间经济发展水平具有一定的差距：2022 年红河州生产总值位

① 数据来源：云南省统计局。

② 李智环.“一带一路”战略下边疆民族地区发展的困境与前瞻——以云南为例［J］. 北方民族大学学报（哲学社会科学版），2016，（01）：51－54.

列全国少数民族地区第一，达到 2 863.08 亿元；而怒江州仅为 249.93 亿元，位列全国 40 个少数民族地区第 31 名[①]。基础设施建设不足、语言文化交流隔阂、制度体系改革落后以及对外开放水平较低等问题均成为制约云南地区少数民族自治州发展的症结。

（三）发展政策导向与战略选择

为促进全省经济增长和区域协调发展，云南省政府提出要实施“3815”战略发展目标谋划，追求经济高质量跨越式发展；并制定了以“滇中崛起、沿边开放、滇东北开发、滇西一体化”为总体建设布局的“十四五”建设规划，提出将大力发展资源、口岸和园区“三经济”作为抓产业的重要方法和路径，三者相辅相成，使云南省高效融入双循环格局，共同打造云南经济发展比较优势、综合优势。

二、中老铁路对云南高水平开放促进作用

（一）交通基础设施建设与政策组合叠加发挥协同效应

以开放为关键词对云南省近年来的政策进行梳理，我们发现省政府高度重视开放发展：围绕沿边开放经济带、云南澜沧江开放经济带以及云南金沙江开放合作经济带等重点地区制定中期发展规划。在具体举措方面，云南共建立了 24 个国家一类口岸、2 个国家级开发开放试验区、4 个边境经济合作区和诸多沿边各类产业园区，口岸经济以及园区经济发展势头迅猛。随着《区域全面经济伙伴关系协定》（RCEP）签署生效，中国与东盟地区的联系将更为紧密，云南作为我国面向南亚、东南亚开放的前沿窗口，应当抓住此项政策机遇，加速自身开放发展进程。

交通等基础设施建设是加强区域间联络、促进协调发展的基本要求，中老铁路建设运行在云南高水平开放的系列政策中发挥着提升沿边交通区位优势、打造中国与东盟各国贸易陆海新通道以及衔接国内国际两个市场的节点作用[②]。在云南省一揽子开放政策中，公路铁路等交通线路的建设和相关配套基础设施的完善始终被放在第一位。中老铁路直接连接昆明和万象，境内连接玉溪、普洱、西双版纳、磨憨等云南主要城市，境外和老挝西部、东部的高速公路网连接，覆盖老

---

① 生产总值数据为 2022 年初核情况。

② 王杨堃，秦山．中老铁路开通对带动云南沿边开发开放的思考[J]．铁道运输与经济，2022，44(11)：157－162.

挝九个省份。铁路与公路的陆上交通基础设施建设打通运输堵点，承接长三角、珠三角、成渝双城经济圈，向南亚、东南亚地区辐射。

沿边地区经济发展既要充分利用国内广阔的市场资源优势，又要眼光向外，发挥与国际市场紧密相连的区位优势，中老铁路的建设与云南省开放发展联通内外的政策导向相辅相成，借助“一带一路”建设以及 RCEP 生效等国家层面对外开放战略，交通基础设施与系列政策组合相叠加将释放出强有力的协同效应，共同促进云南省高水平对外开放发展。

（二）连接内外市场，促进经贸合作提质增效

1. 贸易规模扩大，结构趋于合理

云南省近年来的进出口总额持续增长，尤其是 2021 年增幅达到 24.94%。同时云南省与东盟地区保持密切的经贸往来，2020 年和 2021 年对东盟进出口额分别为 178.5 亿美元和 192.34 亿美元，并保持着 7.7%的增幅（见表 1 和表 2）。特别是中老铁路建成运行以来，呈现出客货两旺态势。据统计，截至 2023 年 4 月 18 日，全线累计货物运量达 1 884 万吨，运输范围已覆盖东南亚、南亚的“一带一路”沿线国家和地区，货物品类涵盖水果、光伏以及电子等三大产业产品 2 000 余种。

就云南省与老挝之间的进出口往来分析，两区域之间的商品贸易大幅增加；特别是中老铁路建成后，弥补了公路运输在安全性、稳定性、时效性和便捷性方面的缺陷。中老铁路到达老挝境内的货物超半数为跨境运输，分别发往泰国、越南、缅甸等中南半岛国家。同时泰国的农副产品、橡胶制品以及电子产品也形成回程货流，与老挝国内的农产品、工业原材料等共同通过中老铁路运输返华[①]。昆明海关的“快速通关模式”促进物流效率提高，“澜湄快线”形成货运品牌，中老铁路和“中欧班列”“西部陆海新通道班列”多条跨国线路联运优势叠加，商品流通范围大幅扩展，云南省对境内和境外的双向联通作用凸显。

表 1　　2019 年—2022 年云南省进出口总额情况　　单位：亿美元

年份	2019	2020	2021	2022
进出口总额	336.92	389.46	486.59	500.42
同比增长率	12.70%	15.59%	24.94%	2.84%

数据来源：云南省统计局。

① 蒋诗云，吴敬皞.“一带一路”倡议下中老铁路跨境物流通道发展对策探讨［J］. 铁道运输与经济，2022，44（11）：106－111.

表 2　　云南省与老挝进出口商品总值情况

年份	亿美元	美元同比	亿元人民币	人民币同比
2021	1.30	15.10%	8.43	8.50%
2022	1.74	33.70%	11.67	38.50%
2023 上半年	0.86	-3.90%	5.91	3.50%

数据来源：昆明海关。

2. 服务贸易高质量发展

云南省依托独特的自然地理区位优势，形成了集中于旅游服务的服务贸易特色。云南省文化和旅游厅统计数据显示，2022 年全省接待游客 8.4 亿人次，实现旅游总收入 9 449 亿元。近年来云南省货物进出口总量大于服务贸易进出口，服务贸易处于逆差的状态①，中老铁路作为“一带一路”和中老友谊标志性的工程，有效激活沿线旅游经济，拉动沿线旅游城市游客数量大幅增加。

《云南省服务贸易发展“十四五”规划》显示，旅行、运输和建筑等传统服务贸易仍是云南省服务贸易主体，但占比有所下降，由 2015 年的 96.3%降为 2020 年的 78.1%；各类新兴服务贸易快速发展，占比由 2015 年的 3.7%提高至 2020 年的 21.9%②。在服务贸易新业态、新模式方面探索出了“保税+服务贸易”发展新路径；发展具有地方特色的民族医药、专业服务和知识产权服务等相关产品；充分发挥了云南地缘区位优势，深挖面向南亚、东南亚各国小语种服务出口，开发了东南亚语言机器翻译系统“云岭翻译”并实现市场化应用。

（三）有效招商引资推动沿边地区金融开放

1. 充分利用内外资金有效承接产业转移

“中老铁路”项目建设以及后续运营过程中，云南省政府为招商引资制定了相关工作方案，聚焦于现代物流、现代农业、生物医药、旅游文化以及数字经济等新兴产业，发挥地区优势开展招商引资工作。云南各省市区县纷纷召开经济合作区招商对接会，吸引了来自全球各个地区的多家世界 500 强以及行业龙头参与；特别是在昆明召开的 2023 中国产业转移发展对接活动中共签约项目 382 个，计划

---

① 叶田阳，常志有．云南自贸试验区在“双循环”新发展格局中功能分析［J］．科技和产业，2022，22（04）：137-143.

② 云南省商务厅服务贸易处［EB/OL］.（2021-12-20）. https://swt.yn.gov.cn/articles/33919.

投资总金额 3 966 亿元。自 1996 年中央确定上海市对口帮扶云南省以来，沪滇之间投资往来密切，产业园区、自由贸易试验区建设稳步推进；在“一带一路”及中老铁路建设的大背景下，上海与昆明积极探索“4 个 +”的双向赋能产业协作模式，进一步提升云南承接东部地区产业转移的吸引力。国内国际两个市场的连通为云南提供了丰富的投资机会：自 2021 年至 2022 年，云南省对全球近 20 个国家和地区实现非金融类对外直接投资额由 9.52 亿美元增加至 11.76 亿美元，特别是对“一带一路”沿线国家的直接投资占比达 60%以上[①]。

2. 金融合作推进人民币国际化进程

国际贸易的开展离不开金融体系的服务支持，中老铁路对云南的跨境金融服务能力提出了更高的要求。在跨境金融的创新上，富滇银行作为省级地方性股份制商业银行，积极发挥自身服务云南省金融需求的定位，抓住中老铁路建成的契机，拓展全方位、多层次的沿边金融和跨境金融服务，在“贸易畅通”和“资金融通”方面取得了显著的成效。

2014 年，富滇银行与老挝大众外贸银行合资成立老中银行，成为地方性商业银行“走出去”的典范。在中老铁路跨境建设者工资收付问题上，老中银行优化了系统和流程，以人民币代发工资并通过富滇银行银行卡取用，有效降低了汇率损失和带现金入境的麻烦。其次，老中银行有力地推进了人民币国际化进程。2018 年富滇银行西双版纳磨憨支行成为全国首家获得外币现钞跨境调运资格的城市商业银行，并于 2018 年 5 月 18 日顺利开展了中国与老挝首次本外币双向调运；截至 2022 年末，该分行共计完成人民币现钞跨境调入 65 次，累计金额 6.74 亿元人民币，调出老挝基普现钞 5 亿[②]。此外，该行也是首批银行间外汇区域交易市场人民币对泰铢交易的报价行和做市商，是云南乃至全国最大的泰铢现钞供钞行。随着老中银行磨丁分行开业，两支行共同服务中老磨憨－磨丁经济合作区的发展，开创了中老金融合作的新模式。

围绕“口岸经济”发展部署，中国人民银行昆明支行坚持以投资便利化为导向，不断提升人民币跨境支付能力，更好地服务实体经济。截至 2023 年上半年，云南已同 120 个国家和地区建立跨境人民币结算通道，全省跨境人民币收付合计 368.9 亿元。从结构上看，经常项下跨境人民币收付 243.06 亿元，其中货物贸易跨境人民币收付 216.17 亿元，二者增幅均超过 40%。其次，更高水平、更便利化

---

① 数据来源：云南省统计局。

② 老中银行：老挝央行批准成立首家老中合资银行［EB/OL］.（2023－04－10）. https://www.udfspace.com/article/ 5329168520291838.html?cat_id_129437372950＝405043.

的贸易投资业务覆盖面进一步扩大，截至目前云南省优质企业数量达 284 家[①]，人民币国际化进程在跨境人民币支付和跨境投资过程中进一步深化。

（四）促进文化交融，深化人类命运共同体建设

便利的交通不仅促进了中老两国的经贸往来，更加深了两国之间的人文交流。西双版纳与老挝琅勃拉邦两地自古山水相连、人文相通、民族同根、文化同源，早在 2002 年就正式缔结为友好州省关系。2023 年 4 月 23 日，首趟中老铁路国际旅客列车发出，两地人民在一天内就可穿行于西双版纳州与琅勃拉邦之间。

中老铁路大大缩短了云南省与东南亚、南亚地区的交通时间，明显增强了云南省对境外人才的吸引力。近年来，云南省抓住"一带一路"建设和中老铁路建成的机遇，着力实施"更加积极、更加开放、更加有效"的人才政策，出台"兴滇英才支持计划"，并打造"留学中国·学在云南"品牌，释放强有力的人才吸引信号。中南半岛掀起"中文热"，中文也再次成为老挝国立大学最热门的专业。目前云南省开设的南亚、东南亚国家 15 个非通用语种专业已培养相关人才上万名；为了向南亚、东南亚辐射中心建设持续提供人才支撑，云南大学牵头与南亚、东南亚国家 75 所大学共同成立了南亚、东南亚大学联盟，为"一带一路"沿线各国培养专业化、国际化人才。

中老铁路同时连通了中老两国之间政治上的密切友好关系，双方在国际和地区事务中相互交流支持，共同维护地区和平稳定。两国领导人互访频繁，为两国构建中老人类命运共同体的发展注入了新的活力。"一带一路"倡议不同于西方传统的结盟战略思维，中国立足于地缘政治和历史文化基础，高度重视周边外交关系，积极推行人类命运共同体的建设。以中老铁路为代表的一系列跨欧亚、跨国铁路的建设，在延展国家软实力影响范围的同时整合着不同国家间的文化。

三、区域经济高质量开放发展

（一）区域性自由贸易园区：云南自由贸易试验区

2019 年设立的中国第六个新设自由贸易试验区——中国（云南）自由贸易试验区涵盖昆明、红河和德宏三个片区，三地从不同定位出发共同服务于中国于东

① 数据来源：中国人民银行昆明中心支行。

南亚、南亚各国间的往来合作。中老铁路开通运营后跨境贸易、资金往来更为密切，对自由贸易试验区的综合服务能力和效率提出了全新的要求。自由贸易试验区成立以来，开展外汇管理、投融资便利化新业务达九项；支持企业以境外资产和权益融资，覆盖缅甸、老挝等中南半岛国家和地区。

首先，自由贸易试验区昆明片区创新贸易服务新模式，开创了中老铁路“一单制”金融服务模式。经铁路、公路两种运输方式沿中老铁路完成的从中国昆明经磨憨到老挝万象的跨境运输，采取整列“铁路快通”通关模式，即全程仅需使用一张运输单证，并由中方银行依托此单证提供金融服务。“一单制”的金融服务模式的创新解决了由多种运输方式、多种单据造成的结算困难，也是探索贸易投资便利化改革创新的阶段性成果。

其次，自由贸易试验区借助自身沿边优势，持续优化自身营商环境，广泛吸引内外资金。昆明片区在以中老铁路为交通基础的同时，加强与空港经济区联动发展，建设面向南亚、东南亚的海陆空立体化交通枢纽，保障中国与中南半岛各国交流的畅通性。红河片区则是依托加工贸易、健康服务、跨境电商和跨境旅游等服务贸易发展，全力打造中越经济走廊合作示范区。德宏片区同样重点发展跨境产能、电商以及金融等全产业合作，打造中缅经济走廊的门户枢纽。中老铁路将三大片区的资源有效串联，实现中国、老挝、越南以及缅甸四国之间资源高效流动，合作建设境内外一体化的生产和贸易供应链。

最后，自由贸易试验区不断推进自身制度改革优化，践行设立初衷。近年来，云南自由贸易试验区昆明片区深入贯彻落实“证照分离”改革，不断提高政府办事效率，直接取消审批、备案替代审批、优化审批服务“四扇门”工作等，着力为市场主体提供良好的经营环境。昆明市市场监管总局的数据显示，自由贸易试验区昆明片区经营主体已超过八万户，还将持续以开放的姿态吸引来自国内国际两个市场的更多主体进行投资经营。

（二）开发开放试验区建设：以西双版纳勐腊县为例

勐腊县是西双版纳州下辖县域，其东、南被老挝半包，西南部与缅甸依澜沧江相望，是中国向中南半岛辐射的走廊。2015 年国家发展和改革委员会同意设立勐腊（磨憨）重点开发开放试验区，在制度设计上促进沿边地区开发开放向高水平发展。随着中老铁路的建成通车，勐腊县结合自身地域、产业以及政策优势，着力以打造“天然橡胶产业链创新区、沿边开放示范区、兴边富民先行区”为目标[1]，多措并举改善试验区营商环境，吸引内外资金。建设工业园区配套物流设施，支持天然橡胶产业发展；成立了开发投资建设集团有限公司，以公司形式规范化开放试验区的日常管理；开发了如“南腊河雨林康养小镇”等文化旅游项目。

磨憨镇地处勐腊县东南部，其东、南直接与老挝接壤，中老铁路开通前共有五条公路直抵老挝、缅甸边境口岸，其中有三条直达老挝北部三省省会。中老铁路开通后，磨憨由省会昆明直接托管，借助省会的资源、区位和人才优势共同建设国际口岸城市，将通道优势转化为产业经济、口岸经济发展动能。托管以来，磨憨口岸国际化程度大幅提升：截至 2023 年 6 月，磨憨口岸进出口贸易总量 423.32 万吨，同比增长 57.52%[2]。智慧化、便利化的基础设施建设有效提高口岸通关的便利化程度：平均日通关量跨越式增长，通关时间缩短一半以上。同时大力创新边境贸易形式，发展了离岸贸易、转口贸易、数字贸易等新业态，全面提升中老物流发展水平。

来自国内和国际的资源通过中老铁路在勐腊县汇聚，磨憨镇在昆明的托管过程中直接获得省会资源倾斜，开发开放试验区内资源、产业、口岸“三经济”的发展让勐腊县人民深刻体会到高水平开放发展带来的红利。三年来勐腊县全县地区生产总值稳步上升：由 126.81 亿元增加至 152.68 亿元（2022 年）[3]；产业结构改善：第一产业增加值略有下降，第二、三产业增加值稳中有升；随着基础设施、科教文卫的改善，人民生活水平显著提高。

四、发展问题与政策建议

（一）中老铁路促进云南高水平开放发展过程中的问题

1. 配套基础设施尚不完善，相关服务能力水平较低

首先，境外运输网络短板制约中老铁路进一步发展。目前老挝境内运输体系以公路为主且整体路况较差、运输成本高；航空运输发展缓慢，湄公河航道缺乏相关治理规划。由老挝至泰国的铁路为米轨标准，标准轨道换装成本较高，存在

① 勐腊县投资促进局. 勐腊县、勐腊（磨憨）重点开发开放试验区概况及投资优势［EB/OL］.（2023 - 03 - 06）. https://www.ynml.gov.cn/tzcjj/115177.news.detail.dhtml?news_id = 1464482.

② “通道经济”→“口岸经济”“产业经济”，磨憨动能正澎湃！［EB/OL］.（2023 - 09 - 04）. https://baijiahao.baidu.com/s?id = 1776108123425373534&wfr = spider&for = pc.

③ 数据来源：勐腊县统计局 2022 年国民经济和社会发展统计公报。

运输堵点。虽然中老铁路为昆明至万象提供了一条铁路主干道，但配套运输体系的缺失成为中老铁路充分发挥其效能的制约因素。

其次，中老铁路沿线目前的物流服务以传统的储存运输为主，缺乏满足现代全供应链综合物流服务的配套设施。同时，老挝物流行业存在一定的行政壁垒，市场化程度低，整体发展水平落后，因此老挝的物流行业整体的服务能力呈现出与中老铁路运输量无法匹配的状态且服务成本高昂。

最后，磨憨口岸的通关便利化程度有待进一步提高。虽然磨憨镇为国家级口岸，但受制于历年来基础设施建设投资有限，口岸硬件和软件设施落后，通关便利化程度有待提高。老挝口岸通关手续冗杂，且与周边国家通关流程差异较大，货物流通阻力较大。

2. 产业结构有待进一步优化，工业驱动力不足

从产业结构来看，云南省还存在着结构欠佳、第二产业驱动力不足的问题。近年来，云南省的工业增加值占比不足50%，资源经济、园区经济仍有较大发展空间；第二产业主要依靠建筑业驱动，易受到经济周期波动的影响，缺乏持续稳定的发展驱动力。向水电、风电和太阳能为主的绿色能源工业方面的转型将成为驱动云南开放开发试验区的关键性驱动因素。传统商贸在云南第三产业中仍占据重要位置，产业链短、附加值低，产业发展规模小、地域分散的问题仍然存在。

3. 招商引资成效有限，投资持续性欠佳

据统计，在云南开放开发试验区建设过程中，政府类投资项目占比超过一半；特别是受到近两年来疫情和房地产市场不景气的影响，市场投资信心不足，部分项目面临建设减缓、推迟开工的问题。其次，目前云南省在招商策略上还处于分散化、零散化的状态，尚未形成完整的招商产业链图谱和地图，围绕全产业链的招商引资针对性举措欠缺。

（二）中老铁路更好发挥影响作用的政策建议

1. 拓展完善交通网络，持续推进陆海大通道建设

中老铁路的建设打通了中国与老挝之间的交通堵点，加强了中国与中南半岛各国之间的联系，沿线国家从中受益良多。因此应当尽快推进中老铁路向泰国南部延伸的进程，加快南向陆海大通道的建设进程。拉廊－磨憨路线的建设将直接连接中国重庆到泰国仰光，铁路运输方式使得整体运输成本和时间大幅下降，同时将带动沿线一系列城市的开放发展。中老泰铁路的延伸也应积极争取缅甸、老挝和泰国等直接受益国家的广泛参与，同时能够发挥虹吸作用，吸引孟加拉国和印度等南亚国家加入新经济走廊，有力推进中国与东南亚、南亚等地人类命运共同体的建设进程。

2. 提高规范化水平，有效对接国际规则标准

云南自由贸易试验区应当主动对接国际高标准经贸规则，积极与国际经贸规则接轨，以标准化、规范化管理促进自身发展。云南自由贸易试验区应对照商务部印发的试验区重点工作清单，具体细化自身片区对应举措，对接相关国际高标准经贸规则，促进试验区制度化发展。尤其是对待货物贸易、服务贸易、数字贸易和风险防控等高质量发展方面的要求，切实促进货物贸易创新发展、服务贸易便利自由以及数字贸易健康快速发展。云南省更要利用好以亚太地区为主导的 RCEP、CPTPP 等区域经贸合作组织提供的机遇，以标准化、规范化、国际化的规则标准促进自由贸易试验区的发展。

（三）持续优化营商环境，做好投后管理与追踪工作

针对目前云南高水平开放发展过程中遇到的引资困难、投资效果欠佳的问题，政府应当加大营商环境改革力度，从政府采购、办事流程、知识产权、竞争政策、绿色环保等领域全面持续优化营商环境。其次，政府可以做好市场拓展工作，促进产能融合，加快铁路沿线各州市依托自身优势发展相关产业，积极承接来自内陆腹地的产业转移，建设落地加工基地和园区。再次，加强对投资项目的管理工作，及时追踪跟进项目的建设落实情况，了解项目进行过程中遇到的困难与问题，尽可能为项目提供政策援助，保障其顺利进行。

五、结　束　语

中老铁路的建成通车将云南地区的区位优势转化为开放优势，促进云南省从政策、贸易、金融再到人文的全方位、多领域、深层次的高水平、高质量开放。未来，云南省应当结合自身沿边优势，充分利用好国内国际两种市场资源，在国内国际“双循环”的新发展格局中实现高水平开放，建设我国面向东南亚、南亚国家开放的桥头堡。

参考文献：

［1］李智环.“一带一路”战略下边疆民族地区发展的困境与前瞻—以云南为例［J］. 北方民族大学学报（哲学社会科学版），2016，（01）：51－54.

［2］王杨堃，秦山. 中老铁路开通对带动云南沿边开发开放的思考［J］. 铁

道运输与经济，2022，44（11）：157－162.

［3］蒋诗云，吴敬皞．“一带一路”倡议下中老铁路跨境物流通道发展对策探讨［J］．铁道运输与经济，2022，44（11）：106－111.

［4］叶田阳，常志有．云南自贸试验区在“双循环”新发展格局中功能分析［J］．科技和产业，2022，22（04）：137－143.

［5］曹忠祥，郭叶波，滕飞．新形势下沿边地区高水平开放的思路与建议［J］．中国经贸导刊，2023（08）：39－41.

［6］中国人民银行昆明中心支行办公室．“中老铁路”项目中的云南金融贡献［J］．时代金融，2022（01）：13.

［7］本刊综合．云南金融有序推进更高水平对外开放［J］．时代金融，2021（21）：11－12.

B.8
中老铁路对西部陆海新通道建设的影响和发展建议①

摘　要：本报告对当前中老铁路纳入西部陆海新通道框架以来，对拓展通道建设纵深、缩短跨境运输时间、开拓铁路货源市场、加快特色产业互联互通、加速优化沿线新兴产业布局、推动传统产业复苏发展、持续提升绿色可持续发展能力、优化区域绿色化水平等影响进行梳理，并分析了当前仍存在部分跨区域物流节点衔接薄弱、区域间合作协调机制不完善等潜在挑战。因此，为进一步提升未来“中老铁路＋西部陆海新通道”高质量发展，本报告提出政府应通过合理运用省际协商合作机制、积极推进扩能改造工程、构建海外集散分拨中心，进而推进通道集疏运体系协调完善，且未来应侧重提高跨区域数字化运营服务能力、创新通道金融服务、总结项目绿色合作经验、增强国际绿色合作示范效应，以数字化、可持续发展视角合理构建新业态新模式的发展建议。

关键词：“一带一路”；中老铁路；西部陆海新通道

近年来，世界百年未有之大变局加速演进，全球经贸形势复杂多变，疫情后复苏动力不足态势明显。在“一带一路”倡议背景下，“相通则共进，相闭则各退”成为沿线国家开放合作的新共识，符合当下实现经济复苏发展的现实需求。交通基础设施建设作为重要介质，从根本上改善沿线国家商业发展环境，逐步提升贸易参与能力，减少跨境贸易成本，进而加深区域间互联互通程度。作为“一带一路”倡议中重点基础设施建设项目，中老铁路和西部陆海新通道在促进区域经济

① 执笔人：籍雨桐，对外经济贸易大学国际经济贸易学院；谭娅，对外经济贸易大学国际经济贸易学院。

合作乃至全球贸易层面具有重要战略意义。截至 2023 年 8 月 31 日，中老铁路全线累计发送旅客 2 000 万人次以上，运输货物 2 522 万吨[①]。此外，2022 年西部陆海新通道新开线路达 78 条，较上年提升五倍以上。物流联通辐射范围达 18 省份、60 市、116 个站点，共计覆盖全球 119 个国家、393 个港口[②]。自 2019 年国家发展和改革委员会印发《西部陆海新通道总体规划》以来，西部陆海新通道项目明确上升至国家战略地位，强调要持续加快前期基础设施建设进程，聚焦后期运营模式创新，优化跨区域交通物流格局以实现高质量发展。中老铁路与西部陆海新通道相互补充，契合当前西部区域发展战略及全国统一大市场理念，通过不断推动区域间要素合理流动配置，坚持扩大对外开放程度进而构建新发展格局，具有一定现实意义。本报告首先针对中老铁路纳入西部陆海新通道框架产生的影响进行梳理，其次分析中老铁路对西部陆海新通道建设中存在的潜在挑战并对未来西部陆海新通道高质量发展提出相关对策建议。

一、中老铁路对西部陆海新通道建设的综合影响

（一）通道建设纵深持续拓展，跨境运输时间显著缩短

2021 年，国家发展改革委发布《“十四五”推进西部陆海新通道高质量建设实施方案》，指出到 2025 年将实现“东中西三条通路持续强化，通道、港口和物流枢纽运营更加高效，对沿线经济和产业发展带动作用明显增强的总体目标”。随着 2021 年 12 月中老铁路正式通车，以重庆、成都等运营枢纽为起始，为成渝经济区与东南亚之间的物流线路打开了一条新的“南向出口”，进一步丰富了西部陆海新通道国际运输选项，通道建设纵深持续向东盟方向拓展。

此外，沿线区域货物运输时空距离进一步缩短，中老铁路开通后，由成渝地区到老挝的陆路货运时间缩短近一倍，缩减近 20 天[③]，且有效减轻过往由国际铁路联运运力不足而导致占用北部湾、洋浦港等港口海运资源情况的压力，为泰国、越南等东南亚国家转口贸易提供便捷的陆路运输方案。以中老铁路为基础的纵深开拓及框架设施纳入将显著降低西部陆海新通道的境内外物流成本并提升运输效率。根据 2020 年世界银行报告估计，中老铁路开通有助于降低老挝国内运输成本

① 数据来源于 http://paper.people.com.cn/rmrb/html/2023－09/21/nw.D110000renmrb_20230921_6－01.htm。

② 数据来源于西部陆海新通道物流和运营组织中心。

③ 数据来源于 http://www.news.cn/2021－12/04/c_1128131193.htm。

20%～40%，昆明和万象两地间跨境运输成本将显著降低 40%～50%，相当于每吨减少约 30 美元①。此外，据 2022 年西部陆海新通道发展规模指数显示，在以中老铁路为基础的多条跨境线路开通背景下，指数较 2021 年相比高速增长至 156.8 点，增长幅度达 31.8 点，同比增长 25.4%（如图 1）。指数的大幅度提升直观地反映出西部陆海新通道基础设施及物流运输规模得到明显扩大，运营状况良好，有助于高效利用铁路、公路、海运结合等多式联运方式，助推总体规划目标实现。

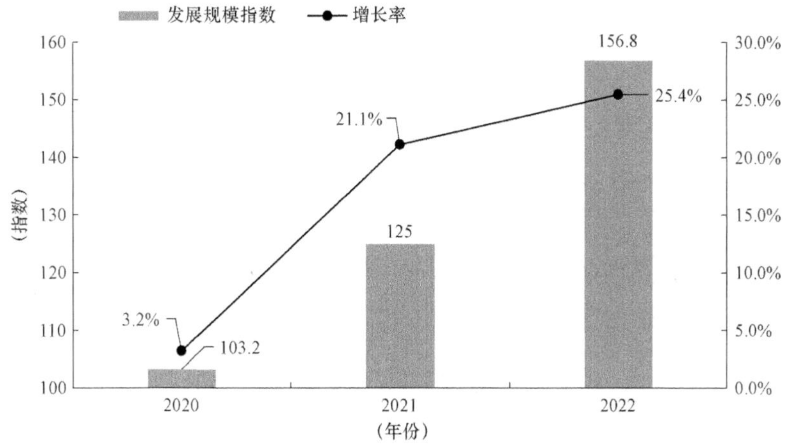

图 1 2020 年—2022 年西部陆海新通道发展规模指数

资料来源：西部陆海新通道物流和运营组织中心。

（二）铁路货源市场不断开拓，加快特色产业互联互通

中老铁路国际班列的常态化运行对西部陆海新通道的物流网络起到关键性补充作用。通过构建“中老铁路＋西部陆海新通道”国际铁路联运模式，有效拓宽中国对东盟十国、东亚与欧洲国家间的铁路货源市场。首先，西部陆海新通道铁路货运承载能力持续提升。根据西部陆海新通道物流和运营组织中心发布的统计数据显示，2021 年，由重庆和广西至河内的国际铁路班列共计发车 434 列，较 2020 年同比增长 26.5%；运输集装箱 12 240 标箱，较 2020 年同比增长 135.4%；运输货物价值达 29 亿元人民币，较 2020 年同比增长约 2.6 倍（262%）。自两条西部陆海新通道中老铁路（成渝－万象）线贯通后，仅 2022 年 1 月－9 月期间，国际铁路联运班列共计发车 619 列；运输箱量 16 814 标箱，较 2021 年同比增长 115%；

① 数据来源于世界银行 2020 年发布报告《From Landlocked to Land-Linked：Unlocking the Potential of Lao－China Rail Connectivity》。

运输货物价值达 34.68 亿元人民币，较 2021 年同比增长一倍[①]。由此可见，以中老铁路为载体的国际铁路联运班列的开行，将显著增进双边贸易发展赋能水平，为沿线企业和民众释放更多红利。

表 1 2021 年 1 月－12 月及 2022 年 1 月－9 月国际铁路联运班列运输货类情况

线路	去程货物主要品类	
	2021 年 1 月－12 月	2022 年 1 月－9 月
重庆—河内	轻工产品等	汽摩及相关零部件、汽油发电机组零件、电路板组件、食品、轻工产品等
重庆—老挝	—	
广西—河内	机械设备、光伏产品、日用杂品、电子零配件、无纺布等	机械设备、光伏产品、日用杂品、电子零配件、无纺布等

资料来源：西部陆海新通道物流和运营组织中心

其次，中老铁路的开通拓宽了中国西部各省市区对老挝等东盟国家贸易进出口的货物运输品类。国内层面（如表 1），线路开通前西部陆海新通道通过国际铁路联运班列向河内等东盟地区输送去程货物品类较为单一稳定，包括轻工产品、机械设备、光伏产品、电子零配件等产品。中老铁路开通后，去程货物品类进一步丰富，主要集中于汽车摩托及相关零部件、食品、化工品、电路板组件等。我国的纺织物、钢铁及机电类等产品在东南亚市场具有一定竞争优势，中老铁路开通更利于初中级资源密集型产品出口河内，以电机电气类、机械类、车辆及其零件、钢铁制品、药品为代表的资本技术密集型产品于老挝出口拉动作用则更明显。国际层面，中老班列的开通不仅仅局限于地理层面上增加一条额外运输线路，国际资源配置效率的提升同样显著。相比于空运和海运，国际铁路联运表现出低成本、大运力、全天候适应特征以及对沿线国家产生拉动效应的竞争优势。例如，东盟国家的农产品、矿物燃料、天然橡胶等产品以及中国的电子产品、机械装备制造等产品高效匹配（如表 2）。与此同时，双边中间品贸易比重得到进一步提升，2022 年我国对东盟进出口的中间产品 4.36 万亿元，增长 16.2%，占我国与东盟进出口总值的 67%。原先中国与老挝、泰国、越南等部分东盟国家的垂直型分工形态逐渐向混合型分工转变。通过沿线产业园区和集成货物中转运营中心的建设，逐步形成多样化分工格局[②]。

① 数据来源于西部陆海新通道物流和运营组织中心。

② 数据来源于http：//asean.mofcom.gov.cn/article/jmxw/202301/20230103379195.shtml。

表 2　2021 年 1 月－12 月及 2022 年 1 月－9 月国际铁路联运班列运输货类情况

线路	回程货物主要品类	
	2021 年 1 月－12 月	2022 年 1 月－9 月
重庆—河内	电子产品等	大米、木炭、打印机、服装、天然橡胶、氯化钾等
重庆—老挝	—	
广西—河内	电子产品、金属矿类、水果	电子产品、金属矿类、水果等

资料来源：西部陆海新通道物流和运营组织中心。

最后，两者特色产业的互联互通也将进一步推动双边经贸市场多元化，为沿线国家在“一带一路”辐射范围内实现资源合作互补提供新增长点。以农产品市场为例，随着 2021 年 12 月中老铁路首列国际冷链货运专列的正式运营，结合海关针对东南亚生鲜水果等农产品的检疫准入政策的持续优化，利用运输时效和安全性的特殊优势，老挝、泰国等东盟国家的鲜活货物、饮食品、农副产品等货物运输能力得到显著提升。同时，东盟国家对中国西部地区特色农产品、机电产品以及其他化工产品的需求呈上升趋势。2022 年，我国自东盟进口的农产品货物价值达 2 468.6 亿元，较上年增长 21.3%，占同期我国农产品总进出口的 15.7%，同比增长 1.4%。其中农林牧渔及粮食水果占西部陆海新通道运输总量的 9.61%①。农产品流动能力的提升一方面促进优质农产品进入市场，提高沿线农民收入，另一方面优化产业配置，因老挝等地存在中小农户和乡镇企业自营农场融资难，产业链体系不健全等问题，通过沿线投资拉动延长产品价值链，可释放沿线农业潜力，提高农产品竞争优势。新线路的开辟使得越来越多的中国西部地区特色农产品“走出去”，东盟等国家的水果生鲜“引进来”，极大丰富了沿线地区居民的“米袋子”和“果篮子”，也是海内外消费者感受通道互联互通建设成果的最生动、最直观的体现。

（三）沿线新兴产业布局加速优化，推动传统产业复苏发展

在投资合作方面，2022 年，我国企业在“一带一路”沿线国家非金融类直接投资 1 410.5 亿元，较上年增长 7.7%，主要流向东南亚区域和巴基斯坦、阿拉伯联合酋长国、塞尔维亚和孟加拉国等国家。流入东盟国家的投资额度占比最大，约占 73.4%②。东盟国家的外部直接投资多数来源于美国、日本、欧盟和中国，呈

① 数据来源于西部陆海新通道物流和运营组织中心。

② 数据来源于http://hzs.mofcom.gov.cn/article/date/202302/20230203384453.shtml。

多样化分布。得益于“一带一路”背景下直接或间接相关的基础设施项目建设，东盟官方网站数据显示，尽管受到疫情因素制约，2020 年之后中国对东盟的直接投资快速增长并保持相对稳定（如图 2）。

中老铁路作为中国与东盟政府间区域合作机制的旗舰项目，与西部陆海新通道强调共商、共建、共享的开放性合作平台的战略定位上具备统一发展共性，配合西部陆海新通道建设及沿线地区投资拉动效应形成良性循环。

近年来，随着越来越多的跨国企业为供应链保持稳定进而寻求地域多元化并采取所谓“中国 + 1”战略，并在全球制造业重心继续转移的宏观背景下，东南亚等国家相关产业对外直接投资潜力不断提升。随着中老铁路运营逐渐产生生产性现金流，以及对后续支持服务的需求出现，国内外沿线区域将依托良好的政策和基建环境从而获得产业转型发展机会。

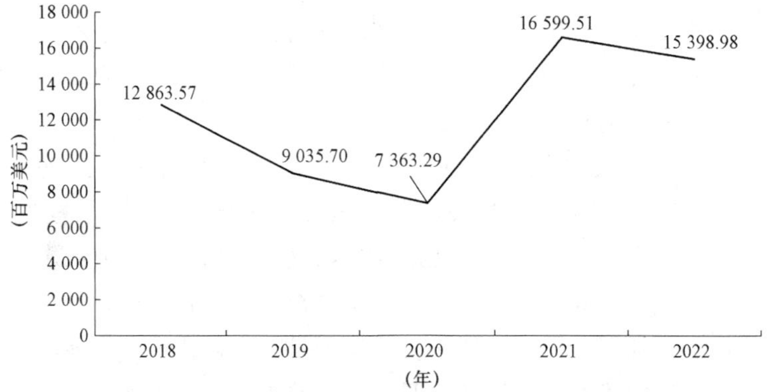

图 2　2018 年—2022 年中国流入东盟的外国直接投资额

资料来源：东盟官方网站。

当前中老铁路连带西部陆海新通道沿线已经建立起一系列新经济开发区，培育了新产业集群。于东盟而言，老中高速公路万象至万荣段、中老铁路、磨丁经济特区、万象赛色塔开发区等重点项目加强了老挝与地区国家的互联互通。尽管受到疫情影响，2020 年以来中国在老挝投资 21 个项目，总投资额达 25 亿美元。这些项目涉及采矿、服务和电力、农业和基础设施等传统产业部门。其国际冷链列车的开通使得生鲜农产品企业能够积极利用老挝、泰国的服务网络实现末端配送和源头集货，间接带动沿线种植户发展。2021 年，中国和柬埔寨在老挝等东盟国家开展近 20 个与数字经济相关的新兴产业项目，包括与老挝亚太卫星公司合作在老挝建立首个云计算中心。通过老挝等合作伙伴，通过数字化改善其业务运营，为老挝政府即时通信系统提供了咨询服务和技术支持。2022 年，中国针对东盟国家专业技术支援活动投资额达 21.64 亿美元，同比增长近 55 倍。于国内而言，中老铁路沿线各省市区围绕中老铁路和西部陆海新通道积极推进产业布局。例如，云南省普洱市加速推进宁洱火车站冷链物流园、保税物流中心、思茅中心城区快递物流园建设；重庆市支持重庆汽车、摩托车、通机、农机、钢铁等行业龙头企业建立海外工厂或维修中心；广西壮族自治区北部湾港口群临港产业正在加速形成，钦州市、防城港市和北海市加速引进石化产业、冶金产业、电子产业、生物医药等特色产业。

此外，交通互联互通增加中国与沿线地区的人员往来，有望显著促进旅游业复苏。截至 2023 年 6 月，中老铁路国际客运开通时长满两个月以来，铁路部门累计验放出入境旅客达 2.5 万人次，旅客流量呈现出日渐上涨趋势。铁路开行以来，累计招聘老挝员工 3 500 多人，在物流、交通、商贸、旅游等行业间接增加就业岗位 10 万余个[①]。

（四）绿色可持续发展能力持续提升，优化区域绿色化水平

为推动西部陆海新通道高水平建设，必须坚持绿色可持续发展能力。中老铁路的框架纳入加快“一带一路”下绿色产业链供应链贯通，以绿色、低碳方案丰富西部陆海新通道发展模式。

作为绿色低碳的电气化铁路，与传统公运、海运、航运不同，中老铁路依托清洁能源技术能大幅减少供应链中温室气体排放和周边环境影响，以链带面，致力于在沿线地区形成绿色产业链的辐射效应。建设过程中，积极利用沿线不同气候特征、植被状况、地域文化等特点，特殊定制绿化方案，充分利用自然光，保护水资源，减少水土流失。对沿线自然保护敏感区域进行绕避，减少植被破坏，保留动物迁徙通道，最大程度保护原有生态环境及确保国家绿化面积。

此外，在建设运营中鼓励相关利益方以合作和创新态度推广区域间的合作和技术转移。从有机农业和绿色制造等绿色技术国际分享，至中国特色绿色和可持续发展的认证体系这一低碳实践标准，其共享过程有助于沿线企业加强环境保护意识，提升产品的可追溯性和环境友好性。与此同时，与老挝、柬埔寨等国依托应对气候变化的南南合作项目合作建设低碳示范区，以低碳交通带动经济开发区低碳生活方式的转变，以低碳照明提升绿色基础设施建设水平等，为老挝等其他地区积累绿色发展经验，优化沿线区域供应链的绿色化水平。

---

① 数据来源于http://www.news.cn/fortune/2023－06/14/c_1129692572.htm。

二、中老铁路对西部陆海新通道建设的潜在挑战

随着西部陆海新通道的基础设施建设和服务运营能力的持续迭代完善，根据西部陆海新通道物流和运营组织中心统计数据显示，2022 年整体战略执行符合预期，整体发展指数较上年增长 10.3%，为 135.2。但与此同时，中老铁路的纳入同样为新通道在物流节点建设、合作协调机制等方面带来影响未来发展的潜在挑战。

（一）部分跨区域物流节点衔接薄弱

由于通道沿线省份经济发展水平、政策导向、产业分布、地理位置的差异，部分省份跨区域物流节点仍存在薄弱点。中老铁路的开行拓宽了西部陆海新通道的纵深，但西部各省份间公路、铁路网仍呈不均衡分布态势。与东盟之间的贸易将催生物流快速增长，给尚处于运营发展阶段的西部陆海新通道在跨境物流层面带来潜在压力。

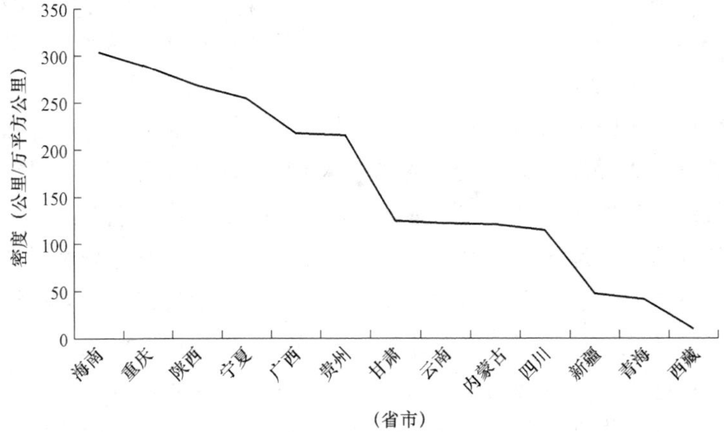

图 3　2021 年西部陆海新通道沿线 13 省市铁路网密度比较

资料来源：根据《中国统计年鉴 2022》和《中华人民共和国行政区划统计表》计算整理。

1. 省间交通线路呈非均衡分布，早期项目推进受阻

从铁路网密度来看，2021 年海南省、重庆市、陕西省和宁夏回族自治区的线路聚集程度较高，与青海省、西藏自治区相差较大，区域间畅通性有待继续提升（如图 3）。中老铁路将极大提升西部陆海新通道中国际联运铁路发展战略纵深，促进货源市场开拓及可持续性增长。就境内段而言，云南省、四川省等部分地区

仍受制于分布不均衡、落后、支撑力弱的铁路、公路及枢纽场站设施，难以发挥区位优势。在拓宽双边货源市场的同时，部分沿线地区关键运输承载能力将受到挑战。例如，黔桂铁路（贵阳－南宁）在重庆至贵阳段能力利用率达 83%，南昆铁路（南宁－昆明）在百色至威宁段能力利用率达 95%，新通道主要货运铁路利用率已接近饱和[①]。区域间铁路、公路非均衡分布将使得由重庆、成都等中心区域发出的货源列车出现阶段性重车积压，进而影响东盟方向上下行班列开行，进而削弱贸易增长动力。

此外，早期建设阶段受限于跨区域合作的一批重点铁路项目推进进程较为缓慢，如西线通道中的黄桶至百色路段尚未贯通，2023 年 3 月该项目获国家发展改革委批复，目前仍处于审核招标阶段。“南向通道”关键交通枢纽的薄弱使得西部部分腹地货源难以发挥区际大通道下公铁、海铁、铁铁等多式联运高效低成本优势，为未来西部陆海新通道发展规模，竞争水平高效提升带来负面影响。

2. 跨境交通物流节点不匹配，全流程标准化有待提升

最后，跨境交通物流节点同样存在明显短板。随着对外开放程度的逐渐加大，中老铁路跨境运输压力持续提升。境内外交通基础设施和运营体系难以实时匹配，影响通关效率。口岸方面，中老铁路沿线重要节点桃花村站和玉溪研和站尚不具备海关监管作业条件和功能；昆明王家营集装箱中心站货物运输需求压力增大，作业能力趋于饱和。与此同时，目前由于各国交通基础和技术水平差异，铁路轨距、车辆尺寸标准的不匹配直接影响老挝段站点向泰国、缅甸等国家实现低成本换装联运，且后期站点运营过程中维护、换装站扩张建设等工作将占用大量资金和人才，加重地方财政自给负担，易形成较大资金缺口；大化产业园区铁路专用线、铁路沿线大宗商品集散中心等建设项目进展缓慢，造成西部陆海新通道网络联通稳定性受到一定程度的削弱。中老铁路由于境内外运营主体差异，其昆明中心站与万象货场站监管沟通机制不畅，主体双方尚未形成统一利益主体，东盟国际物流园仅开设驻老挝万象办事处，造成企业在多式联运运输业务中难以获得全流程标准化物流服务。海外仓布局依然呈现小、弱、散态势，互联互通能力有待提升。

（二）区域间合作协调机制不完善

《西部陆海新通道总体规划》实施两周年来，“共建跨区域综合运营平台，持续发挥省际协商合作机制重要作用”，是满足西部陆海新通道高质量建设的必要路

① 谭庆红. 西部陆海新通道建设的机遇、问题及路径［J］. 社会科学家，2022（08）：88－95＋103.

径。然而，在通道纵深范围不断扩张的同时，西部陆海新通道在区域间协调和一体化运营层面仍处于摸索发展阶段。

1. 省际信息报送机制不健全，跨境数字化服务赋能不足

首先，省际信息报送机制相对滞后单一，且并非全部沿线省份参与区域综合运营平台建设，全地域辐射效应有限，难以高效汇聚通道要素禀赋。当前西部陆海新通道省际合作机制主要通过定期举行协商联络员会议和对接工作会来进行省际信息交流，处理跨区域运营过程中涉及的重难点问题。截至 2023 年 9 月，通道沿线 15 个省区市加入西部陆海新通道跨区域综合运营平台中有六个尚未设立陆海新通道区域运营公司。

其次，通道跨境数字化服务赋能不足。2022 年，西部陆海新通道运营中心上线“单一窗口”服务，极大限度对国内沿线省区市省市间物流信息进行整合，实现贸易环节全流程线上协同进行。但是除新加坡以外，多数东盟沿线国家都面临着资金和技术支持不足的问题，从而导致难以完成“单一窗口”等数字化服务建设。报检通关手续侧重人工办理，货物通关效率相对低下。境外数字化业务发展滞后，与东盟在跨境智慧物流、数字贸易等方面的数据确权标准共建尚未落实。目前仅与新加坡港务集团开展集装箱、船舶动态数据等八项核心数据共享，交换 29 万余条数据，制约通道新业态新模式增长效能①。

2. 国际合作机制仍需加强，行业规则标准尚需统一

最后，中老铁路的纳入进一步强调西部陆海新通道国际合作机制建设。随着 2022 年 RCEP 贸易协定生效以来，沿线省区市尚未与 RCEP 成员国建立多元协作机制。有关投资发展、贸易便利化、制度开放等政策措施呈碎片化、无序化分布在中国与东盟相关合作会议发布的各类规划文件中，当前与东盟国家行业规则标准尚需进一步明确统一。例如，法律监管层面，尽管中国与东盟签订《中国–东盟全面经济合作框架协议争端解决机制协议》以提供贸易争端机制保障，然而该协议尚未得到有效运用且并未常设争端解决机构，造成跨境铁路运输争端解决机制不健全。贸易便利化层面，中老铁路老挝分段存在部分运营管理混乱，关务办理程序和配套服务不成熟，价格缺乏统一定价，强制征收随意涨跌的保险费、货场吊装费等问题，对西部陆海新通道国际铁路联运造成潜在负面影响。

---

① 数据来源于http://sww.cq.gov.cn/zymyq/ywxx/dtyw/202204/t20220418_10630854.html。

三、中老铁路对西部陆海新通道高质量建设的发展建议

（一）推进通道集疏运体系协调完善

通道网络建设方面，进一步优化“中老铁路+西部陆海新通道”运输线路，助推西部陆海新通道高质量发展。首先，合理运用省际协商合作机制，全面梳理当前因历史原因而长时间悬而未决的未开工重大项目。在前期环节重新评估审核项目建设效益，以“一项一案”原则精准探测落实困难因素，提前介入协调各方尽快开工。对已开工项目要加快项目建设进度，提升投资完成率，鼓励加大招商引资工作力度并积极争取中央预算内投资专项资金，进而完善项目建设保障体系。

其次，明确当前西部沿线省市区沿线及东盟国家交通运输不均衡分布的短期现实，结合各种交通运输方式的优势特点，精准把握发展方向，逐步形成一体化交通基础设施网络，优化“中老铁路+西部陆海新通道”联通水平。积极推进沿线口岸等关键物流节点及附近铁路线路扩能改造工程，在已有线路基础上扩建平台或增建支线，减轻节点货物清关压力，提升国际联运铁路顺畅度。例如，加快国内攀枝花–昭通段，国外中泰、中缅铁路的规划建设工作，并对成昆、隆黄、成渝等重点铁路线路进行改造扩能，关注跨境高速公路网畅通建设，构建相互衔接、相互转换的多式联运模式。

最后，推动在老挝、泰国、缅甸等东盟国家设立相关区域运营公司，构建海外集散分拨中心，在中老铁路沿线设立境外还箱点，加快实现集装箱资源共享共用，提升境外货源集结能力。在此基础上，参照中欧班列运营实践经验，加强与国外知名物流企业合作，利用国内相关产业规模优势，建立国际化多式联运市场开发和客服团队，树立西部陆海新通道中老班列品牌。以市场需求为导向，满足沿线区域对贸易产品的运输需求。

（二）积极创新通道新业态新模式

1. 提高跨区域数字化运营服务能力，创新通道金融服务

为加快西部陆海新通道高质量建设，依托中老铁路班列，未来应侧重数字化、可持续发展视角合理构建新业态新模式。首先，提高跨区域数字化运营服务能力。积极发挥运营中心效能，整合沿线省份及海外办事处信息资源，聚焦物流、通关、税务、融资等环节接入实现全流程数字化转型。一方面丰富数据共享种类，实现

境内外风险信息、“经认证经营者”（AEO）互认、海关制度、政策和编码转换等数据信息共享，优化区域互联互通能力，简化企业办事手续；另一方面扩大参与主体范围，加快西部陆海新通道沿线各省市区与中老铁路、跨境公运、海外仓等国内外物流通道数字化平台联通，升级西部陆海新通道“单一窗口”功能建设。依托“中国－东盟信息港”等示范性项目，鼓励国内高新技术企业通过投资、技术支持等方式提升东道国数字化发展水平，构建沿线区域供应链数字化生态环境。

最后，创新通道金融服务。积极发挥西部陆海新通道金融服务联合体主体作用，在合规前提下鼓励国内外金融机构创新金融产品和业务形式。参与通道贸易金融，推动保理、担保、供应链金融、离岸金融等金融产品或服务创新，并应用于多式联运“一单制”金融服务、人民币融资结算等金融创新业务。

2. 总结项目绿色合作经验，增强国际绿色合作示范效应

深度总结中老铁路中绿色合作发展经验。基于“中国－东盟绿色使者计划”“中国－东盟清洁能源能力建设项目”等合作机制，通过共享低碳、环保技术和材料设计，推动新能源货运车辆应用；对于新兴项目建设坚持“碳中和”理念；优化通道沿线加注氢等新能源配套设施布局；开发市场化碳排放权、绿色电力等交易产品。在金融机构和国际组织协同合作下推进绿色和可持续发展的认证体系建设，设立西部陆海新通道跨境可持续发展认证标准从而对沿线产业链低碳环保发展起到示范作用。此外，在绿色投资方面，顺应《东盟全面复苏框架》中绿色发展趋势，理性看待东盟绿色资金缺口与西部陆海新通道绿色资金相匹配，完善绿色投资项目风险评估机制，积极联合多边金融机构和国际资本探索无追索或有限追索的项目混合融资模式，最大限度减少风险敞口。

参考文献：

［1］祁欣，刘玮，苑希，等. 国际陆海贸易新通道发展成效与建议［J］. 国际经济合作，2022，（6）：14－22.

［2］商务部国际贸易经济合作研究院. 2022年版对外投资合作国别（地区）指南——东盟［R/OL］.（2023－03）. http://www.mofcom.gov.cn/dl/gbdqzn/upload/dongmeng.pdf.

［3］谭庆红. 西部陆海新通道建设的机遇、问题及路径［J］. 社会科学家，2022，（8）：88－95.

［4］张晓君，胡劲草. 国际陆海贸易新通道跨境铁路运输规则现状、问题与完善. 国际商务研究，2020，（03）：67－75.

B.9
中老铁路对高质量共建“一带一路”的影响和发展建议①

摘　要： 中老铁路是中国和东南亚地区的重要交通联系纽带，也是“一带一路”倡议的重要组成部分。中老铁路的开通缩短了运输时间，降低了物流成本，加强了中老两国以及“一带一路”沿线国家在交通、贸易、旅游等领域的合作，推动“一带一路”绿色产业链供应链形成，吸引绿色投资，为其他“一带一路”合作项目树立标杆，提高“一带一路”沿线国家互联互通水平。本文在阐述中老铁路发展概况的基础上，从跨境贸易、绿色产业链供应链、人文交流、绿色投资以及合作经验这五方面分析了中老铁路开通对高质量共建“一带一路”的影响，并提出中老铁路促进高质量共建“一带一路”的建议，即打造铁路国际联运品牌、完善多方合作协调机制、促进贸易自由化便利化、注重可持续性发展，让中老铁路为高质量共建“一带一路”注入活力。

关键词： 中老铁路；“一带一路”；跨境运输；互联互通；可持续发展

一、导　论

老挝地处中南半岛中心，地形多山崎岖，交通不便，道路密度比东盟国家平均水平低 30%。受基础设施薄弱、自然条件等因素制约，老挝被联合国列为最不

① 执笔人：李思颖，对外经济贸易大学国际经济贸易学院；蓝庆新，对外经济贸易大学中老磨憨－磨丁经济合作与发展研究中心。

发达国家之一。中老铁路北起中国昆明，南至老挝万象，自北向南串联起中国普洱、西双版纳、磨憨以及老挝琅勃拉邦等地区，是未来泛亚铁路中线通道的重要组成部分，极大改善了老挝在东南亚地区的地缘依附状态，使老挝成为中国与其他东南亚国家互通互联的重要枢纽。中老铁路也是“一带一路”在东盟地区的示范性工程，带动“一带一路”高质量发展。

“一带一路”倡议既是中国扩大和深化对外开放的需要，也是在共商、共建、共享原则下实现亚欧非大陆互联互通，推动全球化的路径。东南亚地区国家在“一带一路”中具有举足轻重的地位，是中国对外贸易和投资的主要合作伙伴。从贸易规模来看，海关总署数据显示，如表 1 所示，中国对东南亚 11 国①贸易出口额从 2015 年的 27 739.54 千万美元飙升至 2022 年的 55 693.48 千万美元。2021 年东南亚地区成为中国最大的出口市场，其出口规模占出口总量的 15%。从投资规模来看，中国对东南亚地区国家的投资规模不断扩大，根据《2021 年度中国对外直接投资统计公报》数据，2021 年中国企业对东南亚 11 国直接投资流量为 1 973 934 万美元，占对“一带一路”沿线国家投资流量总额的 81.73%；直接投资存量为 14 038 235 万美元，占对“一带一路”沿线国家投资存量总额的 65.65%（见图 1）。

表 1　　2015 年—2021 年中国对东南亚 11 国出口额　　单位：千万美元

	2021 年	2020 年	2019 年	2018 年	2017 年	2016 年	2015 年
文莱	62.18	46.62	64.99	159.19	63.76	51.10	140.74
缅甸	1 029.17	1 254.75	1 231.10	1 054.78	894.85	818.87	965.09
柬埔寨	1 131.98	805.45	798.15	600.75	478.32	393.02	376.34
印度尼西亚	5 983.81	4 098.12	4 564.87	4 319.14	3 475.72	3 212.61	3 434.20
老挝	163.70	149.13	176.25	145.40	141.94	98.64	122.58
马来西亚	7 640.43	5 630.13	5 214.18	4 537.60	4 170.99	3 767.18	4 398.04
菲律宾	5 590.72	4 188.17	4 076.39	3 503.66	3 206.55	2 984.27	2 667.08
新加坡	5 406.98	5 762.61	5 479.85	4 904.26	4 501.91	4 451.17	5 194.24
泰国	6 822.92	5 051.42	4 558.48	4 287.87	3 854.09	3 719.50	3 829.08
越南	13 618.65	11 381.57	9 786.89	8 387.67	7 161.65	6 110.41	6 601.70
东帝汶	25.38	19.13	14.29	13.24	13.26	16.43	10.45
总额	47 475.92	38 387.11	35 965.44	31 913.57	27 963.03	25 623.20	27 739.54

数据来源：中华人民共和国海关总署。

① 东南亚 11 国：东帝汶、菲律宾、柬埔寨、老挝、马来西亚、缅甸、泰国、文莱、新加坡、印度尼西亚、越南。

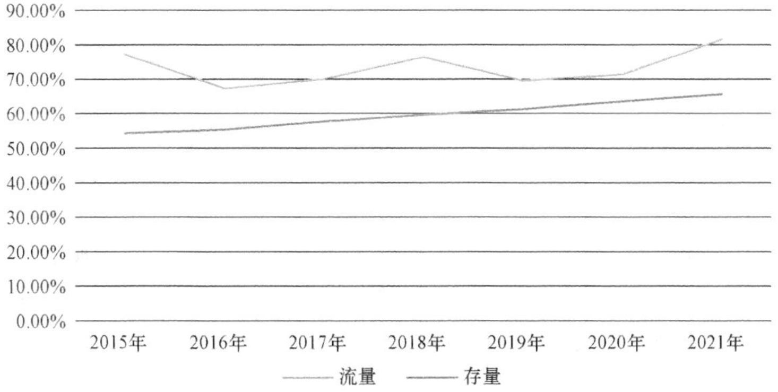

图 1　2015 年—2021 年中国对东南亚 11 国直接投资占对“一带一路”沿线国家投资总额份额

数据来源：《中国对外投资统计公报》。

通过“以线带面”的辐射效应，中老铁路也可以缓解我国与其他“一带一路”沿线地区交通不畅的瓶颈，便利俄蒙、西亚中东地区、中亚地区、南亚地区和中东欧地区国家之间的贸易往来和人员流动，带动周边区域经济社会发展，实现高质量共建“一带一路”。

二、中老铁路助力“一带一路”高质量发展

中老铁路不仅是连接中国和老挝的重要桥梁，也是共建“一带一路”国家间贸易、经济、文化的互通互联之路，为高质量共建“一带一路”提供了牵引力和推动力。

（一）中老铁路提升“一带一路”跨境贸易质量和效率

1. 中老铁路运输时效高

中老铁路开通前，由于老挝境内地形以山地高原为主，地势相对较高，道路密度低，交通基础设施落后，老挝每吨货物每公里的运输价格约为其他东盟国家的两倍[①]。中老铁路提供了一条高速便捷的路上铁路通道，其全长 1 032 公里，相对于传统的公路运输，铁路运输更为迅速，货运列车全程通运仅需 30 小时，这有助于缩短货物滞留时间，提升贸易效率。

① 徐旌，张猛，唐娇. 中老铁路——高质量共建“一带一路”的标志性工程［J］. 云南地理环境研究，2021，33（06）：67－72＋80.

世界银行《从陆锁国到陆联国，解锁中老铁路连通性的潜力》报告中指出，中老铁路的开通有助于老挝加强自身基础设施建设，降低了运输成本，昆明和万象之间的陆地运输价格最多能降低至原来的一半。运输成本的下降将提升贸易规模和价格竞争力，减少运输过程中的货物损失和事故风险，丰富供应链管理选择，提高跨境贸易质量，促进中国与老挝乃至其他"一带一路"沿线国家间的贸易往来。据世界银行预测，2016 年中国和老挝之间的贸易量为 120 万吨，预计到 2030 年将增至 370 万吨。2016 年，中国与泰国、马来西亚和新加坡之间的总贸易额为 4 040 万吨，其中仅有 200 万吨通过老挝进行陆地运输，预计到 2030 年通过老挝的过境贸易将达到 390 万吨。

2. 中老铁路运输能力强

据昆明海关统计，2023 年上半年以来，中老铁路进出口货运量达 214.6 万吨，同比增长 194.4%；自 2021 年 12 月 3 日中老铁路开通运营至 2023 年 8 月 31 日，昆明海关累计监管验放中老铁路进出口货运总量达 512.31 万吨。货运品类从开通初期的化肥、橡胶等 100 余种，拓展至电子、光伏、通信、汽车、果蔬、鲜花等 2 000 余种[①]，仓储物流、冷链运输等新业态加速发展。中老铁路运输网对内已联通 31 个省（区、市），对外辐射至老挝、柬埔寨、泰国、新加坡等"一带一路"国家和地区，跨境货物运输能力迅速提升。

3. 中老铁路通关效率高

为保障货物快进快出，促进外贸创新发展，提高中老铁路货运便利水平，昆明海关推出了 18 条优化营商环境举措，制定了 13 项通关便利化措施，认真践行"智慧海关、智能边境、智享联通"的"三智"理念[②]，强化与各部门以及共建"一带一路"国家海关间的沟通交流、互联互通和实时协作，通过配备先进的铁路集装箱检查设备，优化关务和检验检疫流程，有效确保精准查验、快速放行，减少贸易的行政障碍，降低时间成本。

2022 年 5 月，中老班列迈入双向"铁路快通"时代。"铁路快通"即"铁路进出境快速通关"模式，是海关总署针对铁路运输集装箱货物推出的创新监管作业模式，使中老铁路进出口整体通关时间较开通初期节省一半以上。在"铁路快通"模式下，海关、企业、铁路部门三方可互联共享物流数据，进行信息匹配的闭环式管理，实现了海关对铁路仓单电子书举报无纸化审核、放行、核销，既降低了企业运营成本又提高了通关效率，以达到提高境内段铁路进出口货物转关运

---

① 林子涵. 中老铁路打通一条开放合作"黄金路"[N]. 人民日报海外版，2022-08-16（010）.

② 罗珊珊. 开辟更为便捷的运输通道[N]. 人民日报，2023-08-30（017）.

输通行效率和便利化水平的目标。

4. 中老铁路辐射范围广

中老铁路是主动融入和服务"一带一路"倡议推进中国与周边国家互联互通的重要基础设施，也是未来泛亚铁路中线的关键组成部分①。中老铁路向南联通泰国、马来西亚、新加坡等东盟国家，绕过马六甲海峡打通了中国与柬埔寨和泰国等国家的地理隔阂。由点连线，织线成网，中老铁路的开通对中南半岛经济发展产生了广泛影响。中老铁路万象南站换装场于2022年7月1日正式建成并投入使用，其位于中老铁路万象南站到发场和万象既有米轨铁路塔纳楞站之间，将中老铁路北与中国铁路网接通，南与泰国米轨网相连。这将缩短中国昆明至泰国林查班港的运输时间，使运输成本降低至少20%，预计每年将吸引来自泰国的30万吨以上农副产品和橡胶等跨境货物通过中老铁路销往沿线地区。

此外，中老铁路还可在东盟至俄罗斯、中亚、欧洲、美国等线路上提供运输服务。在中老铁路开通以前，东盟国家与俄罗斯之间通常采用海运和海运转铁路运输两种传统方式。中老铁路使东盟国家对俄罗斯的进出口货物全程通过铁路运输，大幅节省运输时间，降低运输风险。中亚五国地处亚欧大陆中部，距海较远，因此陆上铁路运输是中亚五国对东盟进出口贸易运输的主要选择。中老铁路的开通将加强中亚与东盟之间基础设施互联互通，便利了中亚至东盟的进出口货物运输，促进了沿线外贸发展。"中老铁路+中欧班列"模式形成了一个泛亚泛欧物资通道。东盟国家的货物可以通过中国、哈萨克斯坦、俄罗斯、白俄罗斯等国的铁路，转入欧盟铁路枢纽波兰马拉舍维奇站，最后到达德国、法国、比利时、意大利等欧洲国家，从而实现东南亚至欧洲大陆的全程铁路运输，可以节约物流时间15至20天，并且节省运费成本超过20%。在东盟至美国的过境运输线路中，往往需要采用铁路和水运相结合的方式，港口拥堵问题增加了运输过程中的不确定性和风险。而若采用中老铁路运输将东南亚地区的货物运至上海港、宁波舟山港，再利用海上运输将货物直接运达美国西海岸，那么平均运输时间最多能缩短二分之一②。由此可见，中老铁路这一"黄金线路"区域聚集和辐射带动作用持续增强，为"一带一路"沿线地区经济社会高质量发展注入强劲动力。

---

① 马剑峰. 中老铁路沿线产业发展研究 [J]. 学术探索，2023 (03)：86-90.

② 魏贤弟. 链接新形态 合作新动能 中老铁路释放跨境运输红利 [J]. 中国航务周刊，2022 (17)：33-35.

（二）中老铁路推动“一带一路”绿色产业链供应链形成

中老铁路提供了高效的物流通道，将中国的制造业产品和老挝等“一带一路”国家的资源优势有机结合起来，实现产业链、供应链的深度融合，促进产业升级和价值链提升，引领“一带一路”绿色产业链供应链建设。

首先，中老铁路作为一种低碳交通方式，相对于传统的公路运输和航空运输，具有更低的碳排放和能源消耗。铁路运输可以减少整个供应链中的温室气体排放和降低对环境的影响，有助于推动绿色产业链供应链的形成。其次，中老铁路的建设和运营可以促进清洁能源的应用和推广，相关基础设施和设备正在覆盖越来越多的清洁能源技术，减少对传统能源的依赖，有效降低了供应链中的碳足迹，推动绿色产业链的形成。中老铁路的开通加强了物流和供应链的连接，将中国的制造业产品和老挝等东南亚国家的资源优势有机结合起来，实现产业链、供应链的深度融合，促进产业升级和价值链提升，引领跨国绿色产业链建设。同时，中老铁路的低碳特性将为其他国家提供有益借鉴，促使沿线国家在生产和加工过程中更加注重环境保护，采用环境友好的技术和工艺，减少污染物排放和资源消耗，提高产品的环境友好性。最后，中老铁路促进了可持续发展的标准和认证在供应链中的应用，促使“一带一路”沿线国家和企业重视绿色供应链管理，深化绿色发展理念，使供应链中的企业最大限度降低产品和服务对环境造成的影响并承担各自的社会责任，推进绿色和可持续发展的认证体系，确保产品的可追溯性和环境友好性①。中老铁路作为中国“一带一路”倡议的重要组成部分，还将促进区域间的合作和技术转移，沿线国家可以分享绿色技术，共同推动绿色产业链和供应链的发展，通过合作与创新提高整个供应链的绿色化水平。

（三）中老铁路加强“一带一路”人文交流合作

中老铁路的开通也促进了中国与“一带一路”沿线国家的人文交流和旅游业发展，加深了各国人民之间的感情纽带，推动了互联互通的发展。2023 年 4 月，中老铁路昆明南站、万象站双向对开国际旅客列车，实现昆明至万象当日通达，截至 2023 年 8 月 31 日，已有 53 个国家和地区的 5.9 万名旅客乘坐动车实现跨境旅行。

中老铁路推动了“一带一路”知识技术共享。中老铁路建设筹备期间及开通后，中国多次开展对老挝相关产业人员的培训活动。对中老铁路老挝籍员工进行

① 汤莉. 中国东盟共赴一带一路“绿色”之约［N］. 国际商报，2023－07－11（003）.

理论与技术培训，有助于提升老挝相关产业的人才素质和技术水平。通过培训，中国可以向老挝传授先进的技术、管理经验和行业标准，提高老挝本土产业人员的专业能力和竞争力，增加就业机会，促进人才流动。这将推动老挝相关产业的发展，促进产业升级和技术创新，增加老挝参与共建“一带一路”合作的机会，为其经济增长提供支持。此外，中国对老挝相关产业人员开展培训活动也有助于加强中老两国之间的人文交流和友好关系，促进文化交流和民间合作，加深中老两国人民之间的感情纽带，为双边合作和区域合作搭建更加坚实的基础。中老铁路的开通也促进了“一带一路”沿线国家之间的教育和学术交流。学生、教师和研究人员可以更方便地进行跨境的学术研究、交流访问和合作项目，极大地促进了知识交流和创新，促进了教育合作和学术进步。

中老铁路带动了“一带一路”旅游业发展。中老铁路的开通便利了各国人民进行跨国交流、旅游和文化交流等活动，有助于增进各国人民的友谊和互信，推动文化多样性和文化交融。中老铁路的运营促进了“一带一路”国家之间的人员流动，增加了不同文化背景的人们交流合作的机会，加深了对彼此的认知和理解。此外，中老铁路沿线有丰富的文化遗产和旅游资源，但老挝和一些东盟国家的国际交通基础设施并不完善。中老铁路的开通将促进文化旅游业的发展，吸引更多的游客探索沿线国家的历史、文化和自然景观。再次，中老铁路将促进一些亚洲城市成为亚欧物流中心。作为重要的陆上交通枢纽，沿线城市可以发展物流、仓储、跨境贸易等相关产业，提供全方位的物流服务。这将吸引更多的投资和企业进驻，促进城市的发展和就业增长，打造亚欧物流合作的重要节点。

（四）中老铁路带动“一带一路”绿色投资

中老铁路项目获得中国和老挝政府的大力支持，享受了包括资金投入、土地使用权、税收减免和相关许可等方面的支持和一系列优惠政策。由于老挝经济发展相对滞后，中国努力探索方案让老挝减少贷款，提高中老铁路的成本效益。最终老挝政府向中国借款 6.3 亿美元作为中老铁路项目的启动资金，项目建设投资总额约 59 亿美元，中国出资占股 70%，老挝占 30%①。

中国人民大学重阳金融研究院发布的《“一带一路”背景下中国东盟绿色发

① 孙乙丁，孙帆，朱资岳等. 中老铁路特许经营模式下内部审计优化研究［J］. 铁道运输与经济，2022，44（12）：126－131.

展：以中老铁路为例》研究报告指出，中老铁路项目为其他“一带一路”绿色合作积累了投资经验，合作项目采用多元化的投资方式可以满足不同投资者的风险偏好和投资需求。此外，为了吸引投资并提高项目的可持续性，可以建立利益共享和风险分担机制，确保项目投资者在分享项目经济收益的同时也承担项目运营过程中相应的责任和风险。

中老铁路为“一带一路”绿色发展带来了更多潜在市场和商业机会。作为关键交通枢纽，中老铁路便利了“一带一路”国家间的货物运输、物流和贸易流通，为沿线地区和国家投资者提供广阔的市场和商业机会。同时，中老铁路项目相关法律政策完善，为相关国家和地区投资者在保护投资者权益、维护合同法律地位和解决争议方面提供法律保障和信心，鼓励他们参与中老铁路后续的其他项目和活动。

（五）中老铁路树立“一带一路”合作标杆

中老合作重视基础产业。老挝是东南亚唯一内陆国，地形多山地高原，种种因素导致其交通基础设施发展滞后，严重制约工业化进程，经济社会发展缓慢。基础设施互联互通作为重要介质，使国际投资为合作国家带来了催化剂效果，这是“一带一路”高质量发展的重要体现。亚洲开发银行的研究表明，内陆国家的基础设施贸易成本下降10%时，其出口量将增加20%。中老铁路与中老高速铁路、澜沧江湄公河通航建设等基础设施将极大改善老挝基础设施建设落后情况，发挥老挝地理优势，带动其经济和社会全面发展①。据世界银行预测，中老铁路的开通以及后续与其他东盟国家的基础设施互相联通，将促进老挝人民的整体收入增长3.1%至13%，长期来看，中老铁路有望促进老挝GDP增长21%。这将为其他“一带一路”合作项目提供指引，“要想富，先修路”，通过基础设施建设合作，为各国带来新的发展机遇。

中老合作重视环境保护。中老双方考虑多方面因素，针对老挝地理环境、经济条件、安全需求等方面设计出一条绿色可持续发展之路。老挝是亚洲自然资源最丰富的国家之一，中老铁路沿线地区是森林植被茂密的动植物天堂，有“地质博物馆”之称，地质结构复杂，地形起伏较大。中国设计人员坚持合理、经济、环保的原则，避开了各类自然保护区核心区、缓冲区和环境敏感点，研究设计了60多个修建方案，并在修建过程中采用环保技术和措施，以最大限度地

---

① 蓝庆新. 中老铁路推动“一带一路”建设走深走实［J］. 丝路百科，2022（01）：15－16.

减少沿线铁路建设对生态环境的影响。这将为其他“一带一路”合作项目提供借鉴，鼓励在项目过程中使用绿色低碳的材料和技术，降低工程对周边生态环境的影响。

中老合作重视协商合作。中老铁路项目筹备期和修建期，中国和老挝目标协调一致。修建中老铁路对接了助力“一带一路”倡议和老挝“变陆锁国为陆联国”战略，与老挝的发展目标相一致。其他国家和地区可以借鉴中老铁路在项目规划、合作模式、资金筹措、技术创新等方面的做法，提高项目的效率和成功率。同时，在中老铁路建设过程中，中国还与老挝周边国家进行紧密协调合作，促进区域合作和发展。

三、中老铁路促进“一带一路”高质量发展建议

（一）注重中老铁路品牌建设，打造专业多式联运体系

打造铁路国际联运品牌。在为进出口生产企业、进出口物流及商贸企业提供传统功能性服务的同时，还要提供专业一体的高质量物流服务，发挥国际联运的品牌优势和规模优势；应注重培养和引进受过专业训练的物流从业人员，组建具有专业技术能力的服务团队“7×24 小时”为客户提供高效准时的服务；应提供公共物流服务平台，保证客户能够实时了解货物运输过程，提高运输过程透明度，增强顾客信任度；最后，应以客户为中心，降低物流成本和运营成本。

加强构建多式联运体系。中老铁路开通国际联运将为共建“一带一路”国家间经贸活动注入活力，国际联运涉及种类更多、规模更大的货物，与多国企业客户展开合作，出现运输条件、运输方式、客户需求不一等情况，增加运输的风险和不确定性。一方面，构建港口和口岸之间的综合运输通道，深化“一带一路”沿线国家间国际物流合作，优化列车作业时间，加强不同运输方式间的高效衔接，协调海关、铁路、企业等部门工作，推进跨国物流通道建设，满足不同客户多样化运输需求，提高国际联运通道多式联运效率。另一方面，构建国际多式联运电子商务平台，保障国际联运通道多式联运的信息交流，提高信息透明度，“一带一路”沿线国家可利用数据挖掘和空间分析技术对多式联运进行分析检测，为相关

部门决策及制订发展规划提供基础依据[①]。

拓展中老铁路货运市场。要与周边国家和地区加强合作，建立贸易走廊和物流中心，打通货物流通的网络，鼓励企业开展多元化贸易，拓展贸易种类和目的地，增加中老铁路货运市场的供需多样性，推动更多的商品和服务在区域内流通。结合实际增加中老列车发车频次，服务“一带一路”建设的国际化交通物流，实现互利共赢。

（二）完善多方合作协调机制，拓宽“一带一路”国家交流渠道

提升政策沟通水平，交流发展经验。一要加强“一带一路”沿线国家间沟通合作协调机制，共同推进“一带一路”沿线国家间合作规划和政策，共同商讨和解决合作中的问题和矛盾，为后续区域内大型建设项目的交流合作提供政策支持。二要加强“一带一路”沿线国家基础设施发展规划需求对接，加强各方之间基础设施领域沟通调研，全方面把握需求，吸引绿色投资，有针对性地建设并完善基础设施联通项目，解决“一带一路”沿线国家交通运输不畅问题，坚持利益共享原则，让其他国家民众感受到“一带一路”所带来的利益，推进构建人类命运共同体[②]。

促进民心民意相通，深化人文交流。据磨憨出入境边防检查站统计，中老铁路客运开行百日，磨憨铁路口岸共计查验客运列车 200 列次，验放来自世界六个大洲 49 个国家和地区的出入境旅客共计 41 735 人次[③]。要充分发挥中老铁路客运便利优势，加强“一带一路”沿线国家智库、工商界、教育机构、旅游等渠道的交流，共同构建“一带一路”智库联盟，深化各国高校的教育培训合作，使“一带一路”沿线国家切实感受和共享中国的发展经验和成果，享受到“一带一路”带来的实际利益，增进沿线国家人民的相互了解，夯实共建“一带一路”的民意基础。

建设物流电商平台，加强信息共享。一是构建中老铁路跨境电商公共物流服

① 陶檣.“一带一路”倡议下中老铁路国际联运通道物流发展探讨［J］. 铁道货运，2017，35（10）：20－24.

② 蓝庆新. 中老铁路推动“一带一路”建设走深走实［J］. 丝路百科，2022（01）：15－16.

③ 吴洁，黄远飞，卫海林. 磨憨铁路口岸验放出入境旅客超 4 万人次［N］. 昆明日报，2023－07－24（001）.

务，共同制定"一带一路"国家多式联运信息共享及数据传输交换标准。要充分利用物联网、云计算、大数据等先进技术，搭建集铁路、公路、港口等运输节点的供需信息发布、在线交易、路线优化、政府监管、政策发布功能为一体的国际联运物流平台，提高多式联运信息透明度，加强信息化建设，使各国企业能够及时把握相关信息和政策，助力跨境物流发展。二是打造"互联网+"服务模式，为对跨境链条不熟悉、资质能力有限的企业提供需求提报、信息查询、网上交易等"一站式"线上服务，高效解答跨境电商业务流程中的疑问，为客户提供多样化信息服务产品，提高中老国际多式联运一体化服务能力，为中老乃至"一带一路"国家跨境电商进出口业务提供服务保障①。

（三）促进贸易自由化便利化，加强风险预警和处置能力

加强铁路口岸建设，提高海关通关效率。一要进一步简化通关程序，加强关检合作，减少企业通关所需的申报检验次数。二要推进口岸扩能改造，增加口岸运输量，提高口岸运输能力。三要分类审核进出口货物，高风险货物重点审查，低风险货物快速放行，实现海关高效运转和有效监管。四要加强口岸与各地政府间协调配合，提高口岸服务质量和工作效率。五要加强口岸信息化建设，建立电子申报、电子转关和电子放行系统，加强各部门网上服务能力，同时建立口岸电子信息平台，实现各部门之间信息实时交流共享，增强部门之间配合协调，降低通关成本和运营成本，提高通关效率②。

构建公正、合理、透明的国际经贸投资规则体系，重视经济合作区建设。促进"一带一路"国家间生产要素有序流动、资源高效配置、市场深度融合③，逐步推动沿线国家提高贸易参与能力，减少非关税贸易壁垒，降低交易成本，加快产业结构升级，实现工业化，促使共建"一带一路"国家更深地参与到国际经济体系中。发挥集群式发展的外部规模效应，深入开发共建"一带一路"沿线国家资源和投资基础设施运营、绿色经济和数字经济等领域，推动中老共建数字"一带一路"和绿色"一带一路"。

---

① 王耕捷. 中老铁路国际联运物流发展对策研究［J］. 铁道运输与经济，2017，39（11）：1-4.

② 陶樯."一带一路"倡议下中老铁路国际联运通道物流发展探讨［J］. 铁道货运，2017，35（10）：20-24.

③ 殷文贵. 共建"一带一路"高质量发展的经验启示与未来展望［J］. 西安财经大学学报，2023，36（03）：87-97.

四、结　语

中老铁路是中国和老挝在"一带一路"倡议框架下开展的基础设施合作项目，极大提升了中老贸易便利度以及东盟与"一带一路"沿线国家地区的互联互通程度，加快"一带一路"沿线的要素流动和人员流动，深化环保合作，共践绿色发展理念，为国家间的合作项目提供成功经验，推进构建人类命运共同体和高质量共建"一带一路"进程。为了充分发挥中老铁路优势，最大化中老铁路效益，应加强中老铁路品牌建设，打造专业高效的物流服务团队，保障物流畅通，加强国家间政策沟通、民意相通、信息共享，促进贸易自由化、便利化，增加"一带一路"沿线国家和地区的合作机会，推动共建"一带一路"高质量发展。

Ⅳ　社会文化篇

Social and Cultural Reports

B.10
中老铁路对国际旅游合作的影响和发展建议①

摘　要： 中老铁路是高质量共建“一带一路”的标志性工程项目，随着中老旅游合作进入高速发展期，中老铁路将对国际旅游合作产生重要影响。中国和老挝两国地理邻近、人文相通，经贸往来和文化交流日益密切，“一带一路”倡议与老挝“陆锁国”变“陆联国”国家战略深入对接，为两国旅游合作奠定了深厚基础。中老铁路不仅能够促进边境旅游合作，还能够加强中国与东南亚国家的旅游合作，打造亚洲命运共同体。然而，依托中老铁路开展旅游合作仍面临中老旅游路线缺乏市场竞争力、旅游资源开发力度不足、旅游服务体系尚不健全等现实困境。为此，大力发掘并宣传中老旅游路线和旅游产品，培养国际化旅游人才，创新国际旅游合作模式，对于发挥中老铁路交通优势，加强中国与东南亚地区的国际旅游合作具有重要意义。

关键词： 中老铁路；旅游合作；边境旅游

一、中国和老挝旅游合作基础

（一）中国和老挝旅游合作发展历程

中国和老挝山水相连，长期以来保持友好的邻邦关系。中老两国于 1961 年正式建交，20 世纪 70 年代末到 80 年代中期两国关系出现过短暂曲折，随着国际形

---

① 邓慧慧，对外经济贸易大学国际经济研究院；周梦雯，对外经济贸易大学国际经济研究院；支晨，对外经济贸易大学国际经济研究院；胡琳娜，对外经济贸易大学国际经济研究院。

势变化，1989年以来中老全面恢复伙伴关系，中老两国经贸合作、人文交流开启新篇章，在国际和地区事务中密切协调与合作，为中老旅游合作奠定了良好的基础。从1989年至今，中老旅游合作大致经历了起步期、成长期和高速发展期三个阶段。

1. 1989年—1999年：中老旅游合作的起步期

1989年，中国和老挝两国关系全面恢复和发展，双方在政治、经济、军事、文化等领域不断深化交流与合作。1990年12月，中国国务院总理李鹏正式访问老挝，中老友好邻邦关系正式开启。1991年—1992年，中老两国开始探索旅游合作路线和合作方式，首先将湄公河确定为旅游资源开发对象，确定了上游的18个旅游景点，随后推出“勐腊（中国）–南塔省（老挝）一日游”旅游产品，考察中国昆明到老挝万象的空中旅游航线，成为中国老挝两国旅游合作的开端。1993年，我国正式开通磨憨–磨丁国家级口岸。1994年，老挝放宽旅游限制，不再限制海外游客。1996年，中老签署《旅游合作协定》，中老旅游合作有了政策依据。1998年，中国提出“次区域经济走廊”战略构想，其中“昆明–会晒–曼谷”包含在内，极大促进了中老旅游合作。在中老旅游合作起步期，两国对出入境的限制较多，旅游项目开发刚刚起步，旅游路线尚不成熟。

2. 2000年—2008年：中老旅游合作的成长期

2000年中国国家元首首次访老，对于中老两国具有里程碑意义，在此期间两国发表了《关于双边合作的联合声明》，确定发展两国长期稳定、睦邻友好、彼此信赖的全面合作关系。2006年，中国国家元首再次对老挝进行国事访问，推动中老关系不断迈上新台阶。国家领导人政治访问活动为两国旅游合作开展提供了政治基础和坚定信心。2002年，云南西双版纳州与老挝琅勃拉邦省结为友好州省，促进了两个地区之间的旅游合作，同时中国与老挝签订了《银行或货币双边合作协定》，两国游客货币兑换更加便捷。2003年，中老缅泰四国提出“澜沧江–湄公河水上旅游项目”，旅游项目更加多样化。2008年，中老签订《旅游合作意向协定》。这一期间中老旅游合作稳步发展，依托两国旅游资源开发更多旅游产品，旅游便利化程度也不断提升。

3. 2009年至今：中老旅游合作的高速发展期

2009年，中老关系提升为全面战略合作伙伴关系，中老关系的全面发展与提升为中老旅游合作创造了有利条件，两国旅游合作不断取得新突破。一是中老旅游交通便利化程度持续提升，曼昆公路正式开通，2021年中老铁路正式开通，中老铁路客运量和货运量持续增长，成为促进区域经济发展的黄金大通道，中老两国游客可乘坐中老铁路旅游。二是中老双方有很强的旅游合作愿景，中国“一带一路”倡议提出，老挝高度重视旅游业发展，旅游业是老挝第二大支柱产业，成为中国开展“一带一路”沿线旅游合作优先发展的伙伴。三是中老旅游合作产品不断丰富，先后打造了多个旅游项目，开通了多条旅游线路，出入境手续不断精简，跨境货币兑换愈发方便。这一时期，中老旅客数量不断增加，中老旅游合作有了突破性进展。

（二）中老旅游合作的基础

一是中老两国地理邻近、人文相通，是中老旅游合作开展的基础。中国云南省与老挝交界，分别是江城县、景洪市和勐腊县与老挝北部丰沙里省、朗南塔省、乌多姆塞省有长达 500 多公里的边界线。在中老边境交界地区建有多个口岸和内陆港，其中磨憨口岸是国家级陆路口岸，是中国通向老挝的重要节点城市，是与老挝磨丁口岸联通的重要通道，也是中老铁路在中国境内的最后一站。地理相邻与节点相通为中老旅游合作创造了契机、提供了便利。再者，两国交界区民间交往密切，居民长期保持友好交流，也出现了多个跨境民族，为中老旅游合作提供了丰富的旅游文化资源。

二是中老经贸联系和文化交流为旅游合作发展创造了良好条件。多年来我国长期稳定的发展局势吸引了全球各国开展友好经贸往来和文化交流互鉴，与老挝的经贸往来不断密切，文化交流不断深入。2022 年，中国与老挝双边贸易总额达到 57.29 亿美元，创历史新高，其中中国从老挝进口额为 33.6 亿美元，中国对老挝出口额为 23.7 亿美元，双边贸易额与 1992 年相比增长近 170 倍[①]。中国与老挝人文交流发展迅猛，2012 年云南新知集团在老挝开设最大的华文书店，2017 年起在老挝举办中国图书巡回展，2019 年老挝在中国的留学生约为 1.5 万人，在全球排名第八[②]。在经贸往来和文化交流持续密切的背景下，中老旅游合作迈向新的台阶。

三是“一带一路”倡议成为中老旅游合作开展的“加速剂”。中国提出“一带一路”倡议，老挝也提出从“陆锁国”向“陆联国”转变的国家战略，两个国家的战略相结合能够促进“双赢”。随着中老铁路等“一带一路”项目落地，中老两国的交流更加便捷，两国人员往来和多方合作的交流成本更低，中老互联互通实现跨越式发展。同时，中国－东盟自由贸易区的建设也为中老交流合作提供便利。在此基础上，强化两国旅游合作，打造优质旅游产品，能够大大促进两国经济发展和增进人民福祉。

① 数据来源于 CEIC 数据库。

② 数据来源：https://m.thepaper.cn/baijiahao_12396887。

四是中老旅游业都发展迅速，为两国旅游合作提供了现实基础。从中方来看，云南省 2021 年游客总人数达到 64 902.59 万人次，其中入境游客 9.03 万人次，根据疫情前 2019 年的数据来看，云南省游客总人数高达 80 716.79 万人次，其中入境游客 1 484.93 人次[①]。与老挝相邻的西双版纳州是旅游的热门地区，也是云南主要吸引游客的城市。从老方来看，2022 年琅勃拉邦省游客数量是 28.08 万人次，与疫情前 2019 年的 22.19 万人次相比有大幅提升，乌多姆塞省 2022 年游客人数是 17.31 万人次，与疫情前 2019 年的 11.21 万人次相比提高了超过 50%[②]，老挝的旅游业发展迅速，成为第二大支柱产业。中老边境地区的旅游资源丰富，有助于双方旅游资源共享、市场共建、游客互送，为双方开展旅游合作提供了重要的现实基础。

二、中老铁路对国际旅游合作的影响

中老铁路 2021 年 12 月正式开通并全线通车运营，首年发送旅客数量达 850 万人次，是高质量共建“一带一路”的标志性工程，2023 年 4 月中老铁路跨境旅客列车正式通行，云南昆明与老挝万象当日通达，对于深化中老旅游合作、发展边境跨境旅游、加强与东盟地区的旅游合作带来了新的机遇。

（一）中老铁路不断深化中老旅游合作关系

中国和老挝旅游合作越来越密切，2019 年中国文化和旅游部与老挝新闻文化旅游部在万象共同举办“中老旅游年”活动，2019 年万象瓦岱国际机场接待中国游客 100 万人，中老旅游合作取得巨大成绩。2023 年 1 月 20 日中国文化和旅游部宣布自 2 月 6 日起，将试点恢复全国旅行社及在线旅游企业经营中国公民赴老挝等 20 个有关国家出境团队旅游和“机票 + 酒店”业务，老挝也积极准备迎接中国游客。在中老铁路建成之前，中国和老挝游客往返两国多数是乘坐飞机，也有部分旅客选择国际班车，而老挝境内只能通过汽车通行，交通不便是制约游客出行的最大因素。中老铁路开通后，为往返中国和老挝的旅客提供了便捷、安全、快速、舒适的交通方式，大大改善了交通条件，降低了跨境出行门槛，提高了旅客运输能力，成为两国游客往来的“大动脉”。中老铁路开通首月发送来自 28 个

---

① 数据来源：《云南省统计年鉴》。

② 数据来源于 CEIC 数据库。

国家的跨境旅客 1.33 万人次[①]，充分展示了跨境客运能力，对中老旅游合作具有很大的推动作用。

近年来，老挝旅游业快速发展，2019 年老挝旅游收入高达 934.71 百万美元，成为第二大支柱产业，受新冠疫情影响，旅游收入大幅降低，2021 年降低至 0，2022 年恢复至 264.51 百万美元，与 2020 年相比提高 51.14 百万美元[②]，说明中老铁路的开通极大促进了老挝旅游收入恢复和提升。中老铁路也将促进中国公民赴老旅游，2023 年 1 月—4 月有超过 20 万中国游客到老挝旅游[③]，万象时报社论提出，"中老铁路将对旅游业有重大推动，中国云南省及周边地区近 1 亿人表达出希望通过铁路去老挝及周边国家旅游"。便捷的交通基础设施是促进旅游合作的重要前提，目前中老铁路开通时间尚短，从长期来看中老铁路将对两国旅游合作带来极大推动作用。

（二）中老铁路对边境旅游合作有巨大提升能力

发展边境旅游能够促进边境地区经济发展，强化国际文化交流和人员流动，维持边疆安定稳固。中国和老挝有较长的边境线，边境附近有丰富的旅游资源，中老铁路开通能够极大促进边境旅游合作发展。《西双版纳州国民经济和社会发展统计公报》公布的数据显示，2022 年西双版纳州接待游客 4 782.93 万人次，较前一年增长 36.6%，旅游总收入达到 606.98 亿元，增速为 36.2%，西双版纳州旅游资源丰富，吸引大量国内外游客前来游玩。同时，中老边境多家旅行社都具备中老边境旅游资质，能够提供边境旅游服务，为游客在边境旅游提供极大便利。中老铁路开通后，云南省最南端的磨憨是中老铁路在中国境内的最后一站，在 2023 年春节期间和国庆期间迎来跨境游高峰，1 月—3 月日均出入境人员超 5 100 人次，出入境旅客超过 25 万人次[④]，国庆期间昆明到老挝万象的国际旅客列车双向运行都几近满员，成为众多游客出行的首选。中老铁路建设以来，中老边境游路线不断丰富，旅游产品也不断挖掘，老挝旅游以寺庙和原生态自然风光为主，琅勃拉邦省的普西山、香通寺，乌多姆塞省的大象公园、瀑布，都成为中老跨境旅游的热门景点，带动了两国边境地区旅游产业复苏和发展，同时也对其他地区产生了较强的辐射带动作用。

---

① 数据来源：https://baijiahao.baidu.com/s?id=1766755247000380230&wfr=spider&for=pc。

② 数据来源于 CEIC 数据库。

③ 数据来源：https://baijiahao.baidu.com/s?id=1768098250755437717&wfr=spider&for=pc。

④ 数据来源：https://baijiahao.baidu.com/s?id=1761057688808753032&wfr=spider&for=pc。

（三）中老铁路大力推动中国与东南亚地区旅游合作

中老铁路在连接中国和老挝之外，还会对东南亚地区产生辐射带动效应，尤其是泰国、越南、柬埔寨、马来西亚等国家，不仅能够促进中老国际旅游合作，还能进一步深化澜沧江－湄公河国家旅游合作，加速推进亚洲命运共同体。云南省提出要建设成为我国面向东南亚人文交流中心和世界知名旅游目的地，中老铁路将会助推此目标的实现，泰国本就是我国游客出境游的优选目的地，在中老铁路开通后在“坐着火车去老挝”的基础上，不断扩展旅游路线，延伸至泰国部分地区，推出“中老泰三国游”项目，这极大促进了我国同东南亚国家的旅游合作和人文交往。与此同时，云南省也积极利用旅游资源，吸引其他国家的游客入境云南旅游，在此基础上前往与云南邻近的西南地区其他省市旅行。云南昆明与泰国廊开相距 1 200 多公里，过去从廊开到中国旅游要跨越三个国家，需要一天多的时间才能到达，中老铁路开通后，从泰国廊开到老挝万象仅需 15 分钟的火车，转乘中老铁路“澜沧号”四个小时就能到达磨丁口岸，通关后乘坐中老铁路“复兴号”一小时抵达西双版纳，中老铁路成为东南亚地区跨境旅游的“黄金通道”。此外，中国－东盟自由贸易区合作逐步深化，有利于将产业链从经贸领域延伸至旅游合作，与中老铁路优势叠加，实现国际旅游资源互补与合作，促进旅游经济共同发展。

三、依托中老铁路开展旅游合作的现实困境

中老铁路作为推进“一带一路”高质量建设的重要内陆交通，不仅能有效带动老挝当地的经济社会发展，而且对沿线的东南亚国家具有极强的辐射效应。然而，旅游路线缺乏市场竞争力、治安问题频频出现、服务体系不够完善、旅游资源有待开发等问题成为制约当前中老国际旅游合作的关键因素。

（一）旅游路线缺乏市场竞争力

老挝旅游路线在东南亚市场上缺乏竞争力，同时也面临着宣传不足的问题。老挝前期经济发展和基础设施存在一定劣势，其旅游项目开发和市场定位相对滞后，许多优质景点因宣传力度不大、营销策略不成熟无法吸引更多游客。特别是与泰国、越南等邻国相比，老挝的风景名胜和观光路线往往以“小众化”著称，然而由于宣传信息在游客间缺乏广泛传播，老挝众多景点和路线的国际市场基础

相对薄弱。由图 1 可知，在东南亚各国中，我国前往老挝的出境游客人数不及泰国、缅甸等地，2023 年上半年，泰国接待的内地（大陆）游客占比在东南亚国家中位列第一，达到 3.27%，缅甸以接待 1%的内地（大陆）游客数量位列第二，其次是马来西亚和越南，老挝接待的内地（大陆）出境游客占比最少，仅为 0.29%（见图 1）。一方面，老挝当地旅游业的从业人员与游客之间的交流存在障碍，语言沟通能力存在较大提升空间；另一方面，近年来东南亚旅游热潮使得旅游市场竞争愈加激烈，老挝旅游路线的定位与泰国相似，比较优势不够突出，存在可替代性。目前，老挝境内的许多经典城市还停留在推行大众观光旅游的传统路线，这种不够鲜明的市场形象不仅给游客留下了传统老化的产品印象，也阻碍了旅游品牌的打造。总体而言，老挝旅游路线还停留在开发的初级阶段，亟须调整宣传计划、制定配套营销方案来打开市场。

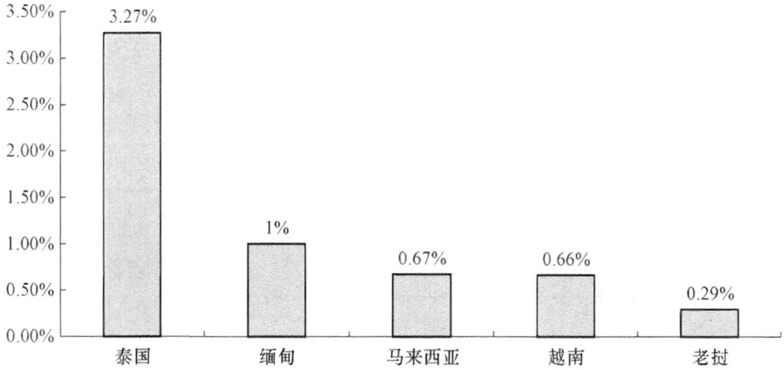

图 1　2023 年上半年东南亚国家接待内地（大陆）出境游客占比

资料来源：中国旅游研究院《2023 年上半年出境旅游大数据报告》。

（二）旅游服务体系亟待完善

中老铁路对两国旅游合作路线的带动作用紧密依靠相关服务体系的支持。老挝服务体系的欠缺主要体现在从业人员专业技能不足和硬件服务设施的落后。由于老挝旅游业起步时间较晚，从事该行业的相关工作人员大多是一些文化水平不高的民众。他们前期没有接受过良好的正规教育和行业培训，因此缺少语言沟通技能和专业服务素养。面对具有差异化文化背景的国际游客，从业人员难以做到用国际化标准来要求自己的服务细节，严重影响入境游客的旅游体验。除了从业人员的专业技能，硬件服务设施的好坏也是评价服务体系是否先进的重要指标。落后的硬件服务设施很难为游客提供高质量、高标准的旅游服务。由此可见，老挝相关服务体系受经济、教育、社会等因素的限制，存在较大的提升空间。

（三）旅游资源开发利用尚不完备

我国云南省作为与老挝接壤的省份城市，蕴含着独特且丰富的旅游资源。云南省经济发展基础的重要组成部分主要依托于当地丰富的自然资源。如表 1 所示，云南省共有 12 个国家级风景名胜区，其中，有四个国家级风景名胜区均分布在云南省边境地区。这些边境城市地区景点众多，民族特色鲜明，却缺乏对旅游资源的充分开发与利用。旅游资源的深度开发首先需要通过发达的交通设施来实现。然而，云南省边境地区的交通道路建设目前仍存在很大的开发空间。铁路建设尚未完全覆盖所有地区、水上运输局限于国际河流等问题给游客进入景区的便利程度带来了较大障碍。此外，优质的酒店环境也是近年来游客越来越注重的旅游体验构成要素。位于云南边境的星级宾馆数量本身就比较稀少，高质量的住宿环境更加匮乏，这也导致了新景点的配套开发受到一定的阻碍。因此，近年来，虽然众多云南边境城市走上了快速发展的道路，但旅游资源开发力度还需进一步加强。

表 1　　2021 年云南省国家级风景名胜区

序号	风景区名称	地址
1	昆明滇池风景名胜区	昆明市西山区、官渡区、晋宁区、呈贡区
2	九乡风景名胜区	昆明市宜良县
3	石林风景名胜区	昆明市石林县
4	腾冲地热火山风景名胜区	保山市腾冲市
5	丽江玉龙雪山风景名胜区	丽江市玉龙县、宁蒗县
6	建水风景名胜区	红河州建水县
7	阿庐风景名胜区	红河州泸西县
8	普者黑风景名胜区	文山州丘北县
9	西双版纳风景名胜区	西双版纳州景洪市、勐海县、勐腊县
10	大理风景名胜区	大理州大理市、漾濞县、洱源县、宾川县、巍山县、剑川县
11	瑞丽江－大盈江风景名胜区	德宏州芒市、盈江县、瑞丽市
12	三江并流风景名胜区	迪庆州德钦县、维西县、香格里拉市，丽江市玉龙县，怒江州兰坪县、福贡县、贡山县、泸水市，大理州剑川县

资料来源：《2022 年云南省统计年鉴》。

（四）赴老旅行存在安全隐患

近年来，包括老挝在内的许多东南亚国家因为旅游方面的安全隐患引起了广泛关注。首先，老挝的旅游景点在缺乏资金和人员支持的情况下，难以维持良好的游客观光秩序，提供安全的治安环境。游客在旅游过程中无法获得安心、安全的旅游体验。其次，当地旅游业从业人员的法治意识普遍淡薄，一心追求利润最大化，忽视游客作为消费者的基本权益。老挝长期以来，是一个以农业经济为主的传统农业国家。社会群众整体的受教育水平存在较大的提高空间，导致其法律意识和安全意识比较薄弱。一些经营者盲目抬高商品定价，却没有履行应尽的法律义务，严重破坏了老挝旅游业的行业形象。此外，由于老挝位于东南亚中南半岛内陆地区，交通运输网络存在一定的局限性，群众缺乏可靠的收入来源。黑恶势力和电信诈骗团伙的出现为老挝社会治安增加了更大的压力。面对一些突发的社会治安事件，老挝基层政府的应对措施比较匮乏，应急管理机构级别和职责还需进一步明确和完善。

四、中老铁路促进国际旅游合作的路径探析

（一）加强宣传，打造中老旅游独特品牌符号

旅游宣传打开了展现地方特色、彰显人文精神的窗口，在当下竞争激烈的旅游市场中，“酒香也怕巷子深”，塑造品牌、拓展合作、增强曝光是打响知名度、提升影响力的重要方式。首先，提炼自身优势形成差异化、品牌化旅游名片，如东南亚各国已成功打造“新加坡，心想狮城”（Passion Made Possible）、“越南，魅力无穷”（Timeless Charm）、“老挝，简单之美”（Simply Beautiful）等品牌形象，但国家间旅游合作项目的口号和标语尚不清晰，中老旅游合作以便利的中老铁路为桥梁，以丰富的自然和人文资源为承载，特色鲜明，由此诞生的品牌体系可以在宣传中脱颖而出给游客留下独特印象。其次，依托旅行社在内的跨境旅游企业联合营销拓宽市场，针对中国去老挝的游客，增加以老挝为唯一目的地的旅行产品和交通路线，如老挝全域游、中老铁路沿线游等，开发以老挝为核心目的地的更具个性化和灵活度的东南亚定制游、私家团；针对老挝来中国的游客，依托更加便利的铁路交通和实惠的住宿条件降低边境旅游产品价格，吸引更多老挝民众前来旅游，并增加中老铁路老挝段客源。最后，把握全媒体时代多媒介宣传的特点，

拍摄老挝自然风光、人文风情、美食体验视频、图片和推文，宣传中老铁路客运列车开通大事件，释放微信、微博、抖音等新媒体平台的口碑效应和 TikTok 海外红人效应，利用大数据进行主题突出的精准营销，为中老铁路和旅游产品“圈粉”。

（二）文化识别，搭建交流平台促进民心相通

与国内游相比，出境游更容易受到客源地和目的地国家政治、经济、社会等因素的影响，尤其是文化差异导致国家间信任度、认同感缺失，严重制约着国际旅游合作的顺利推进。中老铁路承载着让两国民众“民心相通”的重托厚望，不仅要游客们脚步“走进”，探索地理、建筑风貌，更要心灵“走近”，加深历史和文化了解。为此，应积极联结各方、整合资源，探索文化交流新模式和文旅融合新途径。一是增强艺术互鉴，除了已有的图书互译、电影巡映等特色活动，还可以在国内知名展馆举办老挝文化主题的文物、服饰、美食、工艺品展览，举行中老艺术家绘画、雕塑、歌舞等领域的主题交流创作并在人流集中的商圈展出。二是创新文化产品，鼓励中老艺术工作者在服装、餐具、饰品等生活领域合作设计并成立品牌，提炼并结合中老两国文化代表性元素制作优质文创作品作为文旅融合特色内容。三是重视教育交流，深化中老高校间、校企间合作，联合培养多语言、懂市场的复合型旅游人才，共同推进多层次职业技术教育对接中老大型项目需求，鼓励中国学生前往老挝并吸纳老挝学生来华，让公共文化交流活动滋养更多年轻一代。

（三）提升功能，完善行业体系融合关联产业

旅游业凭借可持续性和强包容度串联起庞杂的产业链条，逐渐成为区域业态更新、产业融合的“增效器”。中老铁路释放的交通大通道辐射效应以线带面，创建了中国与老挝及更广泛东南亚地区进一步深化旅游合作的契机。对于西南地区的开放门户云南而言，中老铁路国际客运列车开通形成的对境外游客的强吸引力将成为业态更新的动力，云南可以将数字化、智能化要素融入自身旅游基础设施建设优化之中，利用智慧系统为景区票务、导览、安防提供数据分析、语言翻译、危险预警等支持，合理布局厕所位置、数量和引导，加快星级酒店规划、审核和建设，优化景区“最后一公里”交通网络，以便利的外部环境提供舒适的游览体验，成为东南亚各国对接全国旅游市场的枢纽和先导。对于更广阔的国内市场而言，中老铁路促进人员、贸易往来便利的同时，也将促进旅游服务及相关餐饮、零售、广告、物流等行业“引进来”与“走出去”的脚步，如引进东南亚优质餐馆、旅店和旅游经营商，盘活旅游、金融、法律等领域的人才蓄水池，鼓励有能

力的国内企业融入东南亚市场并在合作中推广中国标准，在“大市场”“大开放”中夯实旅游业基础。

（四）发掘优势，合理开发资源丰富旅游内容

旅游市场日新月异，消费新需求催生行业新供给，玩法“上新”、服务“上心”成为“必修课”。因此，将中老铁路及沿线城市风光、美食、文化的独特印记作为支点，开发旅游新场景、新形态，有望撬动跨境旅游新增长和国际合作新未来。中老铁路自中国昆明至老挝万象朝发夕至，途经玉溪、普洱、西双版纳、琅勃拉邦、万荣等地，这种交通联动成为加强区域旅游资源整合力度的有力抓手。一方面，纵向深化城市间连接，更新升级旅游产品，例如，以西双版纳的景洪、澜沧、沧源、孟连等边境县（市）为重点，与老挝一同开发面向热带雨林和澜沧江－湄公河自然风光的康养主题游和生态自由行，面向傣族、彝族、壮族等跨境少数民族文化的民俗体验游，以琅勃拉邦、万荣等老挝著名旅游城市为基础，开发面向铁路沿线名胜古迹的历史主题游等。另一方面，横向整合并完善景区周边住宿、餐饮、购物服务体系，打造少数民族风味饭店和东南亚各国餐馆，热带雨林、沿河风光、民族特色等多样化主题民宿，建成商圈并推广中老联名文创产品、服饰品牌和手工艺品，变资源优势为发展优势，将游客集散中心建设为消费中心。值得注意的是，在旅游资源开发过程中，也要注重保护当地生态环境和民族文化，以严格的生态标准和文明的出行方式推动旅游与环境“美美与共”，让中老铁路成为“绿色之路”。

（五）政策支持，立足多边机制创新合作模式

中国与东南亚各国区域合作成果丰硕，中老铁路结束了多地不通铁路的历史，多种政策叠加为中国同中南半岛各国形成更加紧密的旅游合作关系营造了良好的宏观环境。为推动中国同老挝等东南亚国家跨境旅游的良性发展，相关政府部门应充分把握“一带一路”、RCEP 合作框架下旅游等服务贸易业自由化机遇，营造便利营商环境，支持企业搭中老铁路“快车”进一步加强合作、走出去开拓市场，将开放动能和经贸便利注入旅游行业，打造旅游经济体。除了各国政府共同成立协调委员会等共商旅游合作开发计划、项目投资融资、旅游签证便利、环境保护与可持续性等事宜，还应鼓励旅游相关企业和机构一齐建立面向游客的全方位、多领域合作平台，利用大数据、云计算、人工智能、5G 等信息技术整合跨境旅游资源、常见消费纠纷、文旅节事日程等信息，设立特别跨国部门提供投诉解决、安全保护、应急救助等服务，为跨境游客的出行安全和个人权益提供全方位保护。

参考文献：

［1］于臻. 中老旅游合作关系的基础与前景［J］. 南亚东南亚研究，2022（01）：93－105＋155－156.

［2］尹钶莹. 中老跨境旅游合作区建设动力机制研究［D］. 云南财经大学，2020.

B.11

中老铁路对国际文化产业合作的影响和发展建议①

摘　要：中国作为世界第二大经济体，已在全球文化产业中发挥重要作用。中老铁路作为一项重大的基础设施项目，将进一步推动中国与老挝在文化产业领域的合作。本文旨在探索中老铁路对国际文化产业合作的影响和发展，首先，介绍国际文化产业的发展趋势和中国在该领域的地位。其次，分析了中老铁路建设的背景和意义。然后，分析中老铁路建设对中国和老挝文化产业的影响，中老铁路对国际文化的影响是从直接效应和间接效应两方面产生的，促进两国文化资源的互补和交流，有利于文化产品的跨境流通和推广。此外，中老铁路的建设还将提升两国文化产业的竞争力和国际影响力。最后，针对中老铁路对国际文化产业合作的发展提出了对策建议，包括利用文化特色，加强两国间的文化交流与合作，运用创新手段推动两国文化深度融合等方面的措施。

关键词：中老铁路；国际文化产业；直接效应；间接效应

一、国际文化产业发展趋势及中国地位

（一）国际文化产业发展情况

随着“联合国 2030 可持续发展议程”的正式生效，文化产业对推动国家经济建设和社会建设的作用越来越显著，且文化产业发展也将在全球范围内进一步得

① 执笔人：邓慧慧，对外经济贸易大学国际经济研究院；王蒙蒙，对外经济贸易大学国际经济研究院。

到政策支持，世界各国特别是发展中国家都会根据数字时代的新特征调整自己的文化产业政策[1]，全球文化产业将持续蓬勃发展。全球化的推进使得国际文化产业加速融合，文化产品和娱乐内容越来越容易跨越国界传播，并呈现出多元化发展态势，各国文化企业不断拓展国际市场，国际合作项目变得更加常见，各国通过多元化发展提升自身竞争力，从而创造更多的跨文化交流机会。

首先，文化产业发展不仅带来巨额利润，也产生一定社会效益。随着社会的不断发展进步，社会生产力水平不断提高，人民的物质生活水平逐渐富裕，人们对文化消费需求不断多元化发展，庞大的社会需求意味着文化消费市场拥有巨大潜力，在创造巨额利润的同时，也带来了巨大的社会效益。世界旅游组织数据显示，近年来，世界旅游人次在 2019 年达到最大值 1 463.68 百万人（如图 1 所示），且到 2020 年全球旅游业从业人员总数超八千万人次。按照国际惯例，旅游业的直接就业和间接就业者的比例为 1:5，也就是说，旅游业发展实际创造的就业机会将更多。当今文化与旅游的融合，为文化产业发展提供新的动力，例如，文化的融入使旅游产业能够更好地挖掘和传承当地的文化资源，同时也为文化企业提供了更为广阔的市场和发展空间。

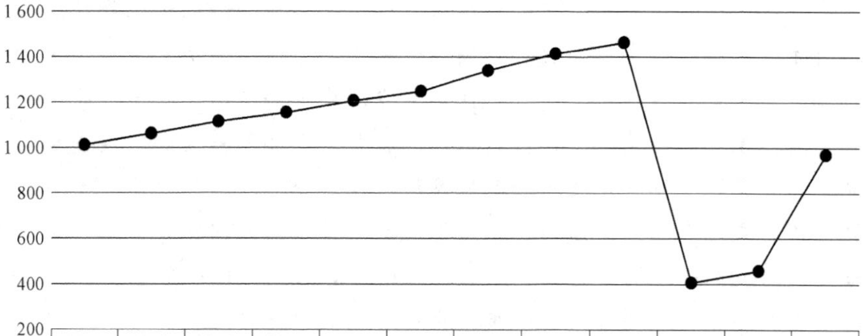

	2011	2012	2013	2014	2015	2016	2017	2018	2019	2020	2021	2022
国际游客人数	1 012.3	1 063.2	1 115.8	1 154.6	1 207	1 248.1	1 339.6	1 414.1	1 463.7	406.89	458.39	969.40

图 1　国际游客人数（百万）

数据来源：世界旅游组织。

其次，文化产业和高新技术产业日益融合，呈现数字化、智能化未来发展趋势。高新技术产业极大地推进了文化产业的发展，多媒体软件发展速度比图书、报纸、广播等传统媒体快得多。随着互联网的普及，2020 年全球文化产业为世界创造了 2.25 万亿美元的价值，占社会总产值比重不断增加，因此，数字媒体和在线内容成为文化产业的重要组成部分，音乐、电影、电视、游戏等内容现在可以通过流媒体平台传播，这改变了传统媒体的商业模式。

最后，文化市场竞争激烈，各国文化产业发展水平不平衡加剧。现阶段，各国高度重视文化产业发展，文化产品推向全球是各国追求目标之一，文化市场的竞争也越来越趋于国际化。西方发达国家凭借强大文化产业集团，雄厚文化产业实力，高昂科技投入以及丰富经营经验，不断扩大国际市场占有率，而发展中国家与之存有较大差距，造成各国文化产业发展极度不均衡。例如，全球图书市场价值约超 800 亿美元，美国占比将近三分之一，其次是德国、日本、英国和法国，由此可见，图书市场规模的三分之二集中在欧美等国。因此，文化产业国际市场竞争不断加剧，各国间文化冲突和碰撞必然会增大，文化产业发展的不均衡态势会进一步加剧。

（二）中国文化产业发展情况

党的十八大以来，中国把文化“走出去”政策上升为国家文化战略，加快发展对外文化贸易，努力扩大中华文化影响力[2]。

1. 中国文化产业规模持续扩大

习近平总书记指出，谋划“十四五”时期发展，要高度重视发展文化产业。发展文化产业是激发文化创造活力、推进文化强国建设的必然要求。国家统计局数据显示，如图 2 所示，2022 年我国文化产业实现营业收入 165 502 亿元，比上一年增加 1 698 亿元；2018 年—2022 年年均增长率为 6.88%，增长趋势显著。且

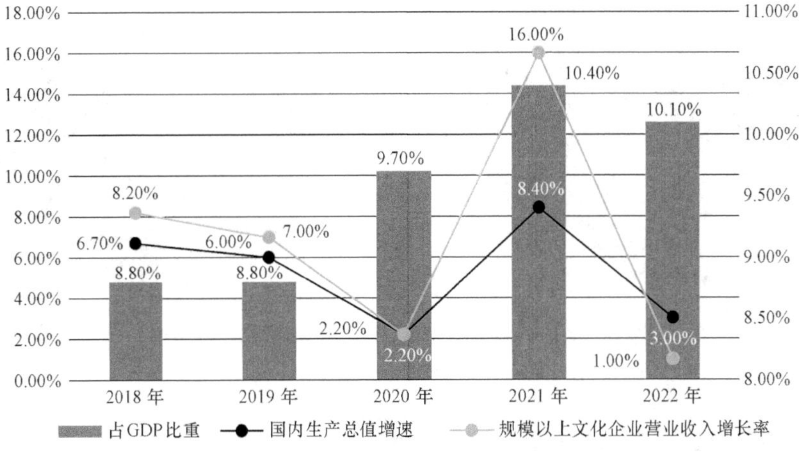

图 2　2018 年—2022 年国内生产总值增速及文化企业营业收入增长情况

数据来源：国家统计局网站。

规模以上文化企业营业收入占GDP比重由2018年的8.8%增加到2022年的10.1%，虽然营业收入增长率有较快下降，但占国内生产总值的比重却维持在10%的水平。数据显示，疫情冲击影响文化产业对经济的拉动作用，但是2021年数据显示出文化产业的强大韧性与潜力。但国内文化产业的规模优势并未转化为国际文化贸易优势，因此，为实现中国文化产业高质量发展，需不断完善文化产业升级和价值链攀升。

2. 中国文化产业内部结构不断优化

随着各国数字化战略实施，文化领域也不断实现数字经济与文化产业的深度融合，从而形成数字化、智能化和网络化的文化新业态，并成为推动区域文化高质量发展的重要支撑。从统计数据来看，2022年文化新业态共创造50 106亿美元的营业收入，同比增长6.7%，增速比文化产业整体水平高出5.7个百分点；其营业收入占全部文化产业营业收入比重首次突破30%，达到30.3%，同比增加1.6%（如图3所示）。文化新业态的不断发展壮大，对我国文化产业发展、实现文化产业内部结构优化具有重要推动作用。从具体行业来看，中国文化服务业不断扩大，其营业收入占全部文化产业营业收入的51%，同比增加0.3个百分点；文化批发和零售业占比变动幅度不大，由去年的17.3%变为今年的17.6%；文化制造业占比有所下降，由2021年的32%降为2022年的31.4%[3]（如图4所示）。整体来看，文化服务业对经济转型升级的拉动作用也愈发显著。

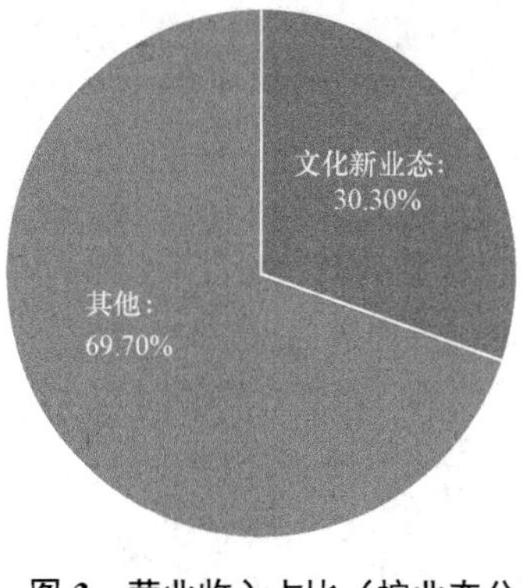

图3 营业收入占比（按业态分）

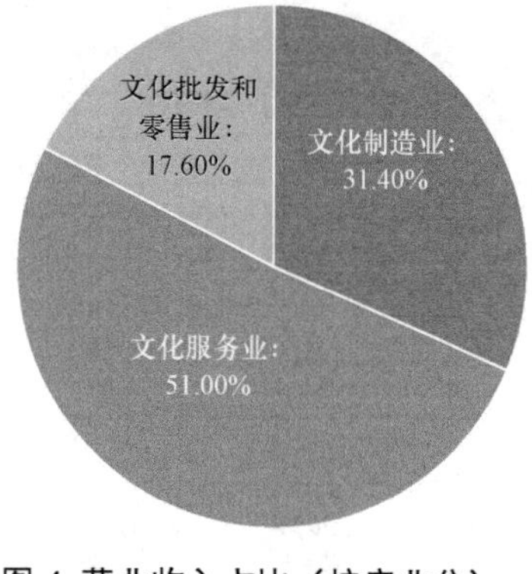

图4 营业收入占比（按产业分）

数据来源：《2022年全国文化及相关产业发展情况报告》。

3. 中国在国际文化产业发展中的作用

当今世界正经历百年未有之大变局，国际环境日益复杂，也给文化产业发展带来新挑战。商务部数据显示，2021年中国对外文化贸易总额首次突破2 000亿美元的大关，且在 2022 年实现 2 200 亿美元的文化贸易总额，同比增长 11%。其中，文化服务业的进出口额为 414 亿美元，文化产品进出口总额为 1 803 亿美元，且规模多年位居全球首位。中国的文化输出正逐渐增加，包括电影、电视剧、音乐、文学和艺术。中国的文化产品在海外市场上受到越来越多的欢迎，这有助于增强中国在国际文化产业中的地位。

就影视产业而言，中国电影产业已经崛起为全球最大的电影市场之一，电影制作、发行和票房收入在国际电影界具有重要地位；中国的音乐产业也在国际上崭露头角，流行音乐、传统音乐和独立音乐等世界影响力在扩大。在文化创意产业方面，中国的文化创意产业正在蓬勃发展，包括设计、时尚、文化旅游等领域，创意产品和品牌逐渐在国际市场上崭露头角。在国际交流与合作方面，中国积极促进与其他国家的文化交流和合作，一方面，主办了各种国际文化活动和节日，这有助于加强国际文化联系；另一方面，参与了一些国际合作项目，包括联合制作电影、电视剧和文化节目，有助于推广中国文化和增强国际合作。中国在国际文化产业中的地位正在增强，但也面临着一些挑战，包括文化差异、知识产权问题和市场准入问题。中国正积极努力克服这些障碍，以继续在国际文化产业中发挥越来越重要的作用。

二、中老铁路建设的背景及意义

中国和老挝是友好邻邦，两国间有着悠久的友好合作关系，随着两国经济的快速发展和对外开放的深化，中老之间的经济联系与合作日益加强，但贸易往来常常受到地理环境、基础设施的限制，且贸易成本较高，因此，为了加速推进国际贸易发展，中老铁路建设成为必要选择。

中老铁路是由中国政府和老挝政府共同合作，是中国向东南亚地区大胆探索而提出的一项建设工程，全线采用中国技术标准，使用中国设备。2021 年 12 月 3 日，在两国国家主席共同见证下，连接中国云南省昆明市和老挝首都万象的国际铁路全线通车，全长 1 035 公里，起点为中国云南省昆明市，境内穿越昆明市、玉溪市、普洱市、西双版纳自治州，过中国磨憨铁路口岸和老挝磨丁铁路口岸，进入老挝北部地区，向南经琅南塔省、乌多姆赛省、琅勃拉邦省、万象省，到达老挝首都万象市。同时，中老铁路是西部地区陆海新通道物流线路的重要组成部分，与中国铁路网相连相通，纵贯中国京广线、昆瑚铁路、南宁铁路，实现水路、空路和陆路的无缝衔接。

中老铁路是中国“一带一路”倡议的一部分，旨在促进中国与东南亚国家之间的物流和经济联系，不仅加强了中老两国在经济、贸易、旅游、教育等多领域联系，还为周边国家交通互联互通做出了积极的贡献。在铁路建设和运营过程中，中老两国加强合作与协调，充分体现区域间政府的友好互助，为促进区域合作与经济融合、促进沿线国家可持续发展起到了积极作用。

首先，实现地区经济整合与推动。中老铁路建设开启了中国连接东南亚国家的新征程，加速推动了地区经济的整合。它不仅改善了中国与老挝之间的物流，降低了运输成本，促进了双边贸易，还将为中国与东南亚国家之间的贸易提供更便捷的通道，从而推动整个地区的经济增长。另外，该铁路沿线的地区将受益于基础设施建设和相关经济活动的增加。不仅有助于提高居民的生活水平，创造就业机会，还会进一步提升地区的发展潜力。

其次，提高铁路沿线地区的信息、物资交流速度。中老铁路建设可将铁路沿线地区物品快速运往其他区域，为沿线地区带来更多发展机遇，通过加强中老交流，拓展新市场、挖掘新资源，促进新产业发展，对沿线地区的发展至关重要；另外，也加快了中国与东南亚之间的互联互通，为信息、思想和文化传播提供渠道。

再者，促进两地文化与人员交流。中老铁路将促进中国和老挝之间的文化交流和人员往来，这有助于增进两国之间的了解和友谊。同时，也可能会进一步带动中国与东南亚之间的文化交流与人文交流，通过加强人民之间的交流，可以进一步巩固地区之间的了解与认知，同时搭建了更广阔的文化交流平台，为未来的双边文化合作奠定了基础。

最后，促进地区一体化。中老铁路是一条由老挝主动要求，中老两国共同修建的铁路，其辐射带动作用并不局限于中老两国，其跨境运输已经覆盖泰国、缅甸、老挝、马来西亚、柬埔寨等多个国家和地区[4]，加强了中国与东南亚国家之间的地区一体化，这对于地区和平、稳定和繁荣具有积极影响。

随着中国经济的加速崛起和沿途地区合作关系的不断强化，中老铁路建设将成为中国未来战略合作的重要组成部分。中老铁路建设将加速推进中国与东南亚之间的合作关系，并为沿途地区的发展和中国和东南亚之间的贸易往来等方面提供整体的支持和帮助。中老铁路建设极大地拓展了中国和东南亚地区之间的交通网络，加速了沿线地区的融合与发展，同时也搭建了良好的平台，为未来的合作与发展奠定了坚实的基础。

三、中老铁路建设对国际文化产业的影响

交通是影响经济社会发展的重要因素之一，而且也影响着社会空间联系的广度与深度。随着社会演进持续进行，文化产业作用愈发显著，包括教育、旅游、创意产业等，既有文化属性，体现在产品中赋予文化元素的生产创作，又有经济属性，体现在消费者需求的满足感，以及产品交换过程中的价值呈现。在文化及相关产业领域中，文化发源地和传播地间可通过交通互通相连。交通基础设施的持续发展将实现文化无意识传播和有意识的文化呈现，拓宽文化传播途径，显著提高城市间交通可达性，对文旅发展具有显著促进作用[5-6]。交通基础设施可将不同地域的人们连接在一起，有助于不同文化间的相互学习与交流，促进文化多元化发展。中老铁路的建设为文化产业的国际合作提供了机会，有助于促进两国之间的文化交流和合作。这将丰富两国的文化领域合作的内容，同时也有助于地区和国际文化合作的推进。中老铁路对国际文化产业发展的影响，可以通过直接效应和间接效应来实现（见图 5）。

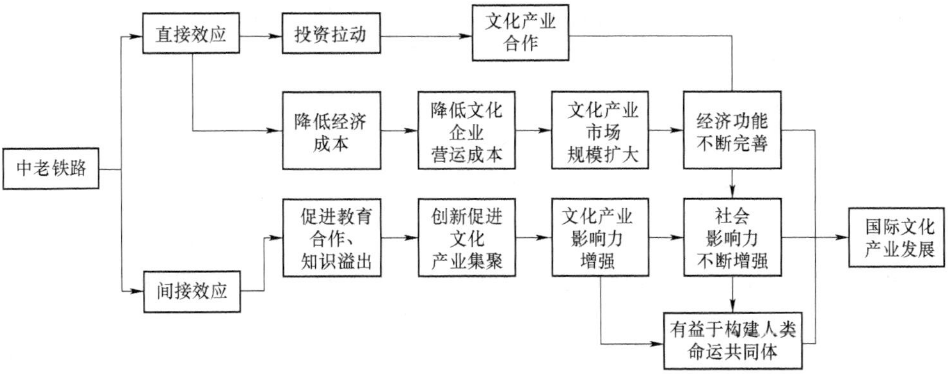

图 5　中老铁路对国际文化产业的影响机制

（一）中老铁路建设对文化产业的直接效应分析

铁路的发展对文化产业的促进作用首先体现在交通基础设施的投资对沿线地区经济增长的直接拉动作用[7]。

1. 投资方面

中老铁路建设投入会产生一系列产业关联效应，进而通过投资乘数作用带动

相关产业快速发展。中老铁路全线开通，大大缩短了中老两国交流合作的空间距离。同时，铁路沿线的各地区在其区位和资源优势基础上，发展各地特色产业，特别是国际旅游业。至2023年4月，中老铁路开通以来，中国段累计发送旅客1 188万人次，老挝段累计发送旅客220万人次，且老挝琅勃拉邦省接待游客近100万人次。作为旅游资源丰富、物种资源丰富、生态文化保存完整和世界遗产集中区的沿线地带，因地理区位和地形、民族多聚居、交通不便等原因，多以农业和旅游业为主，“铁路+旅游”具有广阔的发展前景，为沿线城市发展提供更多可能。在铁路加持下，文化产业进车厢，实现文化出国门，在文化产品宣传展示和产品设计方面拥有天然优势。在文旅融合大趋势下，中老铁路在提高旅游舒适度、体验感和参与感的同时，加深游客对中国文化的认识和了解，增进彼此间的理解。

在此基础上，进一步推动铁路沿线文化和旅游基础设施建设，开发好“铁路+景区”“铁路+村镇”“铁路+城市”“铁路+酒店”“铁路+购物”“铁路+餐饮”等融合性旅游产品业态；开发好“铁路+航空”“铁路+公路”“铁路+航运”等复合式联运国际旅游产品，带动餐饮、住宿等产业发展，促进铁路沿线地区经济发展，进而吸引国际直接投资，进一步加速沿线地区基础设施建设，政府加大对沿线城市医疗、教育等社会福利投入，促进当地生产力水平和消费水平提升，改善投资环境，吸引并培养高素质人才，实现良性互动循环。

2. 成本方面

中老铁路建设与布局将打破中国与东南亚国家间的市场分割，加深国家间的开放程度。信息、资本、劳动力以及技术等生产要素可加速流动，带动文化企业运营成本、交通成本和交易成本的下降[8-9]，提高两国资源配置效率，进而扩大国家间的互动联系，提高联系频率，为两国文化产品制作和文化传播提供交通基础，两国间文化产业合作更为频繁，提升文化产业市场规模，从而促进国际文化产业合作。

根据世界银行报告，中老铁路开通运营后，老挝万象与中国昆明间的货物运输成本下降了40%～50%，老挝国内线路运营成本降低了20%～40%。同时，中老铁路开通使得中老边境通关效率提升，物流时效大大提高，为两地深入开展经贸合作提供了新物流渠道，也为中国与东盟大市场连接提供便利，为中国文化进入更大市场提供支撑。

（二）中老铁路建设对文化产业的间接效应分析

中老铁路建设加深了中国与老挝间的经济、贸易、教育、科技等方面交流，知识溢出在两国范围内更易实现，刺激文化企业创新，文化经济活动集聚可能性增加，进而促进两国文化产业合作。

中老铁路的开通运行是对中老命运共同体的动态写照，中国已经成为老挝第一大投资国，也是老挝最重要的海外投资国。2021 年中老两国贸易进出口额为 43.3 亿美元，加快了中老经贸合作步伐。全球产业链供应链不确定情况下，中老铁路为沿线地区提供稳定国际供应链和贸易链，保障该区域经济平稳发展，共同推进中老双边及区域的命运共同体建设。

在经济合作带动下，中老两国人文、教育、医疗等多方面合作也日益密切。从留学教育来看，2019 年老挝在华留学生超过 7 000 人，且有部分学生是与铁路相关的，如上海应用技术大学与老挝苏发努冯大学合作培养铁路技术人才。截至 2022 年底，中老铁路项目为老挝创造 11 万余就业岗位，并为老挝培养了一大批技术和相关管理人才，这条“合作之路、产业之路”必将中老命运共同体建设推向新阶段。中老铁路建设的辐射带动作用并不局限于中老两国，对澜湄合作、东盟一体化以及中国 – 东盟自由贸易区建设均产生积极效应。同时促使泰国、越南和马来西亚等国家重新审视与重视泛亚铁路网，辐射空间带动效应将进一步加大。

中老铁路建设是两国友谊见证，是促进区域经济合作的重要纽带，也为整个东南亚地区合作提供新动机和机遇。初步实现多重共同体的互利共赢，助推人类命运共同体发展，随着中老铁路运行时间的增加，文化辐射带动作用将会更为广阔。

四、对 策 建 议

（一）利用文化特色，做大中老两国文化产业

文化产业各具特色，抓住特色即掌握竞争优势。对于中老两国而言，中老铁路可实现两国跨境旅游的地缘优势。在“一带一路”倡议下，中老两国要深度挖掘文化资源，发展特色文化产业。一方面，大力发展中老跨境旅游合作，中国和老挝作为邻邦，相互之间有着上千年的交往历史，在文化和历史上有着许多共同的渊源，每一次文化的碰撞、交流、融合都带来了中华文化的跃进。通过两国旅游合作区建设，形成特色旅游资源。另一方面，务实合作，深度挖掘中老两国文化艺术资源。比如，泼水节是两国共有的具有文化特色的节日，但二者间又有差异。中国泼水节是傣族一年中非常重大的节日，而在老挝泼水节即为“新年”。因此，需加大对艺术资源的深入挖掘，促进中老两国民族艺术深度合作，共同走向世界。

（二）抓紧创新，做强中老两国的文化产业

文化产业是创意产业，其发展受资源禀赋影响，但更不可或缺的灵魂要素是创新，古老的文化产业只有通过创新才能体现出其价值，才能满足市场中消费者需求。通过创新产生新价值，带来丰厚利润，再进一步促进文化企业发展壮大。一方面，要实现内容创新，以新视角、新创意去呈现文化资源，让传统文化产品以更符合现代人的消费眼光方式呈现，将会获得更多市场认可。另一方面，要实现科技创新，随着科技的不断发展，技术在文化产业中的作用愈发重要，特别是将传统文化融入高科技中，将会产生更为直观、更动感的效果，使文化散发出现代气息。因此，在当代社会，创新不仅可以使中老文化产业做大，也会促进两国文化深度融合，做强文化产业。

（三）开拓市场，助力中老两国文化产业“走出去”

推动文化产业走向国际市场，参与国际竞争，是中老两国文化产业的共同目标，两国进行文化产业合作主要目的是实现更好、更快地走向国际市场，提高文化产品竞争力，展示文化的独特魅力。中国与老挝的文化资源既有相似特征，又在表现形式上存在明显差异，文化产业发展各具有不同的发展路径，在共同合作发展机制下，深入挖掘中老两国特有文化资源，将其内涵表达精神实质转换为物质产品，形成文化产业链，进而提高文化产品国际竞争力。另外，文化产业的发展首先表现在文化产品的国际贸易上，促进文化产品国际贸易水平是提升文化产业竞争力的重要途径。从中老两国文化产业发展情况看，两国有相似的文化资源，但是缺乏资源开发力度，生产价值相对较低。因此，中老两国需不断加强文化交流，提升文化产业的世界影响力。

参考文献：

［1］意娜.“联合国 2030 可持续发展议程”下的国际文化创意产业发展趋势［J］. 广东社会科学，2016（04）：70－75.

［2］刘翠霞，高宏存.“一带一路”文化产业国际合作的优势选择与重点领域研究［J］. 东岳论丛，2019，40（10）：56－65＋191.

［3］国家统计局. 2022 年全国文化及相关产业发展情况报告［R］. 2023.

［4］张姗. 多重共同体构建视角下的中老铁路研究［J］. 世界民族，2023（04）：115－124.

［5］孙卿. 交通可达性与旅游经济联系空间关系研究——以大西高铁为例

［J］. 经济问题，2023（04）：95－104.

［6］辛大楞，李建萍. 高铁开通与地区旅游业发展——基于中国 287 个地级及以上城市的实证研究［J］. 山西财经大学学报，2019，41（06）：57－66.

［7］冯斐. 长江经济带文旅融合产业资源评价、利用效率及影响因素研究［D］.华东师范大学，2020.

［8］D.O. Panicos，P.T. Mamuneas. Intertemporal Output and Employment Effects of Public Infrastructure Capital：Evidence from 12 OECD Economies. The Economic Journal，2000，110（465）：687－712.

［9］P. Hendriks. Why Share Knowledge？The Influence of ICT on the Motivation for Knowledge Sharing. Knowledge and Process Management，1999，6（2）：91－100.

B.12
中老铁路对中老命运共同体构建的效应和政策建议①

摘　要：“人类命运共同体”是我国倡导的新理念，构建命运共同体是时代发展的必然趋势，双边命运共同体是对人类命运共同体理念的落实。中老铁路的投建运营，加深了中国和老挝两国的联系，促进了中老双边命运共同体的建设发展。本报告在中老铁路建设背景下，主要关注中老铁路对中老命运共同体的构建效应。首先，详细介绍了中老铁路的建设背景，并结合相关数据分析了中老铁路的发展现状。其次，依据相关资料，介绍了命运共同体的发展脉络，并阐述了中老双边命运共同体的内涵。接着，基于中老命运共同体的内涵，结合中老铁路的发展现状，从政策沟通、设施联通、贸易畅通、资金融通和民心相通等几个方面，分析中老铁路对中老政治共同体、经济共同体、安全共同体、人文共同体和生态共同体等五个方面的构建效应。最后，基于上述分析，对中老铁路发展方向及中老命运共同体提出了相应的对策建议。

关键词：中老铁路；中老命运共同体；“一带一路”倡议；中老经济走廊

2013 年，习近平总书记在周边外交座谈会上提到：“让命运共同体意识在周边国家落地生根”（许利平，2022）。2019 年 4 月底，习近平总书记和老挝本扬·沃拉吉总书记在北京签署了《构建中老命运共同体行动计划》。这是我国第一个双边命运共同体构建协议，具有很强的代表意义和示范意义。而作为“一带一路”倡议和老挝变“陆锁国”到“陆联国”的国家战略对接项目，中老铁路从立项到

① 执笔人：刘梦婷，对外经济贸易大学国际经济贸易学院；王强，对外经济贸易大学副校长，教授。

结项经历了漫长的时间。其中，中国和老挝两国于2010年达成铁路项目合作意向到中老铁路全面开工建设，共耗时六年；中老铁路自2016年年底开始施工到2021年12月3号全线开通运营，共历时五年。这前后长达11年的时间，某种程度上可以说明中老铁路项目的落实历经了重重困难与挑战，得益于中国和老挝政府携手克服了各种政治、经济、文化、安全、环境、种族等困难，使得中老铁路得以建成。自中老铁路建成运营以来，中老两国的合作往来愈发紧密，其带来的各种效应如经济发展、文化交流等，尤其是其对中老命运共同体的构建效应方面，引起了学界和业界的广泛关注。张姗（2023）表示中老铁路运行近两年以来，各项数据和资料皆表明其对命运共同体构建的正向促进作用。但目前，并没有系统的“中老铁路对中老命运共同体构建路径”相关文献资料。基于此，本文基于中老铁路建设背景及其发展现状，结合命运共同体的内涵和中老命运共同体的发展历程及内容，分析中老铁路对中老命运共同体的构建效应，并针对其构建路径，给出相关发展建议。

一、中老铁路建设背景及发展现状

（一）中老铁路建设背景

老挝地处中南半岛北部，是中南半岛和东盟十国中唯一一个内陆国，其分别和中国、缅甸、泰国、柬埔寨和越南接壤。老挝面积共23.68万平方公里，拥有700多万人口，是东盟四个新成员国之一，其国内生产总值和人均国内生产总值偏低，被联合国评为全球最不发达国家之一。老挝多山脉和高原，交通极为不便，这极大地限制了其经济发展。因此，交通建设一直是老挝发展的重中之重。但受资金、技术、人才等限制，其交通迟迟得不到发展。20世纪90年代末到21世纪初，中国和老挝开始探索两国经济合作和互联互通模式。在此背景下，中老铁路建设提上日程，两国联合进行了可行性研究，确立了中老铁路的技术参数和大致路线。2010年4月，中老两国签署了《中华人民共和国政府和老挝人民民主主义共和国政府关于中老铁路项目合作的谅解备忘录》，确认了两国联合建设中老铁路的初步意愿及基本原则。但受条件限制，并没有很快实现协议目标。2015年，中老两国又签订了《中华人民共和国政府和老挝人民民主主义共和国政府关于中老铁路项目合作的政府间协议》，由此确立了中老铁路的融资方式和建设安排，该协议明确了中老两国的责任，即老挝负责土地征用及项目管理，而中国负责铁路的设计、建设和运营维护，这标志着中老铁路建设项目正式开始实施。2016 年 12 月 25 日，中老铁路项目全面正式开工建设。2021 年 12 月 3 日，北起云南昆明，南至老挝万象的全程 1 035 公里的中老铁路正式建成通车。

（二）中老铁路发展现状

1. 中老铁路基本信息

中老铁路从我国云南省省会昆明市到老挝的首都万象，中间经过我国玉溪市、普洱市和西双版纳傣族自治州，然后经由我国磨憨口岸和老挝的磨丁铁路口岸，接着经过老挝的琅南塔省、乌多姆塞省、琅勃拉邦省[①]。中老铁路全程共 1 035 公里，包括我国境内 613 公里的路段和老挝国内 422 公里的路段，其中，我国境内玉溪到磨憨段共 507 公里为新建路段，老挝境内全部路段皆为新建[②]。由于复杂的地质地貌，中老铁路新建路段共开通隧道 167 座，建成桥梁 301 座，桥梁和隧道总长度共 712 公里，其中，中国境内共有隧道 93 座，桥隧比例高达 87.3%[③]。中老铁路建成意味着我国普洱市和西双版纳傣族自治州开始有铁路了，同时也意味着老挝结束了其 3.5 公里铁路的历史，实现了由“陆锁国”到“陆联国”的转变。此外，中老铁路建设的难度彰显了其对于中老两国乃至东南亚地区发展的重要意义。中老铁路开通运营后，从昆明市到西双版纳仅需三个半小时，从昆明市到普洱市不到三个小时，而从昆明到磨憨口岸不足五个半小时，从磨丁口岸至万象不到三个半小时即可到达。总体上，加上通关，十个小时左右即可从昆明到万象。且自其投入运营后，一直实行灵活的运营模式，无论是票价还是运力投入，都是以市场需求为导向的，如其根据不同季节、日期、时段的市场需求对票价进行调整；运营初期每天仅两班货运班列，随着市场的开拓、市场需求的扩大，每周的发车频次相应地提升。

2. 中老铁路的客运发展情况

应中老两国发展战略而生，承载着两国政治、经济、文化等方面往来交流的期许，与其投建一样，中老铁路的运营也备受关注。中老铁路大大缩短了铁路沿线城市间的时空距离，动车以其快捷、舒适、绿色、安全和低价的特征，赢得了中老两国民众的喜爱，成为旅客的首选出行方式。运营部门也会依据客流量的变

---

① 国家铁路局. 中老两国政府签署国境铁路协定［EB/OL］.（2021-11-30）. https://www.nra.gov.cn/xwzxljlhz/hzjl/202111/t20211130_272015.shtml.

② 孔鹏. 中老铁路开通的重要意义［J］. 世界知识，2021，（24）：69.

③ 人民网. 一图详解中老铁路 你想知道的都在这！［EB/OL］.（2021-12-04）. https://www.ent.people.com.cn/n1/2021/1204/c1012-32299492.html.

化，有针对性地投放运力，增设站点，优化服务，增加创新客运产品，精准对接市场需求。据相关数据显示，自 2021 年年底中老铁路正式通车，截至 2023 年 8 月中旬，中老铁路累计运送旅客达 2 009 万人次，其中，我国境内路段共 1 709 万人次，而老挝境内路段运送达 300 万人次[①]。由相关统计资料可知，2023 年年初至 2023 年 8 月中旬，中老铁路共开通客车超过 1.3 万列，运送旅客共计 1 120 万人次，同比分别增长 22%和 101%。如此巨大增速一方面与我国 2022 年 12 月调整新冠疫情管制有关。另一方面也说明了在正常的政治、经济、社会环境中，中老铁路自有其天然巨大的客运需求市场，其沿线客运市场具有可开拓性。

3. 中老铁路的货运发展情况

中老铁路设计之初目的之一是搭建中老乃至中国到东盟间的物流通道。中老铁路落成后，极大地缩短了货运时间，降低了物流成本，开拓了货运需求市场。为匹配货运需求，运营单位不断完善沿线货运基础设施建设，如换装场、支线铁路、货运站、铁路集装箱还箱点等；并积极和海关部门进行协商，压缩货物通关、转关时间；减免集装箱保证金等；创新国际货运模式，如“中老班列＋中欧班列”等；依据货运需求增减发车频次等[②]。据相关数据资料显示，截至今年 5 月中旬，中老铁路累计货运量突破 2 000 万吨，其中，国内段货运量近 1 600 万吨，跨境段货运量超过 400 万吨，市值近 177 亿元，同时，中老铁路运营的货种也越来越丰富，由开通之初的十余种，到现在的 2 000 多种[③]。其中，我国经由中老铁路出口的货物主要包括新鲜的蔬菜瓜果、鲜花、家用电器、机械设备及其配件等；老挝经由中老铁路出口的货物主要包括部分农产品如薏米、木薯等，和矿产资源如金属矿石等。

二、中老命运共同体的内涵

本部分基于命运共同体基本内涵，主要详细介绍中老命运共同体的发展历程，及中老命运共同体的具体内涵。

---

① 中国政府网. 中老铁路累计发送旅客超 2000 万人次［EB/OL］.（2023-08-18）. https://www.gov.cn/yaowen/liebiao/202308/content_6898837.htm.

② 人民网. 中老铁路运营满一年：累计发送旅客 850 万人次、货物 1 120 万吨［EB/OL］.（2022-12-02）. https://www.finance.people.con.cn/n1/2022/1202/c1004-32579373.html.

③ 中国政府网. 中老铁路运输货物突破 2000 万吨［EB/OL］.（2023-05-17）. https://www.gov.cn/yaowen/lieb1001202305/content_6874484.htm.

（一）命运共同体基本内涵

“命运共同体”理念是习近平总书记2013年在莫斯科发表演讲时首次提出的[①]，随后，习近平总书记在多个国际会议、论坛及文章中强调了命运共同体的重要性，呼吁世界各国共同努力，建设和谐、包容和可持续的世界。该理念在国际社会中得到广泛的传播与接受。当前，命运共同体理念已经发展成为我国外交政策的重要理念之一（刘伟，王文，2019）。所谓“命运共同体”，是指推动国际关系合作共赢的合作框架，其具体内容主要包括：（1）共同发展。即世界各国通过贸易自由化和投资便利化等措施促进经济合作，推动世界经济健康可持续发展。（2）共同安全。即世界各国加强国际安全合作，共同应对恐怖主义、网络安全、跨境犯罪等威胁，共同维护地区和国际的和平与安全，构建公正合理的国际秩序。（3）共同规则。即各国加强多边主义，遵守共同的准则和规则，推动全球治理体系的完善，合作解决全球性问题。（4）共同责任。即各国应共同承担全球性问题的责任和义务，如气候变化等。（5）文明交流。即各国应推动不同文明的对话，形成“和而不同”的文化交流环境，促进文化多样性。

上述关于命运共同体内容的概括，同习近平总书记2015年提出的人类命运共同体“五位一体”的构建路径和2017年提出的“五个世界”的总体布局相一致。其中，“五位一体”构建路径包括以下五个方面，即伙伴关系、安全格局、经济发展、文明交流和生态建设[②]；“五个世界”总体布局包括：建设持久和平的世界、建设普遍安全的世界、建设共同繁荣的世界、建设开放包容的世界和建设清洁美丽的世界[③]。实际上，命运共同体的内涵随着时间的推移是不断丰富发展的。在此背景下，双边命运共同体、区域命运共同体和领域命运共同体应运而生。

（二）中老命运共同体发展历程及内容

1. 中老命运共同体发展历程

作为战略伙伴关系的升级，命运共同体是一种新型的国际关系。双边命运共同体是对人类命运共同体理念的落实（杜哲元，2021）。中老命运共同体缘起于2013年——老挝国家主席来中国访问期间，两国签署了《中华人民共和国和老挝

① 求是网. 推动构建人类命运共同体［EB/OL］. http://www.qstheory.cn.

② 习近平外交思想和新时代中国外交. 构建人类命运共同体思想之光照亮人类前行方向［EB/OL］.（2023-03-23）. http://cn.chinadiplomacy.org.cn/2023-03/23/content_85187028.shtml.

③ 中国网. “五个世界”告诉你　国家主席习近平如何推动构建人类命运共同体［EB/OL］.（2019-08-21）. http://xitheory.china.com.cn/2019-08/21/content_75121982.html.

人民民主共和国联合声明》，表示“中老两国理想信念相通、社会制度相同、发展道路相近，是具有广泛共同利益的命运共同体”①。2016 年，老挝国家主席访华时，两国第一次发布联合声明，表示中老两国“是具有战略意义的命运共同体”。2017 年，习近平总书记访问老挝时，两国发布了《中老联合声明》，声明提出“共同打造牢不可破的具有战略意义的命运共同体”②。2018 年，老挝国家主席访华时，两国决定启动制定《构建中老命运共同体行动计划》。2019 年 4 月，中老两国签署发布了详细的《中国共产党和老挝人民革命党关于构建中老命运共同体行动计划》。2022 年年底，老挝国家主席访华期间，两国发布了《关于进一步深化中老命运共同体建设的联合声明》，一致同意在 2019 年计划的基础上，在一些领域深化合作③。

2. 中老命运共同体具体内涵

据 2019 年《中国共产党和老挝人民革命党关于构建中老命运共同体行动计划》和 2022 年《关于进一步深化中老命运共同体建设的联合声明》中的内容，结合命运共同体基本内涵框架，本报告总结中老命运共同体内涵如下。

（1）政治共同体

无论是双边命运共同体，还是区域命运共同体，亦或是全球命运共同体，都离不开互尊互信的政治基础。第一，加强双方各层级从政人员的交流往来，比如：国家总书记、主席的互访，双方其他层级领导人的在线通话、信函、参会等，加强双方政治战略沟通；加强同级党政机构的交流合作。第二，加强中老两国党政机关的交流，如各党政部门的领导会晤机制，其他层级组织之间的交往等；加强两国党政干部培训合作，为党的发展储备高质量人才资源；搭建“中老+”共同体建设交流会，相互学习双方治党治国的优秀经验；加强反腐倡廉领域的合作。第三，在国际事务中协调配合，相互支持彼此的政治制度，维护彼此的主权安全和核心利益。

（2）经济共同体

中老命运共同体建设，也离不开互惠互利的经济基础。第一，实现双方的战略对接，如“一带一路”和变“陆锁国”为“陆联国”。第二，实施双方的经济战

---

① 中国政府网. 中华人民共和国和老挝人民民主共和国联合声明［EB/OL］.（2018-09-30）. https:/www.gov.cn/irzg/2013-09/30/content_2498477.htm.

② 中华人民共和国外交部. 中老联合声明［EB/OL］.（2017-11-14）. https://www.mfa.gov.cn/web/ziliao_674904/1179_674909/201711/t20171114_9868890.shtml.

③ 中国政府网. 关于进一步深化中老命运共同体建设的联合声明［EB/OL］.（2022-12-01）. https://www.gov.cn/xinwen/2022-12/01/content_5729912.htm.

略协议，如《中老经贸合作五年规划》和《关于共建中老经济走廊的合作框架》。首先，改善双方经贸基础设施，如铁路建设、口岸建设等，做好对中老铁路的运营维护；其次，扩大双方其他领域的合作，如电力、旅游、农业和信息技术等领域；最后，加速综合经济技术开发区建设，如跨境自由贸易园区等。第三，加强各方面人才培养合作，如科研人才、技术人才和管理人才等，为老挝提供强劲的智库支持，挖掘其经济发展潜力。第四，扶持民生，开展援老助老合作项目，帮助老挝脱贫致富。第五，打造中老省市合作高地，充分发挥各自的区位优势及其他优势。第六，依托双边命运共同体建设，积极参与区域经济一体化进程。第七，调整双方进出口产品关税。第八，深化农业经贸投资合作，促进双方农业现代化。

（3）安全共同体

中老命运共同体建设，更离不开互帮互助的安全基础。第一，加强沟通交流，增强彼此信任，防止第三方势力的介入。第二，加强两国军政沟通。首先，发挥高层的引领作用；其次，进行军队援助，增加边防合作，联演联训，为老挝培养指挥军官和其他专业对口人才；最后，加强军事医疗领域合作。第三，加强执法合作，打击跨境犯罪，如拐卖人口、偷渡、贩毒、诈骗、恐怖主义等。第四，加强对对方国家公民的保护。第五，加强多边安全合作。

（4）人文共同体

中老命运共同体的建设需要互学互鉴的人文基础。第一，深化教育合作。首先，加强高校合作，进行学历学位互认，鼓励双方优秀学生留学；其次，合作办学，为中老相关项目储备专业人才；再次，加强双方语言教学合作，增进文化交流合作；最后，增强数字教育的合作。第二，深化医疗健康合作。首先，中方有序推进对老挝指定医院的援建及双方医疗卫生领域的合作项目，促进老挝医院医疗能力及水平的提高；其次，加强双方公共卫生信息交流，开展远程合作，为老挝培养更多专业医师。第三，深化新闻传媒领域合作。首先，可在新闻、影视节目等方面加强合作；其次，可在图书出版、翻译等方面加强合作；最后，相互学习彼此媒体管理方面的优势经验，加强双方人员交流及合作。第四，深化双方文化领域的合作。首先，商签文旅合作计划；其次，加强文化机构的交流，推进文化产业合作，如演出、民宿和边民联欢等活动；最后，支持对方在彼此境内一些文化机构及文化活动的开展。第五，深化旅游业合作，共同打造旅游产品，办好旅游年等活动。第六，深化人文合作，增加官方和非官方的组织、团体的交流，如边境地区的友城和友村关系等。第七，深化中老铁路青年工作交流，培养中老命运共同体建设接班人。

（5）生态共同体

最后，中老命运共同体的发展，也离不开共生共治的环境基础。第一，深化生态环境合作。首先，加强环保理念和环境保护及执法体系的互学互鉴；其次，加强水文领域的合作；最后，共同培养环保人才。第二，助力老挝经济和环境平衡发展，推动中老低碳示范区建设。第三，深化防灾减灾合作。首先，完善对话机制，如针对自然灾害的评估、重建等的交流；其次，我国为老挝提供应急制图服务。第四，深化野生动植物保护合作。

三、中老铁路对中老命运共同体的构建效应

通过对政府官方网站、其他权威媒体如《人民日报》等相关媒体发布的资料及文献资料的梳理，我们发现中老铁路与中老命运共同体一起出现的频率相当高，如 2017 年，习近平总书记访问老挝时，在署名文章中表示“我们要深化战略对接，打造互帮互助的命运共同体。中国支持老挝发挥独特区位优势，实现绿色可持续发展。中老铁路作为泛亚铁路网的重要组成部分，对老挝具有重大战略和现实意义。”[①]也有学者表示中老铁路的开通使得中老地缘政治格局发生变化，将中老命运共同体更加紧密地链接在一起（尹君，2022），但其仅分析了中老铁路对澜湄区域命运共同体的示范效应。当前，并没有相关资料显示中老铁路是如何从政治共同体、经济共同体、安全共同体、人文共同体和生态共同体来构建中老命运共同体的。因此，本部分将基于中老铁路发展现状和中老命运共同体具体内涵，结合相关资料，基于政策沟通、设施联通、贸易畅通、资金融通和民心相通，阐述中老铁路对中老政治、经济、安全、人文和生态等五个方面的共同体的构建效应。

（一）政治共同体

由第二部分中老命运共同体发展历程可知，中老双边命运共同体的建设原本就有很好的政治基础，如任珂瑶，钮菊生和老挝籍的艾伦（2020）在研究中表明中老两国共同的历史记忆和社会主义制度为中老两国奠定了坚实的政治基础。中老铁路建设前，基于政治、经济、文化等视角，结合实践情况，中老双方政府经

① 中国政府网. 跨越山河 联结友谊——写在“一带一路”标志性工程中老铁路开通运营之际［EB/OL］.（2021-12-04）. https://www.gov.cn/xinwen/2021-12/04/content_5655780.htm.

历了漫长的沟通谈判，在此过程中，双方增进了对彼此相关政治制度、政策、规章的了解，从而增强了两国间的政治互信。中老铁路建设中，中老两国无论是从体量上，还是经济发展上，都存在巨大差异；由第一部分的中老铁路发展历程，我们可以了解到，受限于沿线地质地貌，中老铁路建设相当艰难，而在此建设条件下，中老两国却能求同存异，并克服重重困难，再次增强了双方间的政治互信。中老铁路建成后：老挝的区位优势和国际影响力相应地提升，这也是社会主义国际地位及影响力的提升，增强中老两国政治支持力，使得双方能更好地维护彼此的主权安全和利益。同时，中老铁路建成缩短了两国间通行时间，降低了两国间各层级机构人员面对面交流成本，为双方学习彼此优秀的治党治国经验创造了好的条件，增加政治往来，增强政治理解。

（二）经济共同体

中老铁路投入运营后最直观的影响就是经济发展。一方面，中老铁路的建设增强了中老双方政治的互尊互信，而政治信任的增强会促进双方经济贸易往来。另一方面，中老铁路直接作用于中老两国的经济发展。第一，中老铁路既对接了“一带一路”倡议和变“陆锁国”为“陆联国”的战略，又是中老经济走廊建设中重要的一环，极大地促进了中老双方，尤其是老挝的经济贸易发展，缩小了中老间经济发展差异。第二，促进了《中老经贸五年合作规划》等经济发展协议的实施，作为经贸发展中重要的交通基础设施，中老铁路的建设、运营及维护促进了沿线支线铁路、外贸口岸及其他相关配套基础设施的建设，由此改善了双方经贸发展条件。第三，随着中老铁路的开通，中老两国间其他领域合作增多，如电力、旅游业和农业等。第四，铁路运营者持续开发新的运输模式，吸引新的货物品类，以扩展新的货运需求市场。第五，老挝经济发展落后，国内较为贫穷，中老铁路的建设，为其提供了大量的经济就业岗位；同时，老挝农业较为发达，农产品是其出口到我国的主要产品之一，中老铁路对于其扶贫工作的开展，提供了硬件支持。第六，中老两国接壤，其距离并不算远，中老铁路开通后，大大方便了双方人员交流，尤其是靠近边境城市的人员，促进了双方人才往来沟通，为双方经贸发展提供了丰富的人才储备库，可充分刺激中老双方经济发展潜力。第七，中老铁路带动了沿线自由贸易园区、经济技术开发区等的经济平台及经贸发展便利化平台的建设。第八，中老铁路加深了沿线省市的交流合作，带动了沿线次区域的经济一体化发展。

（三）安全共同体

作为中南半岛地理上的“中心国”，因其“陆锁国”状态，老挝并没有真正享受“中心”的战略位置。而中老铁路的落实，将其变为“陆联国”，改变了老挝战略意义，充分发挥了其“中心国”的优势地理区位。一方面，以美国为首的西方发达国家重新审视老挝的国际战略意义，停止大肆散发“和平演变”和“颜色革命”等中国威胁论。而中老铁路能够加强中老的交流，增强彼此的政治信任、经济发展，可有效抵御中国威胁等相关无稽言论，有效阻止了其他势力的介入。另一方面，在双方军政高层互动的基础上，中老铁路便利了中老两国军队合作，如联演联训、军队人才培养、军事医疗合作等，为两国边防安全工作提供了便利媒介，如 2022 年，中国军队卫生队列首次跨境活动①。同时，中老铁路为中老两国参与多边安全合作提供了支撑，降低了打击跨境犯罪的成本，极大便利了中老两国联合执法，共同守护中老两国公民，为两国公民营造安全和谐的生产生活环境。此外，中老铁路提升了老挝的国际地位，并在某种程度上削弱了其受周边越南等国的政治理念和外交策略的影响，为中老命运共同体营造了相对较为安全的环境。

（四）人文共同体

中老命运共同体的建设离不开人文基础。在教育方面，中老铁路建成后，便利了教育领域的人员流动。一方面，我国对老挝提供各式各样的奖学金，如铁路发展相关的奖金，加强双方人才尤其是铁路相关人才的培养，在此背景下，老挝来华的留学生呈快速增长趋势。另一方面，我国设立孔子学院，帮助老挝培养汉语人才。同时，开展数字教育，帮助老挝培养信息技术人才，以此深化两国产业和其他方面的合作。医疗方面，老挝的医疗水平较低，中老铁路为我国对老挝各地医疗援建项目的开展提供了支持。同时，也便利化了线下医疗合作及人才培训工作，为老挝培养量大质优的专业医用人才。在新闻传媒方面，中老铁路为该领域线下交流合作提供了便利，加速其联合培训、联合制作、图书出版和影视交流等合作项目的落实。在文化方面，中老铁路为中老开发“文化+旅游”产品提供了通道，如 2019 年中老旅游年项目；便利了双方官方和非官方文化机构的交流，如边民联欢等；同时，降低了双方互设文化机构及开展合作的成本。在旅游业方

---

① 新华网. 中老“和平列车－2022”人道主义医学救援联合演习开幕［EB/OL］.（2022-07-23）. http://m.news.cn/2022-07/23/c_1128856114.htm.

面，中老铁路通过出行成本的降低、出行的便利化和优质的服务，促进了双方旅客人数激增。据相关资料显示，中老铁路开通后，中国出访老挝的旅客和老挝出访中国的旅客均呈快速增长趋势。在民间交流方面，中老铁路为双方大量投入文化交流活动中的志愿者提供了可能，也增加了非官方的交流，如沿线友城和友村建设。

（五）生态共同体

中老铁路本身就是从思想价值和理念共识等方面来构建的实现中老命运共同体的项目。事实上，中老铁路项目启动时，就深刻考虑到生态环境保护，并在建设时采取环保施工，为保护野生动物，如野生大象生存环境，和世界文化遗产，如琅勃拉邦古城的特质等，多次改变线路①。在中老铁路投产过程中，就将环保理念深深融入施工建设中，使得老挝对中国的环境友好型可持续发展策略有深入理解。而在中老铁路开通运营后，更是秉持绿色发展理念，加强了双方对彼此环保理念的互学互鉴。中老铁路从立项到结项的环保理念，也为其他领域，如水文生态保护和野生动植物的保护提供了借鉴意义。同时，其基础设施联通，为中老双方防灾减灾等交流活动提供了便利等。

综上，中老铁路建设及未来发展，通过政策沟通、设施联通、贸易畅通、资金融通，促进了民心相通，为中老命运共同体打下了互信的政治基础、坚实的经济基础、安全基础、人文基础和生态基础。

四、对策建议

由上述分析可知，中老铁路极大地推进了中老命运共同体的建设发展。本部分主要针对中老铁路如何发挥其优势来深化构建中老命运共同体提出对策建议。

（一）延伸中老铁路发展内涵，挖掘其外交优势

老挝是世界经济最不发达国家之一，其体量仅相当于半个云南省，中老铁路的发展，若是聚焦围绕老挝一国，则不能充分发挥其建设目标，只有将其放入区域，乃至国际发展战略中，才能够释放其功能红利。老挝为“陆锁国”，其发展深

① 中国政府网. 跨越山河 联结友谊——写在“一带一路”标志性工程中老铁路开通运营之际[EB/OL].（2021-12-04）. https://www.gov.cn/xinwen/2021-12/04/content_5655780.htm.

受周边国家如缅甸、越南等国的影响，如缅甸的政局动荡和越南对华的不确定性态度等。中老铁路应充分发挥泛亚铁路重要环节的集聚作用，吸引老挝周边国家的人流、物流往来，以经济利益带动政治交往，由双边政治互信到多边政治互信，发挥铁路政治外交的优势，为中老命运共同体打造内涵更加丰富的政治基础。

（二）优先助力老挝经济发展，改善其经济民生

作为泛亚铁路重要的一环，中老铁路需通过泛亚铁路整体来发挥其效能。但当前，一方面，受其他线路涉及国家的国内政治环境、动力不足、资金不足、建设速度慢等影响；另一方面，一些沿线国家担心成本收益不成正比，且认为像老挝、缅甸、越南和柬埔寨这样的经济落后的国家无法同其他发达经济体形成经济互补，这些都严重阻碍了泛亚铁路的建设进程，严重限制了中老铁路效能的发挥。因此，接下来工作重点就是依托中老铁路激发沿线城市的发展活力，优先帮助老挝发展经济，完善产业结构等，提升其居民人均收入水平，使其逐渐摆脱贫困国家的称号，打消其他国家对成本收益及经济互补性的顾虑，提升其在泛亚铁路沿线区域的示范效应，充分发挥其效能，拓展中老命运共同体的经济内涵。

（三）发挥中老地缘相近优势，凝聚其安全共识

我国和老挝是接壤邻国，拥有丰富的地缘资源。但是，由于两国的巨大差异，中老两国并未充分利用其地缘优势。相反，老挝更容易受缅甸、越南等和其体量差不多的经济体的影响。因此，当西方不利舆论传来时，老挝容易受其影响，这增加了双方合作的不确定性。拥有相同的政治制度，和长达 508 公里的边境接壤线①，中老双方在医疗卫生、环境治理和跨境犯罪等方面存在共同利益。中老双方应该充分发挥地缘优势，达成两国在跨境犯罪、恐怖主义等方面的合作共识，依托中老铁路，强化安全管理，为中老命运共同体建设提供更加优良的安全基础。

（四）优先聚焦沿线城市人文，创新其交流模式

由前文内容可知，中老铁路全程 1 035 公里，其中，中国境内 613 公里，老挝境内 422 公里。于国土面积只有 23.68 万平方公里的老挝而言，该铁路线并不短，而磨憨口岸到万象路段中间，共有十个站提供客运服务②。自中老铁路开通后，便利了沿线城市居民的往来，我们应当从小处着手，推动沿线城市人文合作

---

① 领区概况（china-consulate.gov.cn）。

② 中老铁路——搜狗百科（sogou.com）。

交流，创新其合作模式，如结合沿线城市文化特色，举办传统文化交流活动等。然后在沿线城市的基础上，进一步推进次区域如澜湄区，中老两国，乃至亚太地区人文交流，为中老命运共同体打造坚实的文化基础。

（五）拓展可持续发展内容，打造铁路生态圈

从前文分析中可知，中老铁路启动、建设及最后的运维过程中，皆秉承着可持续发展理念。在接下来的发展中，应该继续延续该可持续发展模式。依据不同的项目，拓展其可持续发展的内容，将涉及中老铁路的各个环节、产业，均打造为“铁路+”生态模式，如铁路+绿色物流；铁路+产业等。同时，可用理念指导实践，参照中老铁路项目，来运维其他项目。这样，不但扩大了可持续发展范围，还能够依托中老铁路平台，打造“铁路+”生态发展模式，夯实了中老命运共同体发展的可持续发展基础。

参考文献：

［1］张姗. 多重共同体构建视角下的中老铁路研究［J］. 世界民族，2023（04）：115－124.

［2］杜哲元. 从战略合作伙伴到双边命运共同体——论中国伙伴关系外交的新升级［J］. 太平洋学报，2021，29（03）：37－51.

［3］尹君. 超越连通：中老铁路对澜湄区域地缘态势演进的结构性影响研究［J］. 学术探索，2022（06）：51－57.

［4］任珂瑶，钮菊生，艾伦. 共建中老命运共同体路径探析［J］. 和平与发展，2020（04）：115－131＋136.

［5］刘伟，王文. 新时代中国特色社会主义政治经济学视阈下的“人类命运共同体”［J］. 管理世界，2019，35（03）：1－16.

［6］许利平. 推动构建周边命运共同体：理论、现实与人文交流的路径探索［J］. 清华大学学报（哲学社会科学版），2022，37（04）：15－29＋222－223.

V 实践篇

Practical Reports

B.13
中老铁路智慧通关新模式——云南自由贸易试验区制度创新探索[①]

摘　要：为进一步增强核心竞争力，云南自由贸易试验区（云南自贸区）成立后持续探索制度创新。中老铁路通车后，对物流条件、货物运输效率等方面提出新的要求，促使自贸区围绕诸多先进技术，在磨憨口岸、昆明等地尝试打造智慧通关新模式并取得显著成果。本文着重分析了中老铁路智慧通关新模式的主要做法和实践效果，并在此基础上得出相关的经验和建议。研究认为智慧通关新模式体现了先进科技的重要作用，解决了中老铁路建成初期面临的诸多问题，是自贸区在改善贸易环境上的一次成功探索，为后续自贸区在其他领域的制度创新提供了良好示范。

关键词：中老铁路；云南自贸区；智慧通关；制度创新

一、案例背景

（一）云南自由贸易试验区制度创新

2019 年 8 月 30 日，中国（云南）自由贸易试验区正式挂牌，共包括昆明、红河和德宏三片区域，总占地约 119.86 平方公里。

其中，昆明片区占地约 76 平方公里（含昆明综合保税区 0.58 平方公里），发展重心集中于高端制造、航空物流、数字经济、总部经济等产业，致力于加强与

① 执笔人：黄宇康，对外经济贸易大学国际经济贸易学院。

空港经济区的联动，建设面向南亚、东南亚等国家的互联互通枢纽、信息物流中心和文化教育中心。红河片区占地约 14.12 平方公里，发展重心集中在加工及贸易、大健康服务、跨境旅游、跨境电商等产业，有利于后续与红河综合保税区、蒙自经济技术开发区联动发展，计划打造面向东盟的加工制造基地、商贸物流中心和中越经济走廊创新合作示范区。德宏片区占地约 29.74 平方公里，重点发展跨境电商、跨境产能合作、跨境金融等产业，计划打造沿边开放先行区、中缅经济走廊的门户枢纽。

2021 年 3 月，中国（云南）自由贸易试验区昆明片区加入世界自由区组织，带来更多机遇的同时，也为自贸区原有的制度带来更多挑战。同年 6 月，中国（云南）自由贸易试验区工作领导小组办公室印发《中国（云南）自由贸易试验区深化营商环境制度创新的若干措施》，围绕市场准入、贸易便利、金融开放、社会治理、实施保障等领域，出台 100 项具体措施，致力于发挥自贸试验区在打造市场化、法治化、国际化营商环境中的引领、带动、示范作用，培育新形势下参与国际合作和竞争的新优势。《措施》内容涵盖 18 个具体业务方面，包括：压缩企业开办时间、大幅降低行业准入成本、简化企业退出办理手续、提高企业开工建设便利化程度、提升通关服务水平、促进跨境物流高效便捷、全面融入《区域全面经济伙伴关系协定》(RCEP)、促进外籍人员跨境有序流动、鼓励中外金融机构平等竞争、创新跨境金融产品和服务、提升金融风险防控能力、提高政务服务效能、建立科学高效的行政执法体制、持续扩大医疗服务供给、完善公共法律服务平台、健全商事纠纷处理机制、建立健全政策优化评估机制、加大营商环境宣传力度①。

为进一步改善贸易便利环境方面，《措施》要求自贸区全面推广单证无纸化，持续简化一体化通关流程，大幅压缩通关时间。支持跨境电商、国际快件中心等新型业态发展。充分发挥中国（云南）自贸试验区优势，积极探索海关监管模式创新，推动保税物流高效运作。率先开展跨境物流体系建设改革试点，依托现有国际物流通道，扩大跨境直达运输试点企业规模，支持试点企业在周边国家运营（或参与运营）的货运车辆，在口岸按相关规定办理有关进出境手续后，进入自贸试验区内停靠和装卸货物，实现跨境公路直达运输。

（二）中老铁路智慧通关新模式

建设自由贸易试验区是党中央、国务院做出的重大决策，是新时代推进改革开放的重要战略举措。截至 2023 年，中国（云南）自由贸易试验区运行取得诸多

① 苏宇箫．中国（云南）自由贸易试验区出台 100 项措施深化制度创新［EB/OL］．（2021-06-23）［2023-10-12］．https://llw.yunnan.cn/system/2021/06/23/031528035.shtml#:~:text=.

阶段性成果。为深入贯彻落实习近平总书记考察云南时提出的“高标准推进中国（云南）自由贸易试验区改革创新发展”重要指示精神，进一步深化自贸试验区改革开放，应结合中老铁路开通等实际情况，进一步推行多方面、多层次的制度创新。

为持续提高跨境贸易的自由便利，自贸区拓展了国际贸易“单一窗口”服务功能，创新出“外贸+金融”“通关+物流”等服务模式。同时大力提升口岸基础设施和监管智能化水平，努力健全以智能化通关为支撑的跨境贸易服务体系，持续推进“智慧海关、智能边境、智享联通”建设。优化了口岸的服务模式和费用缴纳制度，创新出开展口岸“一站式”缴费服务，推动了自贸试验区内各口岸通关效能、收费标准、服务能力达到并保持国内一流口岸水平。简化了通关流程，深化了“提前申报”“两步申报”改革①。

中老铁路是自贸试验区面向南亚、东南亚的重要通道，为把中老铁路维护好、运营好，把沿线开发好、建设好，进一步加快建设以中老铁路口岸为依托的公铁、空铁、水公铁多式联运体系。中国（云南）自由贸易试验区昆明片区围绕中老铁路综合利用，聚焦提升口岸运营效率和通关便利化水平，率先在全国推出中老铁路国际货物列车进出境双向快速通关模式。“澜湄快线”“跨境电商+铁路运输”“中老铁路+中欧班列”“磨憨口岸”智慧通关等运输新模式相继落地，促使跨境贸易物流迈上新台阶。

二、主要做法

（一）推出中老班列双向“铁路快通”模式

中老铁路“双向快通”模式是指中老铁路进出境快速通关模式，是海关总署为畅通向西开放的国际物流大通道，针对铁路运输集装箱货物特点推出的新型监管业务模式。在“铁路快通”模式下，海关、班列公司、铁路部门三方利用信息化系统实现物流数据互联共享、自动比对匹配，企业无需另行办理转关手续，海关通过铁路舱单系统对电子数据进行无纸化审核、放行及核销，列车抵达口岸后也无需另行装卸、验核。通过关企协同监管，中老铁路国际货物列车快速通关模

① 云南省人民政府关于印发中国（云南）自由贸易试验区深化改革开放方案的通知［EB/OL］.（2023-03-22）［2023-10-12］. https://www.yn.gov.cn/zwgk/zcwj/zxwj/202303/t20230322_256740.html.

式实现进出境双向贯通。

（二）“磨憨口岸”试点智慧通关新模式

随着中老铁路的修通，跨境贸易量的增长，处于曼昆国际公路、老挝南北公路及中老铁路交汇的磨憨口岸通行量大幅增加，一跃成为国际交通枢纽。为适应跨境贸易的多元化需求、强化中老铁路的高效运输特点、优化公路运输对中老铁路的分流作用、实现公路铁路协同运行、解决口岸管理与服务所面临的巨大挑战，云南省相关部门联合华为，以“磨憨口岸”为试点共同推进智慧口岸建设，构建起运行管理一张图、智慧验放一体化、消杀管控一条链、远程指挥一站通“四个一”的口岸智慧化新模式，真正实现口岸放得开、管得住、通得快。

（三）建立口岸通关特色化保障方案

为了确保鲜活易腐农食产品能够快速、高效地通过海关验放，相关部门设置了专用窗口和绿色通道，加快验放速度的同时，保障了农产品的新鲜度和质量。对于符合条件的大宗矿产品，海关采取“先放后检”的模式，即货物进入海关监管区时，各关卡实行先放先行，待货物到达目的地后再进行集中检验。海关、铁路、中铁联集昆明中心站等相关部门齐心协力，全力打通了跨境电商铁路运输业务环节，为中老铁路国际班列跨境电商 9610 模式货物出口测试提供了有力支持，最终实现“跨境电商+铁路运输”出口业务在自贸试验区昆明片区落地生根。

（四）科技赋能智慧口岸

昆明海关自主研发“口岸卫检智慧防线系统”，通过超脑融合、“人脸识别+AI”、人体测温智能补偿等算法技术，自动排除环境、口罩、饰品等干扰测温因素，实现多维度的智能化管理和自动监控，提供高效、准确的安全防护，对于保障口岸的安全运行具有重要的作用。

口岸卫检智慧防线系统可以通过大数据分析，对过往的人员和物品进行实时监控，通过对大量的数据进行分析，快速发现异常情况，及时进行处理，大大加强了对违禁品的检测力度。其次，口岸卫检智慧防线系统还可以通过人脸识别、指纹识别等生物识别技术，对人员进行精确的身份验证，减少假冒伪劣产品的流通，保护消费者的权益。同时，口岸卫检智慧防线系统还可以通过物联网技术，实现对口岸设施的远程监控和管理，多方位各角度的智能摄像头覆盖了整个口岸，极大地减少了安全隐患。最后，口岸卫检智慧防线系统通过结合证照识别和智能数控技术，实现三秒内完成人员信息采集、面部测温，并自动拦截体温异常人员，大幅提升查验效率。

三、实践效果

（一）磨憨口岸智慧通关新模式试点成果显著

中老铁路开通运营初期，受限于海关监管能力不足、通关手续冗杂等多种因素，货物检验耗时普遍较长，日平均交接量不足三列。2022 年 8 月，随着“铁路快通”模式的试运行，磨憨口岸站进口货物平均停留时间缩短为 48 小时，出口货物平均停留时间缩短为 24 小时，货物列车交接量每天增加到进口七列、出口五列，进出口效率略有提升（如表 1 所示）。

表 1　磨憨口岸站主要进出口货物通关时间[①]

进/出口	货物品类	货物品名	统计时间（小时）			
			2021 年 12 月—2022 年 2 月	2022 年 3 月—4 月	2022 年 5 月—6 月	2022 年 7 月—8 月
进口	金属矿石	铁矿石、锌精矿	96～120	24～48	24～48	24
	化工	橡胶	168	72	≤72	≤48
	食品	木薯淀粉、薏仁米	288	168	≤24	≤24
进口	农副	木炭、咖啡豆	144	24～48	≤48	≤48
	粮食	大米	288～312	288～312	288～312	—
	其他	扫把花	240	144	144	—
出口	化工	磷酸二铵、胶带	≤24	≤24	≤24	≤24
	其他	瓦楞原纸、混装货物	48～72	≤24	≤24	≤24
	纺织	布卷	24～48	≤24	≤24	≤24
	电气	液晶显示器、铝绞线	24～48	≤24	≤24	≤24
	工机	摩托车零配件、轮箍	48～72	≤24	≤24	≤24
	鲜活	新鲜蔬菜	≤24	≤24	≤24	≤24
	农副	未焙制麦芽	≤24	≤24	≤24	≤24
	食品	瓜子	≤24	≤24	≤24	≤24
	文教	瓦楞纸	24～48	≤24	≤24	≤24

① 崔煜. 中老铁路磨憨口岸站运输通行效率优化研究［J］. 铁道运输与经济，2022，44（11）：89－94. DOI：10.16668/j.cnki.issn.1003-1421.2022.11.15.

智慧通关新模式试运行后，成果显著：磨憨口岸货物通关时间大幅缩减，运行效率大幅提高。截至 2022 年 12 月，中老铁路国际货运列车整体通关时间缩减至五小时以内，约为之前的八分之一；国际货运列车开行数量超过 2 800 列，相比于开通初期的 78 列同比增长 35 倍；货运量累计发运近 200 万吨、开行频次实现日均八列左右稳定运行；货物品类从开通初期的化肥、橡胶、百货等十多种扩展到电子产品、光伏产品、通信器材、布匹、机械、鲜花等 1 200 多种。磨憨口岸在智慧通关新模式建设的实践，为后续智慧通关新模式在昆明等交通枢纽的推行提供了参考借鉴，也为后续云南自贸试验区各个口岸的全面数字化转型奠定了良好基础。

（二）管理方式更加先进，通行效率大幅提升

智慧通关新模式通过引入先进的技术手段，如人工智能、大数据分析等，实现了自动化处理和信息共享，大大提高了通关过程中的效率。各个口岸借助新的数字化系统快速准确地完成各项通关任务，解决了之前严重依赖人工操作、人力资源不足导致通行效率低下等问题。以王家营集装箱中心站海关为例，“铁路快通”流程正式启用后大幅提高了口岸站及客户通关效率，通过“铁路快通”进出口的货物在到达磨憨口岸后无须再进入口岸监管区，在口岸监管的到发线即可进行本务机换挂放行，大幅减少了口岸站调车作业和货车停留时间，尤其是进口普通货物入境可直接通过“铁路快通”模式到王家营海关监管场所进行清关，较原入境清关方式减少停留时间二至三天，缓解了口岸站拥堵问题。

（三）通关服务更加便捷，物流成本显著下降

智慧通关新模式通过建立在线申报系统和电子化档案管理平台，提供更加便捷的通关服务，让企业不再受制于时间和地点，任何时间、地点均可进行申报和查询。同时，实现实时监控和风险预警，及时发现和解决通关过程中的问题，确保通关过程的顺利进行。以王家营集装箱中心站海关为例，通过“铁路快通”模式，企业可自主选择在王家营海关监管场所办结所有通关手续，真正实现一站式办理，既免除转关手续，又可以减少集装箱吊装次数，有效降低企业在启运地和口岸因报关和核销产生的成本（保管费、口岸核销费、敞车吊装费等）。从提报计划到签收，货物搭乘“澜湄快线”列车只需 28 个小时就能从中国昆明到达老挝万象，整体运输成本大幅降低。

（四）增加贸易吸引力，畅通国内国际双循环

智慧通关新模式有助于提高通关的准确性和可信度。通过对通关数据的大数据分析，智慧通关新模式能够发现潜在的问题和风险，及时采取措施进行调整和改进，从而提高通关的准确性和可信度。同时，新模式还能够提供全面的数据统计和分析报告，为企业和个人提供决策参考，帮助他们更好地了解通关情况和趋势，吸引更多优质企业参与中老铁路沿线的贸易活动。

截至2023年，来自广东、内蒙古、辽宁、重庆、上海等21省（自治区、直辖市）的货物以出口转关、铁路快通、全国通关一体化等模式，通过中老铁路运往老挝、泰国、柬埔寨、新加坡等“一带一路”国家。进出口货物品类涵盖农食、百货、机电、矿产等1 200余种，中老铁路国际物流“黄金通道”作用日益凸显。截至2023年11月6日，中铁联集昆明中心站共计开行中老国际货运列车355列7 634车，发运货物总重量达15.01万吨，货值约66.5亿元人民币；到达中老国际货运列车2 956车，货物总重量8.88万吨；共开行“澜湄快线”119列3 204车，共计6 408标准箱（TEU）。

四、经验总结

（一）指导思想

自贸区制度创新的探索应当以习近平新时代中国特色社会主义思想为指导，深入贯彻党的二十大精神，深入贯彻习近平总书记考察云南重要讲话精神、习近平总书记致第六届中国－南亚博览会重要贺信精神和国务院关于支持云南加快建设我国面向南亚东南亚辐射中心的意见，立足新发展阶段，完整、准确、全面贯彻新发展理念，服务构建新发展格局，充分发挥自贸试验区先行先试作用，以制度创新为核心，以可复制可推广为根本要求，以产业集聚发展为目标，以营商环境提升为手段，以风险防控为底线，以自贸试验区深化改革推动资源经济、口岸经济、园区经济高质量发展，坚定不移推进市场化、产业化、法治化、生态化、国际化，加快推进高水平对外开放，推动形成面向南亚、东南亚和环印度洋地区的更大范围、更宽领域、更深层次对外开放格局，引领全省新时代全面深化改革扩大开放，助推我国面向南亚、东南亚辐射中心建设不断取得新进展，推动共建“一带一路”高质量发展。

（二）发展目标

经过3－5年改革探索，自贸试验区营商环境市场化、法治化、国际化水平显著提升，优势外向型产业加快聚集，新业态、新模式和外向型经济快速增长，与国际高标准经贸规则相衔接的制度体系更加完善，区域竞争力和要素配置能力明显增强，开放型经济新体制更加完善，在重要领域和关键环节改革上取得重大成果，形成更多具有沿边跨境特色、系统性集成性制度创新成果。全面实施自贸试验区提升战略，率先扩大规则、规制、管理、标准等制度型开放，以高水平制度创新推动高质量发展，努力将自贸试验区建设成为贸易投资便利、交通物流顺畅、要素流动自由、金融服务创新完善、监管安全高效、生态环境一流、辐射带动突出的高标准高质量自由贸易园区。“十四五”期间，通过以改革促发展、以开放促发展、以创新促发展，实现自贸试验区外贸、外资、新增市场主体年均增长50%以上。

（三）发展理念

探索制度创新，深化“改革”的同时应注重“开放”的作用，加强周边合作和国际合作，不断探索新的理念和方法。可以通过与国内外相关企业和研究机构合作，引进先进的技术和管理经验，为中老铁路智慧通关模式的发展和云南自贸试验区的制度创新提供源源不断的动力。同时应注重与周边地区的协同发展，最大化发挥区域经济一体化的优势，利用各自的资源禀赋，实现互利共赢。

此外，要注重人才培养和创新能力的提升。云南省政府应加大对人才的培养和引进力度，建设一批高水平的科研机构和创新平台，为创新创业提供良好的支持和保障。同时，政府应鼓励企业加大研发投入，推动科技创新成果的转化和应用，为制度创新的持续发展奠定良好基础。

五、发展建议

（一）加快中老铁路沿线监管作业场所建设

昆明铁路国际班列海关监管作业场所（一期）于2023年6月底投入运行，目前已实现普通国际货物就地报关和到达清关，具备“快速通、顺势检、随时办”优势。二期工程围网范围将扩大至全站，同时根据围网范围扩大视频监控系统及周界报警系统，改造现有中心站公路卡口，新建铁路线海关智能卡口；建设涵盖海关监管服务平台（海关端、企业端）、EDI电子数据交换系统、国际铁路班列生产运营管理系统、指挥决策应用系统、铁路场站作业管理系统的综合信息化平台。

（二）进一步提升中老铁路通道效能

加强与海关、铁路等相关部门协作配合，持续优化口岸通关流程。在磨憨口岸积极探索“无纸化、无感式、零等待”边检查验模式，推动构建中老铁路磨憨口岸“一地两检”新型通关模式；推广铁路运输“提前申报”“集中申报”“运抵直通”“快速通关”模式；强化国际贸易“单一窗口”应用及关铁口岸数据对接，推进中老铁路多式联运发展，提高进出口铁路运力。

（三）优化铁路口岸产业布局

以王家营为例：对标国内一流铁路口岸发展水平，围绕王家营片区功能构造，出台有针对性的招商引资政策；落实铁路运费补贴政策，吸引重点口岸开发、物流仓储、加工制造、大宗贸易、服务贸易等类型企业落地王家营片区开发运营。结合磨憨在水果、粮食、冰鲜水产品的进口优势和沿线国内市场需求，加强与磨憨铁路口岸联动发展。鼓励企业通过“跨境电商+中老铁路”“中欧班列+中老铁路”等运输模式开展进出口业务，逐步在王家营片区形成贸易、物流聚集效应，将王家营片区打造为区域性物流枢纽分拨集散中心。

（四）推动自贸区全面数字化进程

由点及面，发挥好中老铁路智慧通关新模式的重要示范作用，推动铁路运输、公路运输、海路运输和航空运输的协同发展，加速智慧通关系统在云南自贸区的全覆盖进程。

以磨憨口岸公路运输为例：运行管理方面，可以结合AI、大数据计算等技术，增加对过往车辆的识别记录，自动识别异常情况并生成警告，构建并完善物流信息实时查询系统，实现口岸运行可视、可管、可追溯。智慧验放方面，可以针对口岸通行效率不高的问题，对货运通道进行智能化升级改造，利用智能识别系统降低检查成本，提高通关效率。消杀管控方面，可以针对货物运输消杀环节多、难规范、难管理等问题，在相关场所部署智能消杀机器人，规范消杀作业流程，提升货物整体消杀效率，实现口岸消杀智能化。远程指挥方面，可以针对口岸查验货场远程后置、车辆管理难度大等问题，引入“5G 智能单兵查验”和“视频一站通”线上查验平台，减少人力投入，降低查验成本，实现口岸通道便利与海关高效管理。

（五）强化安全保障

在智慧口岸建设中，安全是最重要的基石。要加强对边境安全的监控和预警，提高防范和应对突发事件的能力。同时，要加强对信息系统的安全防护，确保数据安全和个人隐私不受侵犯。

B.14 中老铁路打造呵护青山绿水钢铁新丝路——中铁二院工程集团打造生态友好型示范工程①

摘　要： 中老铁路是“一带一路”框架下加强中老双方紧密连接，推动“一带一路”沿线国家基础设施互联互通的友谊之路。中铁二院把生态环保和生物多样性保护理念贯穿铁路建设全过程，将“钢铁科技”与“绿色保护”有机统一，为共建绿色“一带一路”及推进世界铁路生态友好建设提供示范样本。本文在介绍中铁二院和中老铁路沿线生态状况的基础上，探究中铁二院打造绿色低碳电气化国际铁路的关键做法，分析实践效果，总结生态友好项目建设经验，并为后续共建绿色丝绸之路合作提出发展建议。研究认为，中铁二院坚持贯彻绿色发展理念、积极研发采用环保技术并加强各部门协调沟通是成功打造绿色生态廊道的关键，并启示相关部门重视总结中老铁路生态建设经验、完善生态建设标准体系和构建生态联动发展格局等作用。

关键词： 中铁二院；生态友好型；绿色基础设施；“一带一路”

---

① 执笔人：李思颖，对外经济贸易大学国际经济贸易学院。

一、案例背景

（一）中铁二院工程集团概况

中铁二院工程集团有限公司（以下简称中铁二院）成立于 1952 年，是中国中铁集团公司下属的一家大型工程勘察设计单位，拥有规划、勘察设计、咨询、监理、产品产业化、工程总承包等各方面的工程项目，横跨铁路、城市轨道交通、公路、市政、港口码头、民航机场、生态环境等多个领域。中铁二院自成立以来，积极响应国家号召，全面参与国家交通基础设施建设。其参与建成的铁路通车里程占全国铁路通车总里程的四分之一，其中高速铁路占全国高铁通车里程的三分之一。同时，中铁二院先后完成了成渝、成昆、宝成、南昆、遂渝、渝利、贵广、成渝、西成等数百条铁路重要干线和支线、专用线的勘察设计。在城市轨道交通建设方面，中铁二院建成通车里程占全国已运营轨道交通线路的三分之一，并参与完成了广州地铁 1 号线、重庆轻轨较新线、深圳地铁 11 号线、成都地铁 1 号线等项目建设。此外，在公路市政市场，中铁二院还设计了近 7 200 公里的高速公路，其中包括广州新机场高速、广深沿江高速、南京赛虹桥立交、成都人南立交等地标性建筑。

20 世纪 60 年代，中铁二院迈出了走向海外的第一步。在国家的委托下，他们派遣勘察设计团队前往坦桑尼亚、赞比亚两国进行全面踏勘，为中铁人员积累了宝贵的海外项目经验。到了 20 世纪 90 年代，中铁二院抓住了经济全球化带来的发展机遇，积极开拓海外市场，经历了三个阶段：借船出海、搭船出海和造船出海。从最初受限于国家政策和自身经验技术的“借船出海”阶段，中铁二院只能承接来自国内具有海外工程贸易资质的企业的项目，到与中土、中铁国际、中海外等企业合作开启“搭船出海”之旅，中铁二院不断探索尝试并积累经验[①]。

在“造船出海”阶段，中铁二院更加注重独立自主开发，业务模式也逐渐从勘察设计转变为工程总承包等多个领域。中铁二院肩负起规划实施海外交通基础设施互联互通项目的重任，面对各种世界级困难，其灵活运用自身设计规划优势，发挥优秀人力资源才能，投入大量物资，为多个“一带一路”倡议项目做出贡献，为一道道难题给出“中国方案”。中铁二院先后参与了一系列对中国铁路国际化发

① 人民网. 中铁二院：助推中国铁路“走出去”争当“一带一路”先锋［EB/OL］.（2019－07－15）［2023－10－09］. https://www.sohu.com/a/ 326968227_114731/.

展具有里程碑意义的重大项目，例如，“一带一路”铁路网总体规划、南方丝绸之路铁路通道规划、非洲大陆互联互通铁路骨架网规划和南美两洋铁路通道战略布局规划等通道研究，以及埃塞俄比亚、尼日利亚、委内瑞拉、巴基斯坦等数十个国家的基础设施建设项目。中铁二院作为“一带一路”倡议的先行者，勇于开拓，不畏困难，奠定了中国铁路“走出去”的先锋企业地位，为其他“一带一路”建设项目提供了许多示范型模板①。在中老铁路项目期间，中铁二院践行生态环境保护理念，为高质量共建“一带一路”和推进绿色基础设施建设发展做出示范。

（二）中老铁路沿线生态状况

中老铁路从云南省会昆明出发，途经玉溪、普洱和景洪市，然后抵达磨憨口岸，再穿越老挝的磨丁、孟赛、琅勃拉邦和万荣，最终抵达老挝首都万象，全线1 000多公里，沿线地形复杂多变、物种资源丰富、气候炎热潮湿，大大增加了施工难度和风险系数。

山林、峡谷、高温、雨季等复杂自然条件是中老铁路修建过程中的一大挑战。中老铁路沿线地区主要为中国云南西南部和老挝北部的山区和高原地区，有“地质博物馆”之称。整体地势由西北向东南倾斜，地形起伏剧烈，最高点与最低点相对高差达 2 900 米。全线跨越“三山四水”，途经地区约 70%属于山区，修建167座隧道、301座桥梁。其中，国内玉溪至磨憨段长达508公里，拥有93座总长398公里的隧道，桥隧比高达87.3%，建设难度堪称世界之最。修建期间，中铁二局采用前沿技术，提出“中国方案”，攻克多个世界技术难题，为我国高原山区铁路建设积累了宝贵的建设经验。

多样的动植物物种和自然景观为中老铁路的修建带来了巨大的挑战。中老铁路云南西南部和老挝北部蕴藏丰富的生态资源，铁路国内段沿线就包括了20个自然保护区、5个风景名胜区、3个国家森林公园和3个水产种质资源保护区。中老铁路跨越了孕育着全国1/4的动物和1/6的植物的云南省西双版纳傣族自治州，这里是名副其实的“动物王国”和“植物王国”，有著名的热带雨林自然景观和独特的少数民族风情。铁路线路还飞跃了南腊河特有鱼类国家级水产种质资源保护区，这里为裂峡鲃、斑腰单孔鲀、鲈鲤、山瑞鳖、平胸龟等主要保护鱼类提供了生长繁育的庇护所，区内共有含珍稀濒危水生动物在内的94种鱼类，是西双版纳州境内水生野生资源最丰富的地区。此外，中老铁路还会经过普洱、西双版纳等

① 朱颖. 凝心聚力创造历史 开拓创新设计未来——中铁二院与新中国同成长、共奋进[J]. 中国勘察设计，2019（10）：52-55.

几个重要的亚洲象活动区域。过去一百年，非法猎杀、栖息地减少等因素导致全球范围内亚洲象数量骤减90%，其已被列为濒危物种。亚洲象是中国的国家一级保护动物，中国在亚洲象保护工作上作出了巨大努力。在积极推进生物多样性治理后，中国境内亚洲象数量不减反增，从1976年的146头回升至目前的大约300头，主要分布在西双版纳州和普洱市等地，而野象谷车站正好位于亚洲象活动区域内，如何实现"人象和谐"成为中铁二局面临的关键问题。从景观类型来看，林地是中老铁路沿线地区最主要的景观类型，占据了70%以上的土地利用面积，其次是草地和耕地①。如何减少人类活动对铁路沿线自然景观的影响，保护林地耕地是中铁二院需要攻克的一大难题。

二、主要做法

中老铁路是"一带一路"倡议在东盟地区的示范性工程，是高质量共建"一带一路"的典范。中铁二院在中老铁路勘察、设计、修建过程中认真贯彻落实习近平生态文明思想，灵活采取措施，积极推进沿线生态环境保护和生物多样性保护工作，将生态环境保护理念融入项目各个环节之中，从路线方案定制、生态环境保护到绿色技术创新及利用等方面完善绿色设计流程，呵护了青山绿水，建筑了一条绿色生态廊道。

（一）优化方案，构建保护环线

中铁二院在研究了中老铁路沿线地区多样的气候特征、植被状况和风俗文化后，深入进行调研勘察，坚持环保与建设同设计、同施工、同验收，建设方通过比选东、中、西三大走向60余个路线方案，从1.4万公里备选线路中精挑细选508公里的线路，不惜增加造价、延长工期、提高成本，展现出"人不负青山"的绿色守护理念。此外，中铁二院还为沿线站点"个性定制"绿化方案，因地制宜设计多物种、多色彩、多层次的绿植美化铁路沿线环境。元江站位于云南省玉溪市境内，是中老铁路沿线车站。建设方为其设计种植80棵芒果树，打造出一个色彩艳丽、果香四溢的"果园"车站，又陆续营造出"滇中胜景、林海茶韵、傣族风情、绿色森林"等环线景观。

---

① 翁凌飞，白昊男，沈镭. 中老铁路建设对沿线景观格局影响的尺度效应［J］. 资源科学，2021，43（12）：2451－2464.

（二）爱护江河，共享碧水蓝天

中老铁路穿越了元江、阿墨江、把边江和澜沧江这四大水系，并跨越了西双版纳南腊河特有鱼类国家级水产种质资源保护区。为保护沿线珍稀野生动物，中铁二院累计新建 301 座跨江大桥，尽量降低噪声、振动等施工活动对水域生态的影响，工程创下多项国内第一，其中元江特大桥创下世界最高的铁路桥墩纪录。为了加强环境监控和管理，中铁二院在施工过程中采取了多项措施。这些措施包括水域生态修复、风险事故防范和环保宣传，并且创新采用了多种环保方法。例如，在元江特大桥、阿墨江特大桥和澜沧江特大桥的建设中，建设方采用了挂篮悬灌法、托架现浇法等施工工法，以避免混凝土、焊花等物质掉入江河之中。此外，为了保护南腊河保护区的水生生物多样性和渔业资源量，建设方还加强了环境监测、繁殖期避让、枯水期调控、雨污分离等措施，并每年定时进行生态补偿增殖放流，以预防或减缓施工对保护区的影响。

（三）建隧穿山，留住青山绿地

中老铁路穿越磨盘山、哀牢山和无量山三大山脉，沿线森林密布，穿过热带雨林、季雨林和季风常绿阔叶林，森林覆盖率高达 81%，天然林面积达 97 万公顷。铁路沿线地质构造复杂，温度湿度高，施工难度大，危险系数也很高。因此，中铁二院采取了调整斜井和减少掘进面等施工方法，以克服隧道所面临的“三高”问题（高地热、高地应力、高地震烈度）以及“四活跃”特征（新构造运动活跃、地热水环境活跃、外动力地质条件活跃、岸坡浅表改造过程活跃）。共新建了 176 座隧道，总长达 609 公里，占全线总长的 59%。此外，还在沿线栽植了 4 910.6 万株苗木（包括 4 906 万株灌木、约 1.7 万株藤本植物和约 2.9 万株乔木），形成了中南半岛上的绿色长廊。

（四）赋能科技，推动绿色发展

为了将绿色节能理念融入建设过程，中铁二院积极采用前沿创新科技成果。在中老铁路全线，中铁二院采用三维可视建模和智慧工地云平台，严格控制主材损耗，并提高设备利用率。此外，中铁二院还非常重视废旧材料的处理，通过先进技术对废料进行回收再利用。例如，他们自主研发了废渣处理系统，将废渣压成饼状基材用于工地便道维修，还结合五级沉淀池技术，推动废水无害化循环利用，每天节约冲洗用水 100 吨以上。在施工过程中，中铁二院也采取了多种措施以减小对环境的影响。其合理设置土方开挖方案，控制施工范围，并采取道路硬化、植草植树等方式来保护地面植被。针对雨旱交替和频发暴雨的环境特点，中铁二院优选植物种类和配置模式，优化路基边坡绿色防护工程。同时，为了提高降雨的收集利用率并加强降雨安全排放工作，站前广场和生产生活区的设计方案中体现了“海绵城市”理念，这是“海绵城市”这一理念的创新应用典范[①]。此外，中铁二院还及时有效地处理施工产生的噪声污染、光污染、水污染和建筑垃圾等问题。

（五）礼让象群，构建融合共生

为了避开亚洲象活动区域，以免干扰亚洲象的迁移路线，中铁二院设计者在野象谷站两端分别新建了勐养隧道和西双版纳隧道。在施工过程中，他们采取了方案比选、延长隧道和以桥代路等措施，直接从山体内部穿越野象谷自然保护区，以减少对当地动植物的影响。此外，中铁二院还创新研发了钢绳护栏+声光屏障，有效减少了列车对野生亚洲象生存环境的影响，实现了“隔窗见景、下车进林、互不干扰、人象同行”的和谐场景，成为铁路建设与生态环境融合共生的典范。

三、实践效果

中老铁路是一条被称为“生态铁路”的线路，它不仅仅是将中国和老挝更加紧密地连接起来的友谊线和民生线，更是一条致力于环境保护的绿色线[②]。它为构建中老命运共同体注入了活跃的绿色发展动力，并在节能减排、生态保护、旅游业发展等方面做出了巨大的贡献。

（一）节能减排显成效

中老铁路全线采用绿色环保的电气化国际铁路设计。在站房建设过程中采用新技术、新产品、新材料和新工艺等节能环保措施，贯彻落实低碳理念，以实现全程环保目标。在建筑墙体、屋顶材料和雨棚建设等过程中，利用自然光照明和高效节能灯和智能控制技术结合的方式，配合节能运行管理等措施降低能耗。站

① 王静. 铺开中老铁路绿色生态长廊［J］. 一带一路报道（中英文），2022（01）：58－60.

② 任维东，张伟明. 绿色大道通万象［N］. 光明日报，2021－12－03（010）.

房的节电配置率达到80%以上，节水配置率达到100%[①]。

（二）绿化景观全覆盖

中老铁路国内段穿越20个自然保护区、三个国家森林公园和三个国家水产种质保护区，涉及近百种国家级保护物种。整个线路平整恢复用地近5 000亩，绿化面积达到307万平方米，绿化工程总面积为261万平方米。沿线的绿化覆盖率达到100%，形成了“四季常绿，一站一景，植绿不止，春山可望”的生态景观，给乘车旅客带来了难忘的体验。

（三）生态优先促旅游

只有策划好生态保护措施，才能成功开展旅游业。中老铁路横跨多个国内外重要的人文旅游景区，成功地保护了沿线珍稀动植物的种群。截至2022年1月3日，中老铁路运营第一月已发送67万名旅客，而美丽的沿线风景将为昆明等城市带来近1 000万人次的客运增长。这也生动地诠释了“人不负青山，青山定不负人”的生态友好型发展理念。

四、经验总结

面对中老铁路设计、修建过程中的种种困难，中铁二院始终坚持绿色环保，创新使用先进技术，力争在各个环节将对环境的影响降到最低，并通过加强与各方的沟通合作，尽可能减少对沿线居民生活造成的困扰，将中老铁路切实打造成高标准、可持续、惠民生的生态友好工程。

（一）全程贯彻绿色发展理念

从前期研究到勘察设计，再到配合施工，中铁二院始终坚持“创新、协调、绿色、开放、共享”的发展理念，极大地推动绿色低碳的现代化铁路运输体系的发展。面对复杂的地形和丰富的生态环境，设计人员用五个多月的时间对中老铁路全线方案进行勘察，一个经济、合理、环保的线路总体方案，成功绕避各类自然保护区和环境敏感点。在施工环节，中铁二院严守环保理念，兼顾经济效益和环境保护，给出因地制宜的设计方案，减少施工过程对生态环境的影响。

---

① 赵汉斌，张伟明，范恭悦. 中老铁路：一条跨越山川的生态长廊[N]. 科技日报，2021-08-17(006).

（二）采用创新绿色环保技术

面对中老铁路极高的设计和修建难度，中铁二院秉承逢山开路、遇水架桥的勇气，贯彻落实“自主创新、重点跨越、支撑发展、引领未来”的科技发展方针，给出了“中国方案”攻克技术难题。在确保工程安全质量的同时，中铁二院致力于推动铁路建设环保科技创新研发，为了提高能源利用率、推动环境友好型运输发展、降低运营风险，其将先进的数字技术、智能技术和绿色技术灵活应用于项目各个环节，合理安排和调配资源①。

（三）注重多方协调沟通合作

中铁二院以“精益求精，优质高效”为质量理念，坚持以高速高效的工作质量，着力提供优质、快速的服务。完善的沟通渠道和管理流程能够确保项目高效有序地进行。中铁二院注重内外部沟通，积极与企业和社会各界进行交流，加强团队合作，保证项目按时有效推进。此外，中铁二院还积极参与对外交流合作，促进了铁路技术和经验的交流，共同推动铁路事业的发展。

五、发展建议

自“一带一路”倡议提出十年以来，特别是在建设绿色丝绸之路的七年间，绿色、低碳、可持续发展的理念不断深入人心。这种绿色理念已经成为共建“一带一路”国家在经贸合作、人文交流和互助合作中的基础。中老铁路的修建体现了绿色发展的理念，并推动了绿色基础设施建设、绿色投资和绿色金融的发展。在未来，推进绿色基础设施建设依然是高质量共建“一带一路”的重点，因此应完善相关制度，比如构建生态建设标准、完善标准体系并加强生态区域合作，为顺利开展“一带一路”绿色合作提供指引。

（一）提供生态建设标准样板

“一带一路”的沿线动植物资源丰富，人文历史悠久，环境敏感点多，我们将继续坚持生态优先，融入绿色理念，打造青山常在、绿水长流的美丽铁路，中老铁路对生态保护的成功，为下一步筹备规划中泰、中缅、中越铁路等项目的生态

---

① 李贞. 人享其行　物畅其流［N］. 人民日报海外版，2023-10-10（005）.

建设标准提供样本，同时也为世界铁路生态建设提供了“中国解决方案”。

（二）完善生态建设标准体系

通过遵循协调性、先进性、系统性和指导性原则，总结出中老铁路生态建设经验，采取节能降耗、生态保护、污染防治、资源高效利用、监测评价和监管标准等措施，推动构建铁路建设绿色技术标准、管理标准和作业标准体系工作，从而不断完善我国的环保标准化管理体系。

（三）构建生态联动发展格局

中老铁路沿线是世界上旅游资源最为丰富、气候带最为完整、物种资源最为丰富、生态文化保存最为原始、世界遗产最为集中的地区之一[①]。在良好的生态保护基础上，为云南旅游业与东盟国家旅游业的融合发展创造了便利条件。我们将致力于经营好“绿水青山”，加强与东南亚国家的文化旅游合作交流，并开展高水平、深层次的区域合作，以实现全省乃至周边地区的资源共享、信息互通、游客互送、市场共同拓展的联动发展新格局。

① 王哲. 中老铁路：让“中国梦”和“老挝梦”紧紧相牵［J］. 中国报道，2021（12）：49－51.

B.15 中老铁路物流信息联动新机制——中铁联集昆明中心站推动跨区物流合作①

摘　要： 中老铁路是中国和老挝共建"一带一路"的标志性项目，在一定程度上改变着国内物流运输和对外开放格局，有助于推动形成内外联通的物流网络，对跨区物流合作提出更高要求。昆明片区发挥中老铁路重要枢纽作用，依托昆明中心站日益成为面向南亚、东南亚的国际班列和货源组织集结中心的优势，携手成都青白江片区、济南片区、钦州港片区等自由贸易片区，建立市场相通、创新相促、产业相融的联动机制，实现中老铁路扩增量、优存量、提质量，为打造内陆地区改革开放高地提供了诸多宝贵经验。目前应加强通道建设、提高货物通关时效、深化跨境物流合作，推动中老铁路服务国内国际双循环、内外贸一体化大趋势。

关键词： 中老铁路；跨区物流合作；中铁联集昆明中心站

一、案例背景

（一）中老铁路物流运输状况

老挝位于中南半岛的中心位置，北邻中国，南接柬埔寨，东临越南，西北达缅甸，西南毗连泰国，地形狭长，是东南亚唯一的内陆国家。在中老铁路开通运

① 执笔人：武月，对外经济贸易大学国际经济贸易学院。

营之前，老挝仅有一段连接首都万象和泰国边境的铁路，全长 3.5 公里，因此老挝主要靠公路、水运和航空运输。中老铁路是中国和老挝共建“一带一路”的标志性项目，北起中国昆明，南至老挝万象，全长 1 035 公里，是老挝第一条标准轨铁路，也是第一条按照中国国铁一级标准进行施工、使用中国设备并与中国铁路网直接连通的国际铁路。中老铁路的顺利开通运营为中国和老挝架起一座开放合作的陆上桥梁，极大地改善了地区物流运输状况，大幅降低了运输时间和成本，提升了运输效率和规模，使得老挝在整个东南亚交通网络上的作用变得越来越重要。

中老铁路推动形成内外联通的物流网络。中老铁路向西可连接西部陆海新通道，向北可通达成都城厢、重庆团结村、西安新筑等各物流集散中心并与中欧班列相连，向南打通中国和东南亚铁路运输网络通道。中老铁路的开通运营为中国各省份提供了一条新的物流线路，在一定程度上改变着国内物流运输和对外开放格局[①]。尤其是云南、湖北、四川、重庆、湖南、广东、江苏等省市可充分利用中老铁路黄金线路优势，大力开展跨境运输，融入国际贸易。《区域全面经济伙伴关系协定》（RCEP）的进一步落地实施显著提高了区域投资贸易自由化便利化水平，中老铁路连接的中国和东南亚国家之间物流需求必将持续增长，中老铁路在区域互联互通中的重要枢纽作用日益凸显。

中老铁路对跨区物流合作提出更高要求。一方面，中老铁路连通中欧班列、西部陆海新通道班列两大国际物流通道，对铁路国际联运新模式的探索有赖于不同地区的物流合作。另一方面，包括水果在内的农产品是中老铁路最为重要的货物种类之一，具有鲜活易腐的特点，对物流通关速度、运输速度、到货时间可控性均有较高要求，畅通物流信息以保障货物畅通运行至关重要。此外，中老铁路的轨距是 1 435mm，从中国昆明到老挝万象，全程一轨相通，与其他跨境铁路需要换轨才能出入境相比，中老铁路与中国铁路网的直接连通显现出巨大优势，为中老铁路与国内物流通道的对接提供了较好基础。

（二）中铁联集昆明中心站

中铁联集昆明中心站（简称昆明中心站）是由中铁联合国际集装箱有限公司投资建设并负责运营的现代化物流中心站，位于中国（云南）自由贸易试验区昆明片区王家营物流片区。昆明中心站于 2004 年 7 月开工建设，是全国规划新建的 18 个铁路网络集装箱中心站中最先开工的，2006 年 11 月正式投入运营。随着中

① 王艺杰，王锦琰，董佳．中老铁路对省际贸易和区域经济发展的影响——基于中国各省份参与中老铁路开行情况的研究［J］．时代金融，2023（05）：11－15．

老铁路开通后业务量倍增，昆明中心站在货运生产组织方式、业务模式等方面不断创新，致力于打造辐射范围广、货运效率高、物流成本低的贸易通道，充分发挥场站的组织能力和货运潜力。昆明中心站已逐步成为面向南亚、东南亚的国际班列和货源组织的集结中心①，其具备三方面典型优势特点。

一是区位优势明显。昆明中心站是中老铁路国际班列起点站，是云南省唯一的一级物流节点，也是云南省乃至云贵高原地区唯一的大型集装箱物流中心。昆明中心站辐射范围较广，对内覆盖云南地州、华北、西北、华中、华南地区，对外可通过与钦州港、黄埔新港等港口间的固定班列通道，以结合铁路、公路、海运的多式联运辐射至东南亚国家，未来将有可能与中缅、中越、中老等出境铁路路网直接相连②。作为云南铁路枢纽主要货运站，昆明中心站能够便捷承接来自云南各方向的货物。其与成昆、沪昆、昆玉铁路紧密衔接，与昆磨、广昆和昆明南绕城高速公路紧紧相连，是目前铁路运力资源较充足、运力调配较高效的车站。中老铁路开通后，昆明中心站承担着云南路网约 70%的中老国际货运发送量③。

二是管理系统智能化运行。昆明中心站有同行业领先的智能化场站管理作业系统，是全路最先安设使用无人值守智能门检系统、作业指令无线传输系统、配备 88 个高清监控摄像头视频监控系统的现代化场站。昆明中心站能够实现与铁路数据交换实时高效，与港口、海关等数据无缝对接，全场作业全程远程视频监控、生产作业智能化、机械化。先进的集装箱场站管理技术推动场站作业高效、有序进行，集卡车进站提落箱至出站平均在站停留时间 25 分钟，进出门平均时长 8 秒，正面吊单箱平均作业时间 2.21 分钟。

三是集装箱堆场容量大，国内领先。集装箱堆场主要是办理集装箱的装卸、转运、装箱以及承揽货源等业务。昆明中心站集装箱堆场占地面积达到 1 239 亩，可一次堆存两万国际标准箱货物。配备三座现代化仓库，总面积达到 2.6 万平方米，年集装箱作业能力可达 80 万国际标准箱。昆明中心站全场布局 11 条轨道，可同时作业 200 车。其中有四条可实现集装箱班列“直到直发、整列到发、直装直卸”。此外，2023 年 12 月，中铁联集昆明中心站“站外站”，鸿运港站外站在云南鸿运国际物流港揭牌。“站外站”是指在铁路集装箱中心站之外且区域辐射范

---

① 贵州省人民政府办公厅. 贵州省党政代表团赴云南省学习考察［EB/OL］.（2023-09-21）［2023-10-09］. https://www.guizhou.gov. cn/ztzl/gzsdzdbtfynsxxkc/202309/t20230921_82440834.html

② 昆明信息港. 自贸区昆明片区（昆明经开区）多措并举抢抓中老国际铁路机遇［EB/OL］.（2021-11-22）［2023-10-09］. https://m. kunming.cn/news/c/2021-11-22/13400743.shtml#/.

③ 中国日报网. 中铁联集昆明中心站：承担云南路网约 70%的中老发送运量［EB/OL］.（2022-06-10）［2023-10-09］. https://yn. chinadaily.com.cn/a/202206/10/WS62a29990a3101c3ee7ad9d64.html.

围以内的生产企业、货源集散地、公路港、港口设立的铁路集装箱运输服务网点或作业场所。中铁联集昆明中心站鸿运国际物流港“站外站”的成立，让公铁联运在鸿运港成为现实。“站外站”叠加了“铁路场站+综合园区”的功能，既能拓展铁路场站揽货功能，又能发挥鸿运国际物流港贸易、仓储、堆场、冷库、金融等功能。

二、主要做法

云南、山东、四川、广西等地自由贸易片区充分发挥自身优势，积极推动中老铁路和中欧班列等跨境物流对接，在集货、通关、物流、监管、分拨等方面联动创新，接力共促对外开放。昆明片区发挥中老铁路重要枢纽作用，依托昆明中心站作为国际班列和货源组织集结中心的优势，与成都青白江片区、济南片区、钦州港片区等自由贸易片区，建立市场相通、创新相促、产业相融的联动机制。

一是保证物流协同联动，实现国内国际市场相通。在通道建设上，四地片区联手打造铁路物流一体化的联动模式，集拼各片区所在省份的货物，依托中老班列和中欧班列的衔接优势，打造区域性集装箱空箱调配对流中心。在金融保障上，设计了全程多式联运解决方案和操作规则，比如，成都青白江片区首创实现了多式联运“一单制”+全程保险，实现货物“一次委托、一口报价、一单到底、一票结算、全程保险”。在对话机制上，昆明片区推动成立中老泰国际多式联运物流联盟，为协商解决物流跨区合作过程中遇到的问题提供交流平台。

二是着力实现信息共享。在信息便利上，建立信息共享机制，实现登记注册、行政许可、知识产权、质量资源的跨区互认通办，实现中老铁路沿线城市 61 个事项市场一体化监管，与济南片区共享企业信用、通关、报税、物流、仓储等信息。在通关便利上，昆明海关出台支持磨憨铁路口岸通关便利化 13 项措施，使用智能化设备，满足 RCEP 规则下易腐货物六小时通关要求。各片区属地海关通力合作，利用智慧化通关模式，提高通关时效。在执法便利上，与钦州港片区建立联检合作，对低风险危险货物过境转关实行直接出港便利化监管措施；与老挝、泰国建立海关联络员会议机制，同老挝边境海关建立工作会谈机制。

三是促进优势互补，实现内外协同产业相融。在跨境产能协同上，建立联席会议机制，以片区城市优势产业为链条，实现资源禀赋和集结运力多重叠加，打通中老铁路双循环供应。比如，昆明片区鲜花水果实现专列对发，并迅速分拨至全国各地；济南片区将昆明等地的文化系列产品通过中欧班列运往“一带一路”

国家，推进日韩商品经昆明进入南亚东南亚市场，引导云南花卉中药材进入日韩市场。在跨境班列协同上，实现中老班列与中欧班列无缝衔接，与青白江片区共享中老铁路综合扶持政策、运营模式；钦州港片区利用西部陆海新通道，将昆明市作为货物运往内陆腹地和南亚地区重要物流集散节点，实现西部地区和南亚、东南亚进出口货物双向平衡。

三、实践效果

依托昆明中心站建立的跨区域联动创新有效解决了片区间信息不通、产业不融和通道不畅等问题，实现中老铁路扩增量、优存量、提质量，为打造贯通东南亚与东北亚黄金线路奠定基础，实践效果达到预期要求，具体来说有以下三方面。

一是跨区联动扩大中老铁路货运“增量”。自中老铁路首趟国际货物列车开行以来，四川、重庆、江苏、广东、上海、山东、广西等省市发往南亚、东南亚国家的货物在昆明集结，陆续开行国际冷链、“澜湄快线”、市场采购贸易等专列。其中，“澜湄快线”是在王家营西到万象南站间点对点循环开行的客车化班列，具有通关速度快、运行速度高、到货时间可控等特点，全程仅需 26 小时左右，为进出口贸易提供强有力的物流保障。统计数据显示，截至 2023 年 8 月 31 日，昆明中心站共计开行中老国际货物列车 756 列 11 667 车，发运货物总重量达 22.44 万吨，货值约 80.56 亿元；中老国际货物列车到达 10 912 车，货物总重量 31.26 万吨；开行“澜湄快线”国际货物列车 316 列。

二是激活资源做优中老铁路沿线企业“存量”。中老铁路运输网对内已连通我国 31 个省（区、市），对外辐射至老挝、泰国、柬埔寨等 12 个“一带一路”共建国家，有效降低了物流运输成本，激发了沿线“存量”企业产能合作潜力。中老铁路运输成本约 0.6 元/公里/吨，较公路运输时间缩短三分之二，运费节省 30%左右；较相邻铁路运输时间缩短 2～3 天；较海运时间缩短 80%以上，且采用国际通用标准集装箱，全程最快仅需 26 个小时。比如，济南片区山左集团与昆明片区西草集团合作的首批精油沐浴球产品通过中老铁路进入东盟国家；青白江片区推动“四川造”货物通过中老铁路直达万象，并分拨至泰国、缅甸以及柬埔寨等国。

三是精准发力提升中老铁路物流“质量”。中老铁路有效拓宽了物流服务半径，带动沿线城市的企业融入全球供应链生态圈。昆明片区推进“省会＋口岸”产业协同发展，中越、中老、中缅高速公路境内段全线贯通，中缅海公铁联运首运成功，云南班列运营平台累计对接国内外客户超过 500 家，先后为 136 家企业提供跨境运输及配套服务，节约物流成本约500万元。济南片区加速实现中欧班列与中老班列衔接，为泰国、越南、缅甸等东南亚国家开辟了内陆运输通道。青白江片区依托中老班列的常态化开行，加大与昆明、磨憨—磨丁合作区的合作，谋划布局建设多式联运转运中心、仓储物流园区等，促进运贸一体化发展。

四、经验总结

依托昆明中心站建立的跨区域联动坚持以自由贸易试验区制度创新为引领，构建跨区域、跨部门的沟通协商机制，积极推动物流与产业的深度融合发展，为打造内陆地区改革开放高地提供了诸多宝贵经验，以下三点值得推广。

一是创建物流信息联动机制。物流信息联动机制的构建主要是以各地自由贸易试验区的制度创新为引领，通过加强自由贸易试验区和铁路部门之间信息互动、资源共享、优势互补、创新协同，实现部门之间的联动发展。充分发挥云南、山东、四川、广西等地自由贸易片区的优势并推广其制度创新成果，共同推动中老铁路物流通道建设在金融保障、信息便利、通关便利、执法便利等方面不断取得突破。例如，成都青白江片区创新实施的多式联运“一单制”+全程保险模式，引入保险机构全程参与，在传统的“节到节”保险模式外为企业提供全程保险模式，有效破除以往货物通过多式联运出境遇到的因短驳而出现的责任认定难题，极大降低企业货物运输赔付风险，提供全流程“门到门”多式联运方案，帮助企业优化供应链效能管理。

二是建立有效沟通协商机制。中老铁路对内已连通我国31个省（区、市），各省区市在实践中都面临各自的实际需求和问题，中老铁路、中欧班列、西部陆海新通道三大物流通道的畅通衔接也有赖于各省区市的紧密协作。因此有必要构建起地区间的长效沟通协商机制，树立优势互补、合作共赢的开放意识，加强统筹协调，推动重点地区融入中老铁路物流通道建设实现整体联动，全方位促进开放发展。四地片区共同签署的跨省自由贸易联动协同合作协议，成为协商解决各片区问题与需求的重要支撑，有助于完善跨区域的多式联运协同运营组织模式。同时，昆明片区还推动和泰国、老挝成立物流联盟及会谈机制，提升中老铁路国际供应链协调能力和合作水平。

三是推动产业协同发展。物流通道连接生产端与消费端，高度集成运输、仓储、分拨、配送、信息等现代物流服务业，与一、二、三产业交叉融合逐步加深，不仅能加快物流资源向物流通道集聚，更带动着相关产业要素资源的集聚，成为推动区域经济发展的重要支撑。中老铁路为沿线地区创造了低成本、高效率的物流环境，提高了资源要素配置效率，扩大市场辐射范围，为西部和内陆地区带来新的发展机遇。各片区一方面依托物流枢纽和大型物流设施，充分发挥货物集散和要素集聚功能，另一方面衔接自身产业基础和市场规模优势，促进物流与制造、商贸、金融、农业等产业融合，不断放大物流通道与产业发展的联动效应，拓展对外合作空间，以物流和产业的深度融合发展为中老铁路建设提供有力支撑。

五、发展建议

习近平总书记在中老铁路通车仪式上强调“要把中老铁路维护好、运营好，把沿线开发好、建设好，打造黄金线路，造福两国民众”。昆明片区应携手成都青白江片区、济南片区、钦州港片区，进一步发挥昆明中心站的优势，加强通道建设、提高货物通关时效、深化跨境物流合作，推动中老铁路服务国内国际双循环、内外贸一体化大趋势，具体来说我们要在以下三个方面继续优化。

一是要持续加强通道经济建设。依托交通干线优化资源配置，牵引省际之间、城乡之间、各产业之间建立密切的经济合作，在更大范围内构建全面发展的经济网络，已成为国内外区域经济发展的普遍共识和发展趋势。应借助济南片区靠近日本、韩国的区位优势，以及昆明片区靠近东南亚国家的优势，衔接区域重大发展战略，强化“通道经济”思维，共同组成对外开放“立体网络”，将中老铁路培育形成辐射东亚、东南亚，链接东北亚的贯通纽带。充分用好两个市场、两种资源，聚焦国际产能合作，加强产业布局调整，提升出口质量，增加优质产品进口，推动进出口协同发展。共同推进面向日本、韩国，以及孟加拉国、老挝、印度、缅甸的国际 RCEP 相关贸易规则研究，营造更加通畅的进出口环境，提升企业出口竞争力。

二是不断提高货物通关时效。提高货物通关时效有助于优化营商环境，促进跨境贸易便利化，更好地服务市场主体和建设贸易强国。不断优化中老铁路通关流程，设置铁路通关专岗，通过开展定向宣传、解读政策优势、告知办理流程、及时收集并解决企业问题等措施，推广使用“提前申报”“两步申报”“空检陆放”等模式。加强海关、边检部门的合作以及中老铁路枢纽站点之间的信息交流，促进数据交换、信息共享，全面实施进出境铁路舱单、运输工具无纸化申报，落实海关认证企业管理措施，进一步降低报关成本，加快货物周转效率。在风险可控的前提下，加快农产品等时效性商品通关速度，优化产品检验检疫流程。海关、地方政府、铁路等多部门及时协调沟通，妥善解决口岸通关过程中出现的问题，提升国际班列跨境运输便利化水平。

三是逐步深化跨境物流合作。中国与东南亚国家之间跨境物流潜力巨大，应抓住中老铁路开通运营的契机，深化跨境物流合作，为企业提供多样化的服务。携手四地自由贸易片区，建立“中老铁路国际运力协作联盟”，协同推进场站、港口、海外仓等投资建设。常态化举办中老铁路跨境物流合作国际论坛，为相关部门和企业开展对外交流搭建平台，推动更多跨境物流合作项目落地实施。与济南片区探索建立铁路运单融资平台，共同推进跨境易货贸易在通关监管、外汇结算、信息物流等领域的创新路径。推进中老铁路与中欧班列运力融合对接，提供东南亚往返欧洲全程定制化供应链运输方案，重点解决缺箱、空箱等问题，简化转关手续，提升联运物流效能。

B.16
中老铁路国际客运信息化建设——中国铁道科学研究院与老方合作研发“老挝版铁路 12306”①

摘　要： 中国铁道科学研究院与老方合作研发“老挝版铁路 12306”不仅标志着中老铁路国际客运信息化建设水平进一步提升，更为共建“一带一路”增添了新的亮点。本文从案例背景入手，就中老铁路国际客运信息化建设的必要性进行阐释，详细介绍老挝版铁路 12306 手机应用程序，然后依次对其主要做法、实践效果与经验总结三个方面展开论述。最后对该应用软件的进一步发展提出了优化完善系统功能、加强配套设施建设、增加智能推荐和个性化服务以及打造“国际版 12306”四方面建议。

关键词： 老挝版铁路 12306；中老铁路国际客运信息化建设；共建“一带一路”

一、案例背景

（一）中老铁路国际客运信息化建设的必要性

中老铁路国际客运信息系统的建设具有重要的现实意义和深远影响。它不仅仅是技术的引入，更是一项全面提升铁路运输系统的安全性、促进旅游业发展、

① 执笔人：王毓诺，对外经济贸易大学国际经济贸易学院。

加深国际合作、多层面推动经济增长的关键举措。它将为中国和老挝人民带来更多的便利和福祉，为两国的合作与发展创造更加良好的条件。

国际客运信息化系统在提升安全管理方面发挥着重要作用。中老铁路信息系统整合了大数据、人工智能等先进信息技术，并配备了全面的网络安全防护体系。这套系统保障了数据传输和访问的实时性、准确性和安全性。通过实时监控列车的运行状态，系统能够预测潜在风险，从而采取相应的预防措施，减少事故发生的可能性，保障乘客和货物的安全。这种安全性的提高不仅增强了乘客的信任感，也提升了整个铁路系统的可靠性。

国际客运信息化系统的建设对旅游业的发展产生积极影响。基于两国国情，中老铁路客运信息系统在架构、业务模式、票务处理等方面进行了深入探索：借助技术创新和铁路客票系统经验，结合互联网、移动互联网、云计算、大数据、人工智能等先进技术，创造了适用于国际铁路的新客票系统。游客通过该系统能够更加灵活地制定旅行计划，提高了旅游活动的可预测性和可规划性，从而吸引更多游客选择铁路作为出行方式，增加了旅游业的经济收益，助力旅游业的迅速发展，为旅游业的可持续发展奠定了基础。

国际客运信息化系统的建设为中老两国的合作提供了更加便捷的平台。通过信息共享，两国能够实现即时的数据传递和资源共享，从而更加高效地协同工作。这种紧密的合作机制使得双方能够共同优化服务，提高国际间合作的效率，在技术上实现了互通互联的同时也更深化了两国间的友好关系。而且，这种密切的协作不仅仅是一次性的，它为中老两国带来了更多的持续性机遇，为未来的合作关系奠定了坚实的基础。

中老铁路国际客运信息系统的建设为两国经济发展带来了多层面的推动。首先，这一系统将极大地提高运输效率，减少了时间和成本，为商业活动提供了便捷的通道，促进物流业的繁荣，推动相关产业链的增长，包括软件开发、数据分析等。这种便捷性不仅增加了中老两国之间的贸易量，还激发了更广泛的区域合作，拓宽了市场，为企业提供了更多商机。其次，该系统有助于推动老挝铁路网络的现代化建设，提高其基础设施水平，从而在方便国内外游客的同时也为其他产业的发展提供了更好的基础。最重要的是，这一系统的先进性使得中老地区更具吸引力，吸引了外国投资的涌入。外资的引入不仅为当地创造了就业机会，也带来了新的技术和管理经验，推动了当地产业升级。

（二）“老挝版”铁路 12306

在全球铁路系统的不断发展中，互联网技术的引入不仅提升了客户服务体验，也成为铁路运输行业的重要发展方向之一。在这一背景下，老挝铁路引入了 LCR Ticket App，这是由中国铁道科学研究院集团有限公司与老方合作研发的一款基于互联网的手机应用程序，致力于实现老挝铁路互联网售票的客运信息化。该系统充分借鉴了中国铁路 12306 系统的成熟技术，并融合了老挝法律法规、文化特色和用户需求。它支持老挝文、中文和英文三种语言，提供了实名注册、余票查询、车次查询、在线支付、车票改签、信息资讯等多项功能，为旅客提供了便捷、高效的购票通道。该手机应用程序于 2023 年 3 月 15 日正式启用，标志着中老铁路国际客运信息化水平进一步提升，助力老挝人民同步进入网络购票时代。

LCR Ticket App 的设计与基本功能类似于中国的 12306 App，但在此基础上，它提供了多语种服务与多货币支付功能，被网友戏称为“老挝版 12306”。这一应用的推出不仅仅服务于老挝境内的旅客，对中国与周边国家发展国际联运也产生了促进作用。通过系统信息的互联互通，实现双方系统数据共享与互认，提升跨境列车运营管理效率，实现了跨国、跨系统客票办理业务的便捷化。

LCR Ticket App 的运行标志着中老铁路客运信息化水平的提升，为广大旅客提供了更加便捷、高效的购票途径。然而，这只是中老铁路信息化发展的一小步，未来还将出现更多本土化的新设备和新系统，使中老之间的共商共建、互利共赢和共同发展格局逐步展开。随着 LCR Ticket App 的运行，中老铁路的线上、线下多渠道协同服务将持续发展。预计将引入更多自动化设备，如自动售票机、自动可识读设备等，以进一步优化服务，提升旅客出行体验。这一信息化的发展不仅将带来客流量的增加，也将增强国内外消费者的出境游信心，进一步推动中老铁路建设向着更高水平、更完善的方向发展。LCR Ticket App 的成功运行为中老铁路建设注入了新的动力，也为“一带一路”建设增添了新的亮点。

LCR Ticket App 的推出背后是中国铁路“走出去”战略的成熟实践。该战略不仅仅是中国铁路走向国际市场的标志，更是中老地区互联互通的高效助推器，见证了中国铁路为推动“一带一路”建设、发展命运共同体做出的贡献。

二、主要做法

作为一款崭新的铁路购票应用软件，LCR Ticket App 以其无缝、便捷的服务，为老挝境内外的旅客带来了无与伦比的购票体验。LCR Ticket App 不仅是一款强大的购票工具，更是一项为旅客量身打造的贴心服务。无论是在语言选择上，还是在支付方式上，这款应用都做到了无缝对接，为用户提供了极致的购票便利。

它的出现，不仅使得老挝境内外旅客的出行更加便捷，也展现了技术和文化的完美融合。在未来，我们可以期待 LCR Ticket App 为更多国家和地区的铁路系统带来更多创新，为旅客创造更多美好、无忧的出行体验。

（一）支持多语言、多功能查询

LCR Ticket App 应用程序在设计之初充分借鉴了中国铁路 12306 系统的成熟技术，并将其融合到老挝法律法规、文化特色和用户需求中。这一做法使得 LCR Ticket App 能够支持老挝文、中文和英文三种语言，为广大用户提供了实名注册、余票查询、车次查询、在线支付、车票退改、信息资讯六大功能。用户只需使用老挝身份证或其他国家的有效护照，在系统上进行实名注册，便可以随时查询并在线购票。这一多语言、多功能查询的支持，有助于提高用户体验，满足了不同语言和功能需求的旅客。

（二）支持多币种、多渠道支付

LCR Ticket App 应用程序不仅在支付方式上支持境内的 VISA、银联、微信和支付宝等支付方式，还考虑到了境外旅客的需求。旅客在购票时，可以使用他们在购票时使用的身份证或护照，通过购票时售票系统生成的二维码扫码进站乘车。此外，他们还可以选择在车站售票窗口换取纸质车票，然后进行检票进站乘车。这一多币种、多渠道支付的支持，使得 LCR Ticket App 更加灵活，满足了不同支付方式和偏好的旅客需求。

三、实践效果

LCR Ticket App 的引入不仅提升了中老铁路的客运服务质量，同时也为国际跨境列车运营提供了宝贵的经验积累。其成功实践表明，在信息化时代，科技创新的推动和国际合作的深化，将为铁路交通领域带来更多的机遇。中老铁路的经验将为类似项目提供指导，推动全球铁路交通事业的发展，为“一带一路”建设贡献更多力量。

中老铁路客运信息化水平的提升是中老铁路国际旅客列车运营中的一项重要实践成果。首先，通过 LCR Ticket App 的上线与投用，成功替代了传统的人工售票方式，极大地适应了中老跨境客流的不断攀升状况。这一应用使得旅客足不出户即可实现线上购票、改签和科学规划行程，为旅客提供了极大的便利。这种创新不仅提高了中老铁路的客运服务品质，改善了旅客的出行体验，还助力了沿线旅游经济的开发。统计数据显示，通过 LCR Ticket App 售出的车票占据了中老铁路老挝段国际旅客列车售票总数的 44%。这一数字不仅证实了该应用的成功，也突显了其在客流管理方面的巨大潜力。

LCR Ticket App 的引入为国际跨境列车运营提供了宝贵的借鉴经验。该应用不仅仅是中老铁路客票电子化建设的一小步，更是在长远规划中的战略举措。其设计、运行和推广，将为未来国际旅客列车的发展提供重要参考。中老铁路与老挝、俄罗斯、朝鲜、越南等国的国际联运，基于安全机制的保障，通过信息系统的互联互通，实现了双方系统数据的共享与互认。这一创新举措不仅提升了跨境列车运营管理的效率，也极大地便捷了跨国、跨系统客票的办理业务。在这个过程中，依托完善的规划、成熟的技术以及优惠的政策，中老铁路成为了“一带一路”建设中的亮丽名片和成功借鉴。其经验不仅可以在国际范围内推广，也为其他类似项目提供了宝贵的指导。

四、经验总结

LCR Ticket App 的成功经验为全球铁路交通事业提供了重要参考。在信息化时代，铁路系统应该加强技术创新，提高服务水平，为旅客提供更便捷、高效的购票服务。同时，国际合作也是提高铁路服务水平的有效途径，各国铁路系统应加强合作，促进资源共享，推动铁路交通事业的发展。

多语言、多功能查询的做法为用户提供了更广泛的选择空间。在全球化的今天，不同国家和地区的旅客使用不同的语言，有了多语言的支持，用户可以更自由地选择使用他们熟悉的语言进行购票。同时，提供多功能查询服务，如实名注册、余票查询、车次查询、在线支付等，使得用户能够在同一个应用内完成各种购票相关操作，无需亲自前往车站或拨打电话查询，节省了大量时间和精力，提高了用户体验。这种多语言、多功能查询的模式可以为其他铁路系统提供参考，根据当地实际情况，灵活选择支持的语言和功能，提高用户满意度和忠诚度。

多币种、多渠道支付的支持是一种非常灵活和便捷的购票方式。考虑到不同国家和地区的支付方式和偏好，LCR Ticket App 提供了多币种和多渠道的支付选择，使得旅客可以选择最符合自己需求的支付方式，提高了国际用户的便利性，使他们能够方便地以本币进行购票，避免了汇率损失，从而有效降低了购票成本，提升了支付的灵活性。同时，多渠道支付系统通常采用加密技术和安全验证措施，具备较高的安全标准，增加了用户的信任度。最重要的是，这一功能不仅方便了国际用户，也为国内用户提供了更多支付选择，拓宽了用户群体，促进了铁路售票 App 的用户基数扩大。其他国家和地区的铁路系统可以根据自身情况，引入类似的支付方式，提高购票的便捷性，提升服务水平。

LCR Ticket App 的成功实践表明了信息科技在铁路客运领域的巨大潜力和广阔前景。该应用的成功经验在于顺应了时代发展的潮流，替代了传统的人工售票方式。旅客不再需要耗费时间在售票窗口排队，而是可以通过手机轻松完成购票、改签和行程规划。这种便捷性不仅提高了旅客的满意度，也大大改善了出行体验，为中老铁路的客运服务品质树立了新的标杆。同时，这项创新举措也为沿线旅游经济带来了活力，促进了区域内旅游资源的合理开发和利用。此外，LCR Ticket App 的引入不仅仅是一种技术上的创新，更是对国际跨境列车运营的战略性布局。通过信息系统的互联互通，不同国家的铁路系统能够共享数据，实现客票的互认和联程办理。这种跨国、跨系统的合作机制，为国际旅客列车的运营管理提供了前所未有的便捷性和高效性。

五、发展建议

面对当今不断增长的国际旅游和贸易需求，提供方便的购票服务仅仅代表老挝铁路互联网售票系统实现的一个小规模目标。其真正宏伟的愿景在于构建一个无国界的智能铁路出行网络，将尖端科技与便捷服务相融合，使该系统演变为一个集成了多种交通工具、跨国旅游信息和文化交流的综合性服务平台。为实现这一愿景，需进一步完善老挝铁路互联网售票系统，为“一带一路”沿线国家和地区的旅客提供更多便利。

（一）优化系统功能，提高系统效能和用户体验

通过对老挝铁路互联网售票系统进行质的提升，以满足用户需求。结合用户的反馈和建议，可以考虑更新票面信息和乘车须知，以确保信息的准确性和实用性。此外，拓展与老挝本地银行的合作，增加可支付银行卡的种类，从而为用户提供更多便捷的支付选项，更加灵活地满足用户的需求，提高支付的便捷性和安全性。同时，推进中老铁路线上和线下的多渠道协同服务建设，提高系统的可用性和可访问性，使更多旅客能够便捷地购票和获得相关信息。

（二）加强配套设施建设，进一步提升中老铁路的旅行体验

建议在中老铁路老挝段沿线的车站引入智能化设备，比如自动售票机和自动可识读设备，从而提高旅客的出行效率和便捷性。无论旅客使用纸质车票、购票时的身份证件还是手机 App 上的电子客票，都能够通过这些自动设备快速检验进站。这不仅可以减少排队等候时间，也降低了人为操作的错误风险，提高了验票的准确性。这种智能化的设备不仅使得购票和进站更为便捷，也为中老铁路的管理和运营提供了更高的效率和精确度。通过这些改进，旅客将能够更顺畅地体验中老铁路的便利，提升整体出行体验，进一步增强对中老铁路的信赖感和满意度。

（三）增加智能推荐和个性化服务，提高用户满意度和忠诚度

通过运用先进技术，包括数据分析和人工智能算法，系统能够深入了解每位用户的购票需求和偏好，从而为他们量身定制个性化的购票体验。这意味着系统将能够准确地推荐适合用户的车次、座位类型以及出发时间，为用户提供更为便捷、高效的购票服务。通过这种个性化的定制，不仅能够使用户更迅速地找到符合其需求的票务信息并提升了他们的购票体验，还能够优化座位利用率，避免座位过度预订或空置，最大程度地提高了列车的资源利用效率。

（四）打造“国际版 12306”的一体化火车票务系统

该票务系统可基于中国铁科院开发的技术，为不同国家的售票平台提供统一的购票、收入验证、电子支付和数据清算等服务功能。通过一个智能手机应用程序，用户可以方便地连接 140 多个国家的铁路系统，实现跨国界的无缝出行体验。这将不仅有助于促进国际间的旅游和贸易，也能增进各国之间的合作与互联互通，在国际舞台上更好地服务“一带一路”倡议成员国。

参考文献：

［1］纪伟，王学林.“一带一路”新视域——信息技术助力中老铁路建设. 一带一路报道，2022（01）.

［2］界面新闻. 中老铁路老挝段 3 月 15 日起启用互联网手机 APP 售票系统［EB/OL］.（2023－03－14）. https://www.jiemian.com/article/9066430.html.

［3］郑晨. 老挝铁路进入互联网售票时代［N］. 人民铁道，2023－03－16（001）.

［4］西安网. 老挝版 12306：中老铁路信息化建设的“一小步”［EB/OL］.（2023－03－27）. http://o.xiancity.cn/system/2023/03/27/031038905.shtml.

［5］张雁群. 推进制度创新 赋能经济发展［N］. 云南日报，2023－07－06（006）.

［6］屈升秀.“一带一路”新型科技产业园区模式构建及选择刍议［J］. 中国市场，2021（35）：67－68.

B.17
中老铁路跨境物流金融创新——中国银行昆明自贸区支行推进运费融资[①]

摘　要：中国银行昆明自贸区支行通过创新的“一单制”试单方案和配套的增值服务，成功解决了传统铁路运单不具有物权属性的问题，为企业提供了便捷、高效的融资服务。在推进运费融资的过程中，中国银行昆明自贸区支行不断探索开展铁路运费融资方式，逐步配套金融增值服务，创新审核方式，打通企业融资“堵点”。其成效显著，优化了融资流程，扩大了融资渠道，有效降低了融资成本，显著推动了产业协同发展。

关键词：中老铁路；昆明自贸区；运费融资

一、案例背景

2022 年 8 月 30 日，中国银行云南省分行（以下简称“云南中行”）成功为云南省某重点外贸企业办理了 775 万元的中老铁路国际铁路联运提单项下融资业务，满足了企业出口项下应收账款提前回收的需求。这标志着中老铁路多式联运“一单制”与铁路运单融资探索两项改革创新模式的成功实践，打破了传统铁路运单不具备物权属性的短板，全面满足了中老铁路沿线国家进出口企业的贸易融资需求。

中老铁路自开通以来，为促进中国与东盟国家之间的货物贸易往来和沿线地

① 执笔人：刘文昊，对外经济贸易大学国际经济贸易学院。

区经济社会发展起到了积极作用。然而，由于铁路运单非物权属性、货物跨境流转复杂以及境内外运输单据不统一等问题，物流企业在融资方面面临困难。为了解决这一问题，中国（云南）自由贸易试验区昆明片区深化政银合作，与中国银行的昆明自贸区支行合作，成功落地了中老铁路运费融资业务，推出了一系列的运费融资产品，为物流企业提供了更加便捷、高效的融资服务，为跨境物流通道建设注入了金融能量。

中国银行昆明自贸区支行在推进运费融资的过程中，深入了解了物流企业的融资需求和痛点。通过与物流企业的沟通和交流，银行了解到物流企业在运营过程中普遍存在着资金周转困难、融资成本高等问题。针对这些问题，中国银行昆明自贸区支行积极研究并设计了一系列的运费融资产品，旨在帮助物流企业解决资金短缺问题，提高运营效率。同时，中国银行昆明自贸区支行注重创新和科技应用，以提高运费融资的效率和便利性。银行引入了先进的信息技术手段，实现了全流程电子化操作，大大提高了业务处理的速度和准确性。同时，银行还开发了一套完善的运费融资管理系统，通过系统化的管理流程，提高了工作效率和服务质量。此外，为了方便客户办理运费融资业务，银行还设立了专门的服务窗口和热线电话，为客户提供便捷的咨询和服务。此外，中国银行昆明自贸区支行加强了风险管理和合规监管。在推进运费融资的过程中，银行始终将风险控制放在重要位置。银行建立了完善的风险评估体系，对客户的资信状况、经营情况等进行全面评估，确保贷款资金的安全性。同时，银行与物流公司合作，通过实时跟踪货物运输情况等方式加强对客户的监控和管理，及时发现并解决潜在的风险问题。此外，中国银行昆明自贸区支行严格遵守国家相关法律法规和监管要求，确保运费融资业务的合规性和合法性。

二、主要做法

中国银行昆明自贸区支行在推进运费融资方面，探索开展铁路运费融资、配套一揽子增值金融服务、注重创新审核方式、提供专业金融服务以及打通企业融资“堵点”。通过这些具体的做法，银行能够更好地满足企业的融资需求，促进实体经济的发展。

一是探索开展铁路运费融资。针对货物跨境流转复杂、运输单据不统一而致物流企业融资困难，中行云南省分行探索企业应收账款融资模式，根据出口企业与物流公司订立的赊销合同，银行在物流公司承运后，凭发票、铁路运单等商业单据占用出口企业授信，全额买断物流公司应收账款，并向物流公司融资支付对价。融资本息由双方灵活确定承担方式，最长期限可达 180 天。

二是配套一揽子增值金融服务。通过对企业进行多维度市场分析及研判，中国银行昆明自贸区支行开展真实贸易背景调查，精准对接企业潜在需求，为企业提供全方位金融服务方案，匹配包括普惠贷款、出口融信达、跨境资金池、线上结售汇及汇率优惠产品等在内的一揽子融资结算金融服务方案，促进企业跨境资金流动便利化。

三是创新审核方式。为了确保融资背景的真实性，中国银行昆明自贸区支行对中老铁路运单、境外贸易购销合同等单证进行了创新性审核。昆明支行通过与物流企业紧密合作，了解其运输业务的特点和需求，并根据这些信息进行审核。同时，他们还利用科技手段，如大数据分析和人工智能技术，对企业数据进行筛选和风险评估，以确保融资的可靠性和可持续性。

四是打通企业融资“堵点”。中国银行昆明自贸区支行为云南省某物流企业提供了融资 2 000 万元的支持。根据该企业的运输需求和资金状况，银行设计了灵活的融资方案，包括短期贷款和中长期项目贷款。同时，银行还为企业提供了专业的贸易金融服务，包括信用证开立、国际结算、外汇管理等方面的支持，以满足其多样化的贸易需求。

为了解决企业在运费融资过程中面临的困难和问题，中国银行昆明自贸区支行积极探索如何开展中老铁路运费项下融资。同时昆明支行与企业进行深入沟通和合作，了解其运营模式和资金需求，并根据实际情况为其量身定制合适的融资方案。此外，银行还积极与其他金融机构和企业建立合作关系，共同推动运费融资的发展，为企业提供更多的融资选择和支持。

三、实践效果

中国银行昆明自贸区支行在推进运费融资方面取得了显著的实践效果。通过创新融资模式、优化融资流程、扩大融资渠道以及降低融资成本等措施，银行为企业提供了高效便捷的融资服务，促进了实体经济的发展。这些成果得益于银行与相关企业的良好合作关系和不断的创新努力。

中国银行昆明自贸区支行通过与相关企业合作，探索并推出了一种创新的运费融资模式。该模式基于真实的贸易背景和物流需求，为企业提供灵活、多样化的融资产品和解决方案。这种创新的融资模式有效地解决了传统融资模式下存在的信息不对称、风险难以评估等问题，降低了企业的融资成本和难度。

为了提高融资效率和服务体验，进一步优化了运费融资的流程，简化了申请材料和审批程序，减少了繁琐的手续和等待时间，使企业能够更加便捷地获得资金支持。同时，加强了与企业的沟通和合作，及时了解企业的需求和反馈，不断改进服务质量和用户体验。通过利用核心企业的授信资源，为其物流企业提供商提供融资便利，不仅帮助了物流公司提前收回应收账款，降低融资成本，也满足了出口企业延长付款账期，减轻支付压力的需要。同时，在满足中国银行及监管部门要求基础上，创新性地对中老铁路运输单据、购销合同等单证进行审核，标志着自由贸易试验区昆明片区在推进金融服务便利化、优化金融营商环境方面取得新突破。

中国银行昆明自贸区支行积极拓展融资渠道，为企业提供更多的融资选择。除了传统的银行贷款外，昆明支行与保险公司、租赁公司等金融机构建立了合作关系，为企业提供了多元化的融资方式。此外，昆明支行利用互联网和大数据技术，开展了线上融资业务，使企业能够随时随地进行融资申请和交易，提高了融资的便利性和灵活性。为了减轻企业负担，中国银行昆明自贸区支行通过优化融资结构和利率定价策略，有效降低了企业的融资成本：根据企业的实际需求和信用状况，合理确定贷款利率和还款期限，确保企业能够在可承受范围内获得资金支持。此外，昆明支行为企业提供了专业的财务咨询服务，帮助企业合理规划资金运作和风险管理，进一步提高了企业的盈利能力和抗风险能力。

四、经验总结

中国银行昆明自贸区支行在推进运费融资方面注重客户需求，提供多样化的产品和便捷的服务。通过深入了解企业特点、提供灵活的融资产品、简化手续流程、加强风险管理以及与相关机构的合作，银行能够有效地满足企业的融资需求并降低融资风险。这些经验为其他银行在类似业务中提供了借鉴和参考。在融资便利性方面，对于短期流动资金需求，可以提供短期贷款；对于长期项目，可以提供项目贷款或设备融资等。此外，银行还可以根据客户的情况定制特殊的融资方案，如运费保理、信用证开立等。这些灵活的融资产品能够满足不同客户的需求，并为企业提供全方位的资金支持。

为了提高融资效率，银行简化了运费融资的手续流程。企业可以通过在线平台或移动应用程序方便地填写申请表格、上传相关文件和提交申请。银行会加快审批速度，并在较短的时间内完成放款。此外，银行还提供了专业的团队来处理客户的申请，确保手续办理的高效性和准确性。昆明支行在推进运费融资时注重风险管理。通过对客户的信用状况进行评估，包括财务报表分析、经营稳定性考察等，银行可以准确评估客户的还款能力。同时，银行还会对运输合同、保险单据等进行审查，确保客户的贸易背景真实可靠。在风险评估的基础上，银行采取适当的担保措施，如抵押、质押或保证等，以降低融资风险。

同时积极与国内外物流公司、货运代理公司以及港口、海关等相关部门合作。通过合作，银行可以获取更全面的市场信息和行业洞察，从而更好地为企业提供服务。例如，与物流公司合作可以获取实时的货物跟踪信息和运输安排，为银行的审批决策提供参考依据。与港口、海关等机构的合作可以加快货物通关和报关手续办理的速度，提高融资效率。此外，银行还可以利用自身的资源优势与其他金融机构展开合作，为客户提供更多元化的金融产品和服务选择。

五、发展建议

随着中国经济的发展和“一带一路”倡议的推进，云南作为中国西南地区的重要门户，正逐渐崛起为国际贸易和物流中心。在这样的背景下，中国银行昆明自贸区支行作为区域内重要的金融机构，应积极发挥自身优势，推动运费融资业务的发展。本文将从以下三个方面提出建议：加强市场调研和分析、提供多元化的融资产品、完善风险控制体系。

（一）加强市场调研和分析

作为金融机构，了解市场需求是推动业务发展的基础。中国银行昆明自贸区支行应加强对运费融资市场的调研和分析，深入了解行业发展趋势、竞争情况以及潜在客户的需求。通过定期发布市场研究报告，及时向客户传递市场信息，帮助客户把握市场脉搏。此外，还可以与相关行业协会、商会等建立合作关系，共同开展市场调研活动，获取更全面准确的市场数据。通过加强市场调研和分析，银行可以更好地把握市场动态和客户需求；通过提供多元化的融资产品，银行可以满足客户不同阶段的融资需求；通过完善风险控制体系，银行可以降低业务风险并保护自身利益。这些措施将有助于中国银行昆明自贸区支行在运费融资领域取得更好的业绩和发展。

（二）提供多元化的融资产品

根据不同客户的需求，中国银行昆明自贸区支行应提供多样化的运费融资产品。首先，可以推出信用证开立服务，为客户提供便捷的贸易融资工具。信用证具有支付保障和资金流动性强的特点，可以帮助客户降低交易风险，提高资金使用效率。其次，可以推出保理融资服务，为客户提供应收账款的融资解决方案。保理融资可以帮助客户提前获得货款，缓解资金压力，提高资金周转率。此外，还可以推出订单融资服务，根据客户的订单需求，为其提供短期资金支持。订单融资可以帮助客户加快订单执行速度，提高客户满意度。通过提供多元化的融资产品，中国银行昆明自贸区支行可以满足客户在不同场景下的融资需求，提高客户黏性和忠诚度。

（三）完善风险控制体系

在推进运费融资业务的同时，中国银行昆明自贸区支行必须注重风险控制体系的建设。首先，应对客户的资信进行评估和审核，确保客户的还款能力和信誉良好。对于高风险客户，可以采取严格的审查措施，如要求客户提供担保或增加抵押物等。其次，应加强对货物的追踪和管理，确保货物的安全和顺利运输。可以通过与物流公司合作，建立货物追踪系统，实时监控货物的位置和状态。此外，还应购买适当的保险来规避可能的风险。可以根据客户的需求和风险特点，选择合适的保险产品，如货物运输保险、货运险等。通过完善风险控制体系，中国银行昆明自贸区支行可以降低运费融资业务的风险，保护自身利益和客户权益。

参考文献：

［1］云南房网．云南自贸区昆明片区占地 76 平方公里范围图新鲜出炉．https://www.ynhouse.com/news/view-213830.html.

［2］赵津津．云南网．云南中行成功办理首笔“一单制”项下中老铁路联运提单融资业务．http://finance.yunnan.cn/system/2022/08/30/032254872.shtml.

Ⅵ 附　录

Appendix

B.18
中老铁路大事记

2010 年：铁路计划提出

2010 年 4 月，中老签订关于铁路合作的备忘录，以建立合资公司的方式建造一条连接中国昆明与老挝首都万象的高速铁路。【1】

2010 年 10 月 4 日，原中国铁道部与老挝公共工程与运输部在北京签署了《关于铁路合作的谅解备忘录》和《关于深化落实合作备忘录的会谈纪要》，确定了中老铁路项目。【2】

2010 年 12 月 23 日，老挝第六届国会第十次会议闭幕，会议批准了有关从中国到老挝修建一条高速铁路的计划。【1】

2012 年：可行性研究启动

中华人民共和国国家发展和改革委员会（NDRC）启动了中老铁路项目的可行性研究，以确定最佳的铁路线路和规划。

2014 年：商谈铁路合作协议

2014 年 4 月，中老双方发表《中华人民共和国和老挝人民民主共和国联合新闻公报》，启动两国政府间铁路合作协议商谈。【1】

2015 年：合作协议签署

2015 年 11 月 13 日，中老两国政府签署《中老两国间铁路基础设施合作开发和中老铁路项目合作协议》，标志着中老铁路正式进入实施阶段。【3】

2015 年 12 月 2 日，中老铁路老挝段（磨丁至万象）举行开工奠基仪式。【4】

2016 年：项目启动

2016 年 4 月 19 日，玉磨铁路全线开工建设。【4】

2016 年 12 月 15 日，中老昆万铁路昆玉段开通运营。【11】

2016 年 12 月 25 日，中老铁路全线开工仪式举行，项目将由中国中铁和老挝政府共同实施。【4】

2017 年：正式开工

2017 年 3 月、4 月，中老铁路合作企业在琅南塔省段和乌多姆塞省段开启隧道挖掘工作，中老铁路建设正式动工。【2】

2017 年 12 月 12 日，王门村二号隧道顺利贯通，成为中老铁路工程全线首个贯通的隧道，也是老挝历史上首个现代公路、铁路交通隧道。【5】

2018 年：铁路桥梁建设

2018 年 6 月 14 日，中铁二局承建的中老铁路全线最长桥梁主体工程顺利完工。【5】

2018 年 10 月 28 日，中老铁路纳堆一号隧道胜利贯通，是中老铁路首个贯通的千米以上隧道。【5】

2019 年：铁路桥梁和隧道建设

2019 年 1 月 19 日，中老铁路一标那通站双线特大桥连续梁成功合龙，是中老铁路首联成功合龙的现浇连续梁。【6】

2019 年 3 月 21 日，中老铁路磨丁隧道胜利贯通，是中老铁路全线首座贯通的长大隧道，标志着工程项目建设取得重要阶段性胜利。【5】

2019 年 4 月，本扬访华。习近平总书记与本扬签署《构建中老命运共同体行动计划》，将中老铁路打造成共建“一带一路”示范项目。【13】

2019 年 4 月 14 日，中老铁路那通二号隧道和纳堆二号隧道贯通。【6】

2019 年 5 月 21 日，中老铁路跨湄公河特大桥实现首跨合龙。【6】

2019 年 6 月 1 日，中老铁路全线最长桥梁楠科内河特大桥顺利架通。【6】

2019 年 7 月 29 日，中老铁路琅勃拉邦湄公河特大桥成功合龙，该桥是全线施工难度最大，技术最复杂的桥梁。【6】

2019 年 9 月 6 日，中老铁路中国段第一长桥——橄榄坝特大桥顺利架通。【6】

2019 年 12 月 27 日，中老铁路全线最长隧道——森村二号隧道贯通。【6】

2020 年：老挝段贯通

2020 年 3 月 13 日，中老昆万铁路万和隧道顺利贯通，是中老铁路全线贯通的首条万米以上的隧道，标志着中老昆万铁路建设取得重大进展。【8】

2020 年 3 月 27 日，中老铁路轨道万象首铺，标志着中老铁路建设进入线上施工关键期。【7】

2020 年 5 月 24 日，甘庄隧道顺利贯通，这是全线贯通的首座 15 公里以上一级高风险隧道。【8】

2020 年 9 月 29 日，中老铁路重点控制工程相嫩三号隧道顺利贯通，标志着中老铁路老挝段全线 75 座隧道全部贯通。【9】

2020 年 11 月 28 日，中老昆万铁路第一长隧——安定隧道顺利贯通，为全线如期建成通车奠定坚实基础。【5】

2021 年：全线贯通

2021 年 1 月 2 日，中老铁路国内单线最长隧道——勐腊隧道顺利贯通。【5】

2021 年 6 月 5 日，中老铁路景寨隧道贯通，标志着中老铁路全线 167 座隧道全部贯通。【8】

2021 年 7 月 6 日，中老铁路最长桥梁——逢通特大桥架设完成，标志着“一带一路”标志性工程中老昆万铁路正线架梁贯通。【10】

2021 年 10 月 12 日，中老铁路全线铺轨完成，实现国内与国外连通。【8】

2021 年 11 月 1 日，中老铁路全线送电成功。【10】

2021 年 12 月 2 日，中老昆万铁路首列国际货物列车从昆明站开出，标志着中老昆万铁路开始办理货物运输业务。【11】

2021 年 12 月 3 日，中老铁路全线通车运营。【10】

2021 年 12 月 4 日，中老铁路首列国际冷链运输专列开行。【11】

2021 年 12 月 5 日，中老铁路货运全线双向开通运营。【12】

2021 年 12 月 15 日，中老铁路国际货物列车运载货物总值突破 1 亿元人民币。【11】

2021 年 12 月 17 日，中老铁路安宁至万象首趟国际货运专列始发。【12】

2022 年：正式运营

2022 年 1 月 10 日，中老铁路国际货物列车“澜湄快线”首发。【12】

2022 年 2 月 16 日，云南省委、省政府印发了《贯彻落实习近平总书记重要讲话精神维护好运营好中老铁路开发好建设好中老铁路沿线三年行动计划》，旨在促进辐射中心建设以及沿线经济社会高质量发展。【15】

2022 年 4 月 13 日，中老铁路老挝段首开普速旅客列车，时速 120 公里。【12】

2022 年 4 月 28 日，中老铁路首列水果冷链专列从中国磨憨口岸发车。【12】

2022 年 8 月 4 日，中老铁路云南省首票“铁路快通”出口国际货物在昆启运。【12】

2022 年 8 月 30 日，中国（云南）自由贸易试验区中老铁路“一单制”首单发车。【12】

2022 年 11 月 1 日，中老铁路孟赛站开办货运业务，标志着中老铁路货运站全部启用。【11】

2022 年 11 月 15 日，昆明至磨憨增开“当日往返动车班列”首发。【12】

2022 年 12 月 29 日，中老班列从攀枝花火车站首发，标志着从东南亚经攀枝花至成都，到我国西部及欧洲距离最短、效率最高、运行最稳的国际铁路通道全部打通。【16】

2023 年：国际客货运升级

2023 年 4 月 13 日，中老铁路首次开行双向对开跨境客运列车，昆明至万象实现当日通达。【4】

2023 年 4 月 28 日，四川广元首次开行中老班列，中老铁路（广元—万象）国际班列首发仪式在广元南站货场举行。【11】

2023 年 6 月 5 日，内江直达万象的中老铁路国际货运列车成功开行。【11】

2023 年 7 月 2 日，首趟以 “中老铁路+中欧班列”模式运输过境的货物列车开行，标志着“澜湄蓉欧快线”的全新开通。【17】

2023 年 9 月 28 日，广元铁路综合物流基地正式竣工投运，首趟中老铁路“广元—琅勃拉邦”国际班列开行。【16】

2023 年 10 月 8 日，“沪滇·澜湄线”国际货运班列正式开行。【14】

资料来源：

[1] http://www.xinhuanet.com/world/2015-09/19/c_128244977.htm.

[2] https://www.sohu.com/a/139056826_402008.

[3] https://baijiahao.baidu.com/s?id=1776897033474970327&wfr=spider&for=pc.

[4] https://upimg.baike.so.com/doc/27197-28329.html.

[5] https://www.yidaiyilu.gov.cn/p/186738.html.

[6] https://m.thepaper.cn/baijiahao_11679991.

[7] https://baijiahao.baidu.com/s?id=1662299162406819398&wfr=spider&for=pc.

[8] https://m.thepaper.cn/baijiahao_15662968.

[9] http://finance.sina.com.cn/enterprise/central/2020-09-30/doc-iivhvpwy9726004.shtml.

[10] https://www.163.com/dy/article/GQ89CVAN0550QIIP.html.

[11] https://baike.baidu.com/item/%E4%B8%AD%E8%80%81%E6%98%86%E4%B8%87%E9%93%81%E8%B7%AF/59245951?fr=aladdin&fromtitle=%E4%B8%AD%E8%80%81%E9%93%81%E8%B7%AF&fromid=1899470#reference-12-34512291-wrap.

[12] https://mp.weixin.qq.com/s?__biz=MjM5OTE4NzMwMA==&mid=2649561618&idx=3&sn=25553ce044b0d19143d6ec1734b5f373&chksm=bf26fc198851750f82a82246bc478d43c303ad9d9a983f297960d8f0c4be3e0f42de45be0fb1&scene=27.

[13] https://www.gov.cn/xinwen/2021-12/04/content_5655780.htm.

[14] http://news.china.com.cn/2023-10/09/content_116733200.shtml.

[15] https://www.yn.gov.cn/ynxwfbt/html/twzb/807.html.

[16] https://sichuan.scol.com.cn/ggxw/202310/58987776.html.

[17] https://baijiahao.baidu.com/s?id=1778149512541496388&wfr=spider&for=pc.